U0963905

编写说明

纪律是管党治党的“戒尺”，加强纪律建设是全面从严治党的治本之策。党的二十大提出“坚持以严的基调强化正风肃纪”，强调“全面加强党的纪律建设”。当前，我们党正团结带领全国各族人民迈上全面建设社会主义现代化国家新征程。“全面从严治党永远在路上，党的自我革命永远在路上”。税务机关作为国家税收征管和执法部门，掌握税收执法权、行政管理权，干部队伍庞大，直接面对广大纳税人缴费人，廉政风险点多面广，作风建设成效直接关乎党和政府形象、关乎国家财政收入安全、关乎市场主体活力与营商环境优化。近年来，税务系统持续推进全面从严治党，取得显著成效，但反腐败斗争形势依然严峻复杂，少数干部仍存在纪律松弛、规矩意识淡薄、执行中央八项规定精神不严甚至顶风违纪等问题。系统内通报的典型案例警示我们，纪律建设一刻不能放松。因此，在税务系统持续深化纪律教育，特别是将中央八项规定精神作为纪律教育的重中之重常抓不懈，是应对风险挑战、锻造忠诚干净担当税务铁军的迫切现实需要，是高质量推进中国式现代化税务实践的根本政治保障。

编写本学习手册，主要目的在于为税务干部提供一套系统、权威、实用的纪律学习教材，其意义在于：其一，这是锤炼绝对忠诚政治品格的铸魂工程。通过系统学习党的各项纪律特别是政治纪律和组织纪律，引导税务干部深刻领悟“两个确立”的决定性意义，增强“四个意识”、坚定“四个自信”、做到“两个维护”，始终在思想上政治上行动上同党中央保持高度一致，确保党的路线方针政策和重大税收决策部署在税务系统不折不扣落实到位。其二，这是提升拒腐防变免疫能力的固本之举。税务干部身处税费征管、税务稽查、服务和执法一线，面临形形色色的诱惑和“围猎”风险。深入剖析违反政治纪律、廉洁纪律、群众纪律等方面典型案例，特别是违反中央八项规定精神的具体表现与危害，能使税务干部知敬畏、存戒惧、守底线，筑牢“不敢腐、不能腐、不想腐”的思想堤坝，永葆清正廉洁的政治本色。其三，这是涵养优良作风、优化税收营商环境的实践要求。严明的工作纪律和群众纪律是提升税费服务质效、构建亲清税企关系的基石。本手册教育引导干部坚决反对形式主义、官僚主义，杜绝“吃拿卡要报”等侵害纳税人缴费人利益的行为，激励干部担当作为、勤勉尽责，以严明纪律保障各项税费支持政策精准高效落地，更好服务高质量发展大局。其四，这是净化政治生态、锻造税务铁军的长远之策。系统化、常态化的纪律教育是建设风清气正政治生态的基础性工作，有助于引导税务干部自觉用党章党规党纪约束言行，习惯在受监督和约束的环境中工作生活，不断提升队伍的凝聚力、战斗力和公信力。

本手册在内容编排上，以中央八项规定精神为切入点和主线，将其要求有机融入并贯穿对政治纪律、组织纪律、廉洁纪律、群众纪律、工作纪律、生活纪律这“六大纪律”的阐释之中，力求精准、务实、管用。严守政治纪律，重点阐述维护党中央权威和集中统一领导的极端重要性，要求税务干部在落实组织税费收入、打击偷逃骗税等重大任务中，必须不折不扣执行党中央决策部署。恪守廉洁纪律，深入解析税务干部易发多发的廉洁风险点，要求税务干部秉公用权、廉洁从税，管好自己、管好家人亲属。严明工作纪律，着力剖析和反对税务领域的形式主义、官僚主义，倡导求真务实、担当尽责、高效服务的优良作风。遵守组织纪律，强调严格执行民主集中制、请示报告制度，重点规范干部选拔任用中的纪律要求，反对搞非组织活动、拉帮结派、欺骗组织等。践行群众纪律，紧扣税务部门为国聚财为民收税的职能属性，要求税务干部维护纳税人缴费人合法权益，防止出现损害群众利益的行为。规范生活纪律，将纪律要求延伸到“八小时之外”，引导干部培养健康生活情趣，自觉净化社交圈、生活圈、朋友圈。

本手册采用政策解读、条款释义、典型案例剖析、风险提示、行为规

明规矩 知敬畏 守底线

新时代税务干部
党纪知识学习手册

中共国家税务总局党校◎组编

岳　颂　赵子建◎主编

中国税务出版社

图书在版编目（CIP）数据

明规矩 知敬畏 守底线：新时代税务干部党纪知识学习手册 / 中共国家税务总局党校组编 ；岳颂，赵子建主编．-- 北京 ：中国税务出版社，2025. 7. -- ISBN 978-7-5678-1670-1

Ⅰ. D262.6

中国国家版本馆 CIP 数据核字第 2025AU1403 号

版权所有 · 侵权必究

书 名：明规矩 知敬畏 守底线：新时代税务干部党纪知识学习手册
MINGGUIJU ZHIJINGWEI SHOUDIXIAN：XINSHIDAI SHUIWU GANBU DANGJI ZHISHI XUEXI SHOUCE
作 者： 中共国家税务总局党校 组编
岳 颂 赵子建 主编
责任编辑： 唐 卿 王忠丽 王 玥
责任校对： 姚浩晴
技术设计： 林立志
出版发行： 中国税务出版社
北京市丰台区广安路 9 号国投财富广场 1 号楼 11 层
邮政编码：100055
网址：https：//www. taxation. cn
投稿：https：//www. taxation. cn/qt/zztg
发行中心电话：（010）83362083/85/86
传真：（010）83362047/49
经 销： 各地新华书店
印 刷： 北京天宇星印刷厂
规 格： 787 毫米 × 1092 毫米 1/16
印 张： 18.5
字 数： 274000 字
版 次： 2025 年 7 月第 1 版 2025 年 7 月第 1 次印刷
书 号： ISBN 978-7-5678-1670-1
定 价： 69.00 元

如有印装错误 本社负责调换

范等多种形式，力求理论联系实际，深入浅出，便于税务干部学习理解、对照检查和自省自警，真正使铁的纪律转化为日常习惯和自觉遵循。

本手册由国家税务总局税务干部学院（中共国家税务总局党校）组织编写。学院党委委员、副院长岳颂，公共教研部（党建教研部）主任赵子建负责统稿。公共教研部（党建教研部）教师梁军峰、邓松玲、左权、余力、谌韵灵、胡世文，学院党委办公室朱宝强，国家税务总局青岛市税务局李铁军、国家税务总局成都市税务局邹振华承担了各章节的编写工作。由于编者水平有限，加之时间仓促，书中错误与不妥之处在所难免，恳请批评指正。

编　　者

2025 年 7 月

目录 Contents

导论　纪律——税务干部的生命线　1

第一章　中央八项规定精神——作风建设的硬杠杠　13

第一节　中央八项规定精神的内涵与特点　14
第二节　中央八项规定精神的实践要求　16
第三节　违反中央八项规定精神的风险及防范　18
第四节　坚决贯彻中央八项规定精神　22
第五节　深刻的教训：违反中央八项规定精神典型案例剖析　34

第二章　政治纪律——不可逾越的红线　41

第一节　政治纪律的内涵与特点　41
第二节　政治纪律的具体内容和实践要求　46
第三节　违反政治纪律的表现及危害　55
第四节　强化政治纪律意识：严格执行党的政治纪律和政治规矩　68
第五节　深刻的教训：违反政治纪律典型案例剖析　72

第三章　组织纪律——组织秩序的关键　76

第一节　组织纪律的内涵与特点　76
第二节　组织纪律的具体内容与实践要求　79
第三节　违反组织纪律的表现及危害　87
第四节　严守党的组织纪律　94
第五节　深刻的教训：违反组织纪律典型案例剖析　99

第四章 廉洁纪律——廉洁从税的准则 104

第一节 廉洁纪律的内涵与特点 104
第二节 廉洁纪律的具体内容与实践要求 107
第三节 违反廉洁纪律的表现及危害 116
第四节 树立正确的权力观和利益观：恪守廉洁纪律的保障 131
第五节 深刻的教训：违反廉洁纪律典型案例剖析 140

第五章 群众纪律——为民收税的基石 144

第一节 群众纪律的内涵与特点 144
第二节 群众纪律的具体内容与实践要求 147
第三节 违反群众纪律的表现及危害 151
第四节 坚持人民至上，以人民为中心 153
第五节 深刻的教训：违反群众纪律典型案例深度剖析 157

第六章 工作纪律——为国聚财的保障 161

第一节 工作纪律的内涵与特点 161
第二节 工作纪律的具体内容与实践要求 166
第三节 违反工作纪律的表现及危害 173
第四节 强化责任担当，做履职尽责的表率 187
第五节 深刻的教训：违反工作纪律典型案例深度剖析 191

第七章 生活纪律——八小时之外的坚守 197

第一节 生活纪律的内涵与特点 198
第二节 生活纪律的具体内容与实践要求 200
第三节 违反生活纪律的表现及危害 206
第四节 培养健康的生活情趣：守住“八小时之外”纪律红线 212
第五节 深刻的教训：违反生活纪律典型案例剖析 217

第八章　纪律修养——职业行为的准则 222

第一节　职业道德的核心要义 222
第二节　职业道德与纪律 229
第三节　做党和人民信赖的好干部 235
第四节　学习的榜样：践行初心使命典型案例剖析 242

第九章　纪律监督——纪律执行的保障 247

第一节　内部监督与外部监督相结合：构建全方位监督体系，强化监督合力 248
第二节　持续推进智慧监督：运用科技手段，提升监督效能 258
第三节　监督结果的应用：强化结果运用，确保监督实效 267

结语　以纪律为笔　书写担当华章 282

导论　纪律——税务干部的生命线

一、什么是纪律

纪律，在汉语语境，根据《辞海》的解释，含义有二：一是“纲纪纪律”，《左传·桓公二年》载，“文物以纪之，声明以发之，以临照百官，百官于是乎戒惧，而不敢易纪律”；二是“要求人民遵守业已确立了的秩序，执行命令和厉行自己的职责的一种行为规则”。在拉丁语境，“纪律”最早源于“disciplina”，原意是“教导、训练”，后来逐渐演变为对行为规范和准则的约束。总之，所谓纪律，即是指个人或组织为维护秩序、实现共同目标而必须遵守的行为规范和准则。

纪律具备鲜明的规范性、强制性和普遍性特征。规范性主要体现在，纪律以条文、制度等形式，清晰地规定成员应该做什么、不应该做什么，为其行为提供明确指引。例如，国家制定的各种管理制度，明确规定了社会成员的各种行为规范，使其行为有章可循。强制性主要表现在，对社会成员违反纪律的行为实施惩戒，通过组织处理、法律制裁等手段确保纪律的权威性。一旦社会成员违反纪律，必将受到纪律的惩罚。普遍性则意味着纪律适用于组织内的所有成员，不论职务高低、权力大小，都无一例外地必须严格遵守。

在众多关联概念中，纪律与自由的关系最为密切。有人认为纪律是约束自由的，自由和纪律是一对互相对立、互相排斥的矛盾。本质上讲，纪律与自由是哲学上必然与自由的关系，它们是相对的、相辅相成的，是一个辩证统一的关系。世界上从来不存在绝对自由，尽管有些思想家、政治家和革命者追求着、梦想着、描绘着绝对自由的桃源乐土，但绝对自由始终不过是海市蜃楼。战国思想家庄子曾梦想着绝对自由，并写过名篇《逍遥游》寻觅梦中的自由，但最后仅找到了名为“无何有之乡”的太虚幻境。最后，连庄子也不得不承认，只有在虚无缥缈之地才会有梦想中的自由。在西方，托马斯·莫尔的《乌托邦》努力尝试证明绝对自由的真实存在，最终却从哲学和社会学上都否定了绝对自由的存在。

综上可以看到，纪律本质上是一种以约束个体行为、统一行动步调、防范行为失范为核心功能的行为规则与规范体系。纪律不是自由的锁链而是自由的铠甲。在社会生活的一切领域，如果没有纪律，就会丧失自由。

二、什么是中国共产党的纪律

党章明确，党的纪律是党的各级组织和全体党员必须遵守的行为规则，是维护党的团结统一、完成党的任务的保证。党组织必须严格执行和维护党的纪律，共产党员必须自觉接受党的纪律的约束。中国共产党的纪律包括政治纪律、组织纪律、廉洁纪律、群众纪律、工作纪律、生活纪律。

就所规范的内容来看，政治纪律旨在规范各级党组织和全体党员的政治方向、政治立场、政治言论和政治行为。组织纪律以民主集中制原则为基础，重点规范党的各级组织之间的关系、党组织与党员之间的关系和党员个体之间的关系。廉洁纪律是党组织和党员在从事公务活动或者其他与行使职权有关的活动中应遵守的廉洁用权的行为规则。群众纪律是党组织和党员在贯彻执行党的群众路线和处理党群关系过程中所必须遵循的规范。工作纪律规范党组织和党员在党的各项具体工作中的行为表现。生活纪律约束党员在日常生活和社会交往中的行为表现，涉及党员个人品德、家庭美德、社会公德等各个方面。

由此可见，党的纪律所规范的党组织和党员行为的内容并不局限于党内活动，还涉及党组织和党员在日常生活、社会交往、实际工作以及公权力使用等方面的表现。之所以将党的各级组织和党员的党外活动表现也纳入党的纪律所规范的范畴之中，是因为这些行为不仅直接关系党的形象，更在很大程度上影响党群关系乃至党的执政基础。

党的纪律具有规范性、政治性、自觉性、严格性的特点。

规范性是党的纪律的基本属性。习近平总书记指出："纪律是管党治党的'戒尺'，也是党员、干部约束自身行为的标准和遵循。"①

政治性是党的纪律的固有属性。党的纪律的政治性与党的先进性相辅相成。这是因为，一方面，从根本上看，旗帜鲜明讲政治是我们党作为马克思主义政党的根本要求。尽管党的纪律可以划分为六种类型，但政治纪律是最重要、最根本、最关键的纪律，遵守党的政治纪律是遵守党的全部纪律的重要基础。严明党的纪律，首要的就是严明政治纪律。党的组织纪律、廉洁纪律、群众纪律、工作纪律、生活纪律等都具有政治性，也都属于党的政治性要求。正是在此意义上，政治性是党的纪律的固有属性与显著特征。另一方面，先进性与纯洁性是马克思主义政党的本质属性，党的纪律必然蕴含党的先进性与纯洁性要求，固本培元、立党为公、执政为民等理应成为党的纪律规范的价值归依。

自觉性是指党的纪律是建立在政治自愿、政治自觉、政治认同基础之上的政治规范。党章第一条明确规定了自愿申请加入中国共产党的必要条件，第三条与第四条明确规定了党员的义务和权利，第九条则明确规定"党员有退党的自由"。对党员而言，入党是基于对党的纲领和章程的政治认同的自愿行为，入党是党员遵纪的前提与逻辑起点。

严格性是指党员必须无条件地遵守党的纪律。用"铁的纪律"严格规范党组织、党员及其行为，以保证全党团结统一和行动一致，是马克思主义政党的政治品格与鲜明特征。一方面，马克思主义政党作为阶级斗争的产物，其生存发展环境和政治使命与既有体制内通过选举赢得执政权的资产阶级政党明显不同，奉行"铁的纪律"是党生存发展的必然要求。另一

① 2023 年 1 月 9 日，习近平总书记在二十届中央纪委二次全会上的讲话。

方面，马克思主义政党的先进性、纯洁性决定了对党员思想行为的要求要高于一般民众。只有按照党的先进性与纯洁性的高标准、严要求来守底线，才能造就优秀的党员干部。

三、严明的纪律是中国共产党的优良传统

以严明的纪律规范党的各级组织和全体党员的行为，从而保证党的团结一致，是中国共产党的优良传统。

1921 年，中共一大通过《中国共产党第一个纲领》，就围绕党的纲领强调党的政治纪律，要求党员入党前“必须断绝同反对我党纲领之任何党派的关系”，“一定要受地方执行委员会的严格监督”，不经允许“不得担任政府官员或国会议员”，必须保守党的秘密，等等。尽管中共一大没有明确使用“党的纪律”这个概念，但上述几个方面要求无疑属于党的基本政治纪律与组织纪律。

1922 年，中共二大制定第一部正式党章，以“纪律”专章（第四章）形式明确规定了八条纪律，规定“全国代表大会为本党最高机关”“全国大会及中央执行委员会之议决，本党党员皆须绝对服从之”“下级机关须完全执行上级机关之命令”“少数绝对服从多数”等，基本形成了以“四个服从”为核心的党的政治纪律与组织纪律；同时，明确规定开除党员的六种情形。此后，无论是革命战争年代，还是社会主义建设和改革开放时期，中国共产党都始终将遵守党的纪律作为每一个党员的基本义务。

1925 年，随着党员数量的增加，党的组织体系的健全、组织规模的扩大，为进一步维护中央权威，中央对党的组织纪律、政治纪律提出了新的要求。1925 年 1 月，中共四大明确提出要建立工农联盟、争取无产阶级领导权，同时，要求加强党的自身组织建设，努力建设“一个大群众的党”。与之相辅相成，中共四大《对于组织问题之议决案》明确要求“扩大党的数量，实行民主的集权主义，巩固党的纪律”。

1927年，大革命失败。失败的教训告诉全党，要实现党的领导，必须强化党的纪律，尤其要严明党的政治纪律。1927年4月，中共五大通过的《组织问题议决案》强调，“党内纪律非常重要，但宜重视政治纪律”。对于什么是违反党的政治纪律，瞿秋白在《中国革命中之争论问题》中指出，党组织或个人“违背中央命令，违背政治议案而对之怠工”就是违反“政治纪律”。为了严明党的政治纪律，中共五大提出要增设中央及省的纪律检查机构。1927年6月《中国共产党第三次修正章程决议案》强调，“严格党的纪律是全体党员及全体党部最初的最重要的义务”。同年8月，中央汉口紧急会议通过的《党的组织问题议决案》明确指出，当时党的建设的主要任务，就是保存党的力量、恢复和壮大党的组织、加强集中统一、严明党的纪律、保守党的秘密，自上至下造就坚固的能奋斗的秘密党组织机关。三个月以后，中央通过了党的历史上的第一部，也是唯一一部《政治纪律决议案》，强调“只有最严密的政治纪律，才能够增厚无产阶级政党的斗争力量，这是每一个共产党所必具的最低条件”。

土地革命时期，如何正确处理革命党、军队、红色政权、广大民众之间的关系，如何防止贪污腐败和官僚主义、保持党的纯洁性等，成为当时党的建设必须解决的紧迫问题，这对党的群众纪律、廉洁纪律等提出新要求。1927年9月，秋收起义之后，毛泽东带领部队向罗霄山脉转移途中，宣布了军队的“三大纪律”与“六项注意”，这是对红军的要求，也是对党员干部的基本要求。随着根据地苏维埃政权的建立，官僚主义、贪污浪费等现象开始滋生蔓延，侵蚀了党和革命政权的肌体、损害了党群关系。1932年2月至1934年10月，中央苏区开展了大规模的反对贪污浪费、反对官僚主义的斗争，通过颁布《关于惩治贪污浪费行为》等法令、成立中央党务委员会及苏区省县监察委员会等专责进行党纪监督与党风监督、加强舆论监督等大力推进廉洁政治建设，对贪污腐败分子坚决查处、严惩不贷。

抗日战争时期，党面临的形势与中心任务发生了重大变化，对党的纪律建设影响深远。在全面抗战时期，毛泽东强调，纪律是执行路线的保证，没有纪律，党就无法率领群众与军队进行胜利的斗争。[①]针对张国焘的“小组织派别活动”与“叛党而去”的大教训，1938年10月毛泽东在中央扩大的六届六中全会上的政治报告强调了“四个服从”与党的组织纪律，明确指出“为使党内关系走向正轨，除了上述四项最重要的纪律外，还须制定一种较详细的党内法规，以统一各级领导机关的行动”[②]。需要指出的是，一方面，当时毛泽东提出与使用“党内法规”这个概念，是将其作为党的纪律的内容要求与“下位概念”而强调的；六届六中全会审议通过的《关于党的组织决定》等三部党内法规，主要聚焦党的组织建设、组织机构设置与组织纪律。另一方面，毛泽东强调，坚持与加强党的纪律必须贯彻落实民主集中制四项基本原则，同时明确指出，党的纪律的强制性“建立在党员与干部的自觉性上面，决不是片面的命令主义”[③]，要求加强党的纪律教育与党内民主教育，形成全党上下服从纪律、充分发挥全党积极性的良好氛围。随着全面抗战形势的发展与党员队伍的不断发展壮大，党的建设的目标越发明确，党的纪律建设的要求也越来越高。1941年9月毛泽东进一步指出，“路线是王道，纪律是霸道，这两者都不可少”[④]，明确把党的纪律作为完成党的事业、执行党的路线、维护党的团结的必不可少的重要保证。

解放战争时期，为加强党中央的集中统一领导，有效消除“地方割据”思维和“山头主义”，党逐步建立健全了党内报告制度、党委会制度，进一步严明了党的政治纪律。1948年1月，毛泽东为中共中央起草的《关于建立报告制度》，要求各中央局和分局“由书记负责（自己动手，不要秘书代劳），每两个月，向中央和中央主席作一次综合报告”。两个月后，中央又发出《中共中央关于建立报告制度的补充指示》。1948年9月，中

---

① 中共中央文献研究室，中央档案馆.建党以来重要文献选编（1921—1949）：第4册［M］.北京：中央文献出版社，2011.

② 毛泽东.毛泽东选集：第2卷［M］.北京：人民出版社，1991.

③ 中共中央文献研究室，中央档案馆.建党以来重要文献选编（1921—1949）：第15册［M］.北京：中央文献出版社，2011.

④ 中共中央文献研究室.毛泽东文集：第二卷［M］.北京：人民出版社，1993.

央政治局会议通过的《中共中央关于各中央局、分局、军区、军委分会及前委会向中央请示报告制度的决议》，既要求把一切应该集中的权力集中到党中央，加强党的集中统一领导，又要求建立和完善党内正常的民主生活。这正如毛泽东所言："党委制是保证集体领导、防止个人包办的党的重要制度。"

中华人民共和国成立后，党面临从革命党向执政党的重大转型，外部环境严峻复杂，内部存在居功自傲、官僚主义、贪污腐化等风险。此阶段党的纪律建设以巩固新生政权、恢复国民经济、推进社会主义改造为核心目标。1949 年，中央纪律检查委员会成立，在党中央的直接领导下，由朱德同志担任首任书记，标志着党的纪律检查工作进入规范化、制度化轨道。1955 年中央监察委员会成立，取代中央纪律检查委员会，由董必武同志任书记，地位提升了（由党代会选举产生），职能扩展了（监督范围更广、权限更大），体现了对执政条件下纪律监督工作的高度重视。1951 年至 1954 年，全党开始组织大规模整风整党运动，重点打击贪污腐化（如刘青山、张子善案），遏制铺张浪费和脱离群众的官僚主义作风，教育广大党员干部，树立廉洁奉公新风。这是党执政后首次大规模反腐倡廉斗争，震慑力巨大。1957 年整风运动，初衷是反对官僚主义、宗派主义和主观主义，邀请党外人士帮助整风。后因复杂原因转向大规模反右派斗争，严重扩大化，对党内民主和正常监督机制造成冲击。"文化大革命"期间，党的纪律建设遭受严重破坏。各级监委被撤销（1969 年），党的组织生活陷于瘫痪。在此阶段，党的纪律建设服务于高度集中的政治经济体制和频繁的政治运动，制度化、规范化水平在曲折中发展。

改革开放后至党的十八大前，党的纪律建设开始向制度重建、体系完善与反腐倡廉纵深推进。1978 年，中央纪律检查委员会恢复，党的十一届三中全会选举产生新的中央纪委，陈云同志任第一书记。各级纪委迅速重建，标志着党的纪律检查工作重回正轨。1982 年，党的十二大确立了纪委"双重领导"体制（受同级党委和上级纪委领导），提升了纪委的相对独立性。党的十四大后进一步强化了上级纪委对下级纪委的领导。1980 年，中央出台《关于党内政治生活的若干准则》，系统总结了历史经验教训，对党内政治生活的基本原则和纪律要求作出全面规定，是拨乱反正后重要的基础性党规。随后，针对新问题新风险，中央又制定大量具体纪律规定，如《关于高级干部生活待遇的若干规定》(1979年)、《关于共产党员在经济方面违法违纪党纪处分的若干规定（试行）》(1990年)、《中国共产党党员领导干部廉洁从政若干准则（试行）》(1997年)、《中国共产党纪律处分条例》(1997年试行，2003年正式颁布）等。在此阶段，党的建设以重建和强化制度体系为核心，逐步走上规范化、制度化轨道，纪律规定不断细化，重点聚焦经济领域违纪和权力腐败，查办大案要案力度空前，形成强大震慑，教育、制度、监督并重的惩防体系初步构建，巡视等监督方式创新取得显著成效。

党的十八大以后，面对“四大考验”与“四大危险”更加严峻尖锐、“四风”与腐败问题蔓延等党的建设严峻形势，以习近平同志为核心的党中央充分总结运用党的建设的历史经验，在全面从严治党过程中加强党的纪律建设，赋予党的纪律建设新理念与新要求。党的十九大提出，党的纪律建设就是要全面加强党的领导和党的建设，坚决改变管党治党宽松软状况，重点强化政治纪律和组织纪律，带动廉洁纪律、群众纪律、工作纪律、生活纪律严起来，把党建设成为始终走在时代前列、人民衷心拥护、勇于自我革命、经得起各种风浪考验、朝气蓬勃的马克思主义执政党。习近平总书记指出：“党要管党、从严治党，靠什么管，凭什么治？就要靠严明纪律。”[①] 在党的建设史上，无数案例证明，党员破法，无不始于破纪。党员守住了纪律，就不至于滑向违法犯罪的深渊。为了严明党的纪律、维护中央权威与党的团结，党的十八大以来，以习近平同志为核心的党中央坚持纪严于法、纪在法前、纪法分开新理念，把加强党的纪律建设作为全面从严治党的治本之策，三度修订完善《中国共产党纪律处分条例》，赋予党的纪律建设新理念与新要求。

---

① 2014年1月14日，习近平总书记在十八届中央纪律检查委员会第三次全体会议上的讲话。

四、筑牢税收事业发展的纪律根基

在全面建设社会主义现代化国家的新征程上，税收在国家治理中的基础性、支柱性、保障性作用不断凸显，其效能直接关系国计民生。税务系统作为承担组织国家财政收入的重要部门，其政治属性决定了必须将党的纪律教育置于突出位置。只有筑牢纪律防线，才能锻造一支忠诚干净担当的税务铁军，为推进中国式现代化税务实践、维护国家财政税收安全提供坚强保障。

加强纪律教育是筑牢税务忠诚根基的必然要求。税务机关首先是政治机关，其核心职责在于确保国家财政收入稳定可靠、服务经济社会发展大局。这一根本属性决定了税收工作必须旗帜鲜明讲政治，将纪律教育作为铸魂工程。税收政策是国家宏观调控的利器。纪律教育能强化税务干部的大局意识，深刻理解政策背后的政治考量，确保征管改革、组织收入等重大决策部署不折不扣落地生根，杜绝政策执行中的“中梗阻”与“选择性落实”。纪律教育是税务机关践行“为国聚财、为民收税”宗旨的压舱石。税务工作一头连着国家，一头系着百姓。唯有严明纪律，方能引导税务干部始终站稳人民立场，在组织收入中坚持依法依规、应收尽收，在落实优惠政策时做到精准滴灌、应享尽享，将“取之于民、用之于民”的理念内化于心、外化于行，防范宗旨意识淡化和权力异化风险。纪律教育也是税务系统夯实党的执政基础的前哨站。税务干部直接面向千万纳税人和数亿缴费人，其一言一行关乎党和政府形象。通过纪律教育，引导干部严守政治纪律和政治规矩，在服务中展现优良作风，在执法中体现公平正义，方能有效提升政府公信力，巩固党执政的群众根基。

加强纪律教育是化解税务特殊风险的坚实盾牌。税务系统手握税收执法权、税费征管权等权力，资金规模大、业务链条长、涉及主体多，廉政风险点多面广，纪律教育是构建“免疫系统”的迫切需要。纪律教育是抵御执法寻租的防火墙。税务干部在税务稽查、纳税评估、行政处罚等环节具有较强自由裁量权。纪律教育通过剖析典型案例，如某地税务干部在稽查中收受企业贿赂违规减轻处罚，或某税务人员利用核定征收权谋取私利等，深刻揭示权力滥用的严重后果，促使干部知敬畏、存戒惧、守底线，自觉规范执法行为，压缩权力寻租空间。纪律教育是防控政策执行变形的矫正器。在落实税收优惠政策、出口退税等惠民惠企政策时，可能出现“优亲厚友”、设置隐形门槛、拖延办理等变形走样问题。纪律教育强调政策执行的刚性要求，明确“红线”“雷区”，确保政策红利公平、高效、精准直达市场主体，防止“好经被念歪”。纪律教育是守护税费资金安全的警戒线。税费资金规模庞大，征缴、入库、退库等环节管理风险突出。纪律教育强化财经纪律意识，重点防范税款延压、混库、挪用以及骗取退税等严重违纪违法行为，确保国家“真金白银”绝对安全。近年来，曝光的骗取留抵退税、社会保险费征收环节职务犯罪等案件，无不警示资金安全监管的极端重要性与纪律教育的不可或缺。纪律教育也是规范“亲”“清”税企关系的指南针。税务干部与市场主体接触频繁。纪律教育明确交往界限，划清服务与干预、正常履职与利益输送的界限，引导干部既积极作为、靠前服务，又清白纯洁、守住底线，共同营造法治化、便利化、公平化的税收营商环境。

加强纪律教育是淬炼税务铁军品格的大熔炉。税务队伍规模大、层级多、分布广，新时代中国式现代化税务实践对队伍能力作风提出更高要求。纪律教育是提升队伍凝聚力、战斗力、免疫力的根本途径。通过系统学习党章党规党纪，特别是《中国共产党纪律处分条例》，引导干部深刻理解“忠诚”是政治灵魂、“干净”是立身之本、“担当”是成事之要。纪律教育将纪律要求融入日常管理监督，形成思想自觉，使其成为干部履职尽责的内在遵循和价值追求。当前，税收工作已呈现出高度法治化、专业化的特征。纪律教育是提升依法行政的助推器。纪律教育与法治教育、业务培训深度融合，要求干部不仅精通税法，更要严守执法程序、证据规则等要求，将法治精神、程序意识、权限观念内嵌于每一项业务操作中，实现业务能力与纪律素养双提升，确保税收工作在法治轨道上规范运行。纪律教育也是税务文化建设的重要基础。纪律教育通过常态化警示教育、廉洁文化阵地建设、先进典型选树等，弘扬清廉之风，抵制歪风邪气，使廉洁从税成为全体税务干部的共同价值认同和行为习惯，营造风清气正的政治生态和干事创业的良好氛围。可以肯定的是，严明纪律并非束缚手脚，而是为担当者划定安全区。通过明纪立规，厘清职责边界，健全容错纠错机制，旗帜鲜明地为敢于担当、踏实做事的干部撑腰鼓劲。纪律教育引导干部在遵规守纪的前提下，大胆探索征管改革、优化服务的创新举措，积极应对组织收入压力、服务发展重任。

加强纪律教育是提升税收治理现代化水平的基石。党的纪律严明有力，是税收治理体系和治理能力现代化的核心支撑。纪律教育成效最终要体现到治理效能的提升上。纪律教育是保障税收法定原则落实的压舱石。依法征税是税收治理现代化的基石。纪律教育强化规则意识、程序意识，确保税收法律法规得到严格执行，防止收“过头税”、乱收费以及随意减免税等行为，维护税法的统一、尊严和权威，推动税收法定原则从文本走向现实。纪律教育是提升征管服务质效的催化剂。严明的纪律是高效执行的前提。纪律教育引导干部克服形式主义、官僚主义，杜绝“庸懒散拖”，将纪律要求转化为优化纳税服务、提升征管效率的实际行动。例如，在推广“非接触式”办税、优化税收营商环境等工作中，纪律保障了服务标准统一、流程顺畅、响应及时，显著提升了纳税人缴费人满意度和获得感。纪律教育也是强化内控监督体系效能的黏合剂。健全的内控监督体系是防范风险的关键。纪律教育强化干部的自我约束意识和接受监督的自觉性，使其主动配合督察内审、纪检监督等工作，确保各类监督手段贯通协同、形成合力，提升内部治理的精准性和有效性。纪律教育还是护航税收改革发展行稳致远的稳定器。随着税收征管改革的深入推进，税费政策持续优化，改革任务艰巨复杂。强有力的纪律保障能统一思想步调，确保改革方向不偏、资源整合有序、新旧系统衔接平稳，有效防范改革过程中的廉政风险和管理漏洞，为高质量推进中国式现代化税务实践保驾护航。

在时代洪流中，推动中国式现代化税务实践是实现国家治理现代化的关键一环，而建设一支纪律严明、作风优良的税务铁军，正是托举这一历史使命的坚实脊梁。深化党的纪律教育，正是锻造这支队伍的根本熔炉。唯有持续以铁的纪律凝聚铁的意志、锤炼铁的作风、锻造铁的队伍，方能在服务中国式现代化的壮阔征程中，让税收治理的基石坚如磐石，让国家财政的血脉永远畅通澎湃。

第一章　中央八项规定精神
——作风建设的硬杠杠

2025 年 3 月，中共中央办公厅印发的《关于在全党开展深入贯彻中央八项规定精神学习教育的通知》指出，为贯彻落实党的二十届三中全会部署，巩固拓展学习贯彻习近平新时代中国特色社会主义思想主题教育成果，巩固深化党纪学习教育成果，锲而不舍落实中央八项规定精神，推进作风建设常态化长效化，经党中央同意，在全党开展深入贯彻中央八项规定精神学习教育。中央要求，深入贯彻中央八项规定精神学习教育要坚持以习近平新时代中国特色社会主义思想为指导，持续深化党的创新理论武装，组织全党认真学习领会习近平总书记关于加强党的作风建设的重要论述，学习领会和贯彻落实中央八项规定及其实施细则精神，系统总结党的十八大以来深入贯彻中央八项规定精神取得的显著成效，集中整治违反中央八项规定及其实施细则精神的突出问题，运用由风及腐案例加强警示教育，引导党员、干部锤炼党性、提高思想觉悟，密切党群干群关系，以作风建设新成效推动保持党的先进性纯洁性、不断赢得人民群众信任拥护，为进一步全面深化改革、推进中国式现代化提供有力保障。

税务系统作为国家财政收入的主要征管者、经济政策的直接执行者和党群关系的重要联结者，其贯彻中央八项规定精神的成效，直接影响税收政策落地精度、营商环境公平度与群众满意度。在此背景下，本章以分析中央八项规定精神的内涵与特征为理论基石，聚焦税务系统“四风”问题的异化形态，通过理论分析与案例解构，系统剖析税务干部违反中央八项规定精神行为的风险、危害及成因，并提出深化作风建设的主要路径，为建设“清廉税务”提供理论支撑与实践指引。

第一节　中央八项规定精神的内涵与特点

一、中央八项规定精神的内涵

中央八项规定精神是新时代党的作风建设的根本遵循，其内涵源于马克思主义政党建设理论，植根于中国共产党的性质与宗旨，体现为对党的优良传统的继承与创新。中央八项规定精神以2012年出台的《关于改进工作作风、密切联系群众的八项规定》为源头，通过实践淬炼逐步升华为具有普遍指导性的作风建设思想体系。它不仅包含改进调查研究、精简会议活动等具体制度规范，更强调从思想层面破除特权思想、树立人民立场，从行动层面形成“以上率下、真抓实干”的实践逻辑。其核心在于通过“小切口”实现“大变革”，以刀刃向内的自我革命精神解决党内存在的作风顽疾，重塑党的先进性与纯洁性。从理论维度看，中央八项规定精神是习近平新时代中国特色社会主义思想的重要组成部分，深刻回答了“新时代建设什么样的马克思主义政党、怎样建设马克思主义政党”的重大命题，将作风建设纳入党的建设总体布局，形成了“制度约束—思想自觉—行动实践”的闭环体系，为全面从严治党提供了理论与实践支撑。

二、中央八项规定精神的主要特征

（一）政治立场的人民性

中央八项规定精神将“密切联系群众”视为作风建设的根本出发点与最终归宿，其核心在于坚守政治立场的人民性本质。作风问题的实质是党性问题，而党性的根本体现便是对人民立场的坚守。“官本位”思想与特权行为之所以成为整治重点，在于其背离了党的性质宗旨，割裂了党同人民群众的血肉联系。只有从思想深处破除“官贵民贱”的陈旧观念，坚决纠治特权现象，才能让党员干部真正将“为人民服务”的宗旨意识融入行动自觉。这种政治立场的人民性，不仅体现在对群众诉求的积极回应上，更体现在将人民利益作为一切工作的价值标尺，通过持续整治脱离群众的作风问题，确保党和国家的各项事业始终站在最广大人民的立场上推进，使作风建设成为夯实党的执政根基、巩固党群干群关系的重要支撑。

（二）治理逻辑的系统性

中央八项规定精神的治理逻辑彰显出鲜明的系统性特征，既注重解决当下突出问题，又着眼于构建长效机制，形成多维度、立体化的作风建设格局。在实践中，对“舌尖上的浪费”“车轮上的腐败”等具体问题的整治，是立足现实痛点的精准发力，通过靶向治理迅速扭转不良风气；而“不敢腐、不能腐、不想腐”长效机制的构建，则是从制度、监督、文化等层面进行深层次布局。制度建设以《整治形式主义为基层减负若干规定》等文件为依托，扎紧织密制度笼子；监督执纪通过“四风”问题月报制度等常态化机制，形成全天候、无死角的监督网络；文化涵养则聚焦清廉家风、公仆意识等精神塑造，从思想根源上铲除“四风”滋生的土壤。这三个维度既各有侧重又相互衔接，制度建设提供刚性约束，监督执纪保障执行效力，文化涵养培育内生自觉，共同构成作风建设的系统工程，体现了治标与治本的有机统一、短期成效与长远治理的深度结合。

（三）实践路径的持续性

中央八项规定精神的实践路径始终贯穿着“作风建设永远在路上”的清醒认知，以钉钉子精神一锤接着一锤敲，展现出持之以恒、久久为功的战略定力。从党的群众路线教育实践活动到党纪学习教育，党内集中教育将作风建设作为核心内容持续推进，通过常态化的思想洗礼和行动淬炼，不断拧紧党员干部的“总开关”，防止思想懈怠和作风问题反弹。同时，治理重心并非一成不变，而是随着时代发展和问题演变动态调整——从早期重点查处享乐主义、奢靡之风等显性问题，到新时代聚焦形式主义、官僚主义等隐性变异问题，体现了对作风建设规律的深刻把握。这种持续性不仅体现在时间维度的长期坚守，更体现在理论与实践的辩证互动中：在实践中总结经验、完善理论，以创新理论指导新的实践，使作风建设始终保持针对性和实效性，成为党应对长期执政考验、改革开放考验、市场经济考验、外部环境考验的重要法宝，确保党的作风建设在历史传承与时代创新中不断迈向新高度。

第二节　中央八项规定精神的实践要求

一、以上率下的示范引领

领导干部作为“关键少数”，在中央八项规定精神的落实中起着至关重要的示范引领作用。从中央政治局做起，自上而下形成层层传导的压力，这是一种强大的带动力量。要求别人做到的自己先做到，要求别人不做的自己坚决不做，这种以身作则、率先垂范的行为，为全党树立了鲜明的标杆。通过“头雁效应”，让广大党员干部看到榜样的力量，校准思想之标，绷紧作风之弦，自觉向党中央和各级领导干部看齐，有力推动了全党作风建设的不断深化。

二、求真务实的实践导向

求真务实是中央八项规定精神的重要实践导向。它坚决反对空谈政治和形式主义，着重强调党员干部要深入实际开展调查研究，切实解决群众的急难愁盼问题。整治“文山会海”“痕迹主义”等现象，就是为了让基层干部摆脱繁文缛节的束缚，将更多的精力和时间投入到真抓实干中，使党员干部能够把心思放在为群众办实事、谋福祉上，把工作落到实处，让人民群众切实感受到作风建设带来的实际成效，从而赢得人民群众的信任和支持。

三、标本兼治的制度思维

中央八项规定精神体现了标本兼治的制度思维。一方面，通过完善党内法规，如《中国共产党纪律处分条例》等，扎紧制度笼子，将作风建设纳入法治化轨道，为党员干部划定行为底线，明确纪律红线，以制度的刚性约束来规范党员干部的行为，使党员干部“不敢腐”。另一方面，注重思想建党与制度治党相结合，通过加强党性教育、廉政文化建设等方式，提升党员干部的思想自觉，让党员干部从内心深处认识到廉洁自律的重要性，自觉抵制各种诱惑，实现从“不敢腐”到“不想腐”的转化，从根本上解决作风问题。

四、常态长效的监督机制

常态长效的监督机制是确保中央八项规定精神落地生根的重要保障。建立“四风”问题线索直查快办机制，能够及时发现和处理违反中央八项规定精神的问题，形成有力震慑。同时，依托互联网举报平台、“四风”随手拍等手段拓宽监督渠道，使监督无处不在、无时不有，形成“党内监督+群众监督”的立体网络。这种监督机制能够确保作风建设抓常、抓细、抓长，让党员干部时刻保持警醒，使中央八项规定精神成为党员干部心中的铁规矩、硬杠杠，不断巩固和拓展作风建设的成果。

中央八项规定精神的理论逻辑，本质上是马克思主义唯物史观在党的建设中的具体运用，体现了中国共产党以人民为中心的发展思想、刀刃向内的自我革命精神，以及统筹“破”与“立”、“治标”与“治本”的辩证思维，为新时代推进党的建设新的伟大工程提供了科学方法论。

第三节 违反中央八项规定精神的风险及防范

一、主要风险及其表现形态

（一）形式主义新变种

当前，形式主义的新变种正以更为隐蔽的方式渗透到工作肌理中，其核心特征是将工作重心从“解决问题”转向“制造痕迹”，从“服务实效”异化为“流程表演”。个别单位在落实政策时，过度追求“规定动作”的完整性，却忽视政策与地方经济生态的适配性。例如，在推行便民办事举措时，表面上搭建了多样的线上平台，却未真正打通数据壁垒，导致群众在不同系统间重复填报信息，徒增操作成本。在内部管理中，“文件落实文件”“会议传达会议”的现象依然存在，部分政策解读会沦为照本宣科，缺乏对基层执行难点的针对性指导，使得基层干部在实际工作中仍需自行摸索，形成“政策悬浮”现象。更值得关注的是，形式主义正与“痕迹主义”相互绑定，要求干部在工作中留存大量格式化台账、影像资料，甚至出现“为留痕而工作”的本末倒置现象，这种变种本质上是政绩观扭曲的产物，折射出对“实干”精神的背离。

（二）官僚主义新表现

官僚主义新表现集中体现为权力本位思想与服务宗旨的割裂，呈现出“管理集权化、服务碎片化、沟通层级化”的特征。个别领导干部习惯于坐在办公室“听汇报、看报表”，对基层一线的动态变化缺乏深入调研，导致出台的政策措施与基层实际操作存在“两张皮”现象。如搞“一刀切”式指标考核，迫使基层为完成任务而采取简单化管控措施，反而加剧了干群矛盾。又如在面对群众诉求时，“程序正义”被异化为“踢皮球”的借口，一些复杂问题被拆分为多个“责任盲区”，部门间相互推诿，让群众陷入“多头跑、反复问”的困境。更值得警惕的是，官僚主义正与“技术官僚”倾向结合，过度依赖大数据分析而忽视实地核查，对特殊群体的个性化需求缺乏柔性处理，暴露出服务理念的僵化。这种官僚主义本质上是践行“以人民为中心”发展思想时错位，不仅造成行政资源的浪费，更在干部队伍中滋生“不求有功但求无过”的消极心态，阻碍了为民服务执法中亟须的创新活力与担当精神养成。

（三）享乐奢靡隐形化

享乐奢靡之风的很多表现是将违规行为包装成“人情往来”“工作需要”，在灰色地带中踩踏纪律红线。在公务接待中，个别单位化整为零拆分费用，或在内部食堂、私人会所安排超标准接待，甚至通过“私人账户垫付 + 后续平账”的方式掩人耳目。个别干部借“政企交流”之名，接受企业安排的高档宴请或休闲活动，以“业务探讨”为幌子行享乐之实，模糊了政商交往的正当边界。在福利发放上，巧立“调研补贴”“加班补助”等名目，或通过工会、协会等渠道变相发放福利，甚至利用电子礼品卡、购物券等数字化载体规避监管。更值得注意的是，享乐主义还表现为工作态度的消极退化，少数干部追求“舒适办公”，对深入企业走访、田间地头核查等一线工作敷衍了事，习惯于坐在空调房里通过电话电脑研究分析工作，本质上是贪图安逸、不愿吃苦的思想在作祟。这种隐形化的奢靡之风，虽然不直接表现为大额资金违规，但却在潜移默化中腐蚀着干部队伍的纪律意识，形成“温水煮青蛙”式的廉政风险，若不及时纠治，将对政治生态造成深层伤害。

二、风险成因的系统分析

（一）主观动因

一是理想信念“总开关”失灵。出现作风问题的根本原因在于理想信念根基松动。个别干部将职业视为“谋生手段”而非“使命担当”，对“为国聚财”的政治属性认知淡化，宗旨意识被功利主义消解。理论学习停留在表面，对习近平新时代中国特色社会主义思想的理解缺乏深度转化，导致世界观、人生观、价值观发生偏移。比如，将“为纳税人服务”异化为“为考核服务”，在工作中重“显绩”轻“潜绩”，根源在于没有真正树立以人民为中心的发展思想。加之个别单位思想政治教育存在“老办法不管用、新办法不会用”的困境，党性修养锤炼流于形式，干部对纪律规矩的敬畏感逐渐弱化，为形式主义、官僚主义滋生提供了思想温床。这种“总开关”的失灵本质上是政治建设与业务工作“两张皮”的具体表现，使得纪律约束失去内在支撑，最终导致行为失范。

二是职业倦怠心理。面临征管任务重、执法风险高的工作环境，个别税务干部容易滋生职业倦怠，进而成为作风问题的重要心理诱因。基层税务人员事务性任务占据大量精力，职业发展通道相对单一，个别干部产生“晋升天花板”效应，导致进取意识衰退。同时，随着智慧税务建设推进，数字化转型带来的能力恐慌与知识迭代压力，使部分干部产生畏难情绪，转而采取“躺平”心态应对工作。这种心理异化表现为工作敷衍塞责、服务态度冷漠，甚至将享乐主义作为情绪宣泄出口。如果单位对干部心理健康关注不足，激励机制侧重结果导向而忽视人文关怀，将进一步加剧职业倦怠的蔓延，形成“干多干少一个样”的不良导向，使得作风问题从个别现象向群体惯性演变。

（二）制度缺陷

一是税务行政处罚自由裁量空间相对较大。税收执法中自由裁量权的制度设计初衷是兼顾执法刚性与柔性，但在具体执行中，部分领域裁量标准模糊、幅度宽泛。例如，在核定征收、纳税评估、行政处罚等环节，法律法规赋予了一定的自由裁量权限，而配套的细化规则未能及时跟进，导致“同案不同罚”“处罚显失公平”等现象时有发生。个别干部利用裁量空间搞“选择性执法”，将自由裁量权异化为谋取私利的工具，或因怕担责而采取“一刀切”式简单化处理，既损害税收公平原则，又滋生官僚主义、形式主义。同时，内部监督机制存在滞后性，对自由裁量行为的过程监管依赖事后抽查，数字化监控手段尚未完全覆盖裁量全过程，外部监督因信息不对称难以有效介入，导致权力运行缺乏刚性约束，客观上为执法不公和腐败行为提供了制度空隙。

二是跨部门监督协同机制缺失。税务作风问题往往涉及多领域、多环节，而当前监督体系存在部门壁垒，协同治理效能不足。在内部监督中，相关部门之间存在职能交叉与信息孤岛，监督资源未能形成合力；外部监督方面，与地方纪委监委、审计、财政等部门的联动机制尚未完全打通，对干部“八小时之外”行为监管存在盲区。例如，享乐奢靡问题常以“私人交往”名义发生，涉及餐饮、娱乐、礼品消费等多个领域，仅靠内部监督难以全面掌握线索。跨部门数据共享机制滞后，导致对隐性福利发放、违规公务接待等问题的核查缺乏有力支撑。此外，社会监督渠道虽已拓宽，但对纳税人缴费人反馈问题的分类处置、跟踪问效机制尚未健全，群众监督能量未能充分释放。这种监督碎片化状态，使得作风问题发现难、查处难。

（三）技术局限

传统监督手段对新型腐败的识别较为困难。随着数字化支付方式普及，享乐奢靡及至腐败问题呈现“技术化隐身”特征，对传统监督手段形成挑战。微信红包、电子礼品卡、虚拟货币等新型载体，具有交易隐蔽、资金流向分散、证据留存困难等特点，而传统监督仍较多依赖纸质凭证审查、现场走访等传统方式，难以对线上隐性交易进行有效追踪。例如，个别干部通过电商平台礼品卡充值、第三方支付平台转账等方式接受利益输送，资金流水混杂在日常消费中，仅凭财务报销审核难以甄别。此外，大数据监督平台尚未完全整合外部消费数据，这在一定程度上影响了对干部廉洁自律情况的监测，导致“不吃公款吃老板”“不收现金收电子券”等新型腐败现象成为监管盲区。技术应用的滞后性，使得监督手段升级速度跟不上腐败形态变异速度。

在当前反腐工作中，虽然新的技术手段逐步发挥作用，但随着经济社会的不断发展和违法犯罪手段的日益复杂，面对不断升级的腐败形态变异，其仍存在一定的滞后性。例如，一些不法分子利用新技术或新渠道实施违法行为，增加了监管难度。同时，系统在数据共享方面仍有提升空间，与外部机构的实时对接尚未完全实现，对复杂违法链条的追踪能力有待进一步加强。然而，我们应认识到，利用技术进行反腐不能完全依赖成为主要的反腐手段。税收征管的核心在于构建完善的税收制度、加强税收政策的宣传与执行，以及提升税务人员的专业素养和廉洁意识。只有通过多方面的努力，才能有效防范和打击各类税收违法犯罪行为，维护税收秩序，促进经济社会的健康发展。

第四节　坚决贯彻中央八项规定精神

中央八项规定是党中央徙木立信之举，是新时代管党治党的标志性措施。习近平总书记多次强调，要锲而不舍落实中央八项规定精神，将其作为铁规矩、硬杠杠，严肃查处顶风违纪、隐形变异的“四风”问题，督促党员、干部坚决反对特权思想和特权现象，树牢正确权力观、政绩观、事业观。我们必须深刻认识到，落实中央八项规定精神是一场攻坚战、持久战，必须常抓不懈、久久为功，直至真正化风成俗，以优良党风引领社风民风。在此基础上，我们要通过政治引领、制度创新和监督效能的提升，构建全方位的工作格局，推动中央八项规定精神落地生根。

一、政治引领：构建“三位一体”思想教育体系

思想是行动的先导，理论是实践的指南。习近平总书记在中央党校建校 90 周年庆祝大会暨 2023 年春季学期开学典礼上指出：“政治上的坚定源于理论上的清醒。”在新时代全面从严治党的伟大实践中，加强思想教

育是确保党员干部坚定理想信念、保持政治定力的关键所在。只有通过持续的理论武装，才能让党的创新理论深入人心，筑牢信仰之基、补足精神之钙、把稳思想之舵。因此，构建“三位一体”思想教育体系，必须以理论武装常态化为基础，打造沉浸式、立体化的思想铸魂机制，让党员干部在常学常新中领悟真理力量，以理论上的清醒促进政治上的坚定，进而推动各项工作沿着正确的方向稳步前行。

（一）理论武装常态化：构建沉浸式、立体化的思想铸魂机制

习近平总书记指出，要加强理论武装，坚守共产党人精神追求。理论武装常态化的核心在于打破“阶段性学习”的思维定式，建立融入日常、抓在经常的长效机制，使习近平新时代中国特色社会主义思想成为税务干部的行动指南。首先需构建“三维联动”学习体系：在制度层面，将理论学习纳入干部考核指标体系，建立“第一议题＋专题研学＋实践转化”的闭环机制，通过党委理论学习中心组领学、支部主题党日研学、青年理论学习小组促学等分层载体，确保学习频次制度化、内容清单化。在方式创新上，推行“理论学习＋税收实践”双轨融合模式，例如开展“政策解读进企业”“税收改革大家谈”等活动，让干部在服务纳税人过程中深化对“以人民为中心”发展思想的理解；利用数字化手段打造“云端课堂”，通过微党课、情景模拟、互动问答等形式，破解传统说教式学习的枯燥感，增强理论渗透力。在成果转化环节，建立“学习笔记晾晒”“调研成果评比”等倒逼机制，要求干部结合岗位实际撰写理论应用报告，将学习成效转化为优化征管流程、落实减税降费等具体举措，避免“学用两张皮”。

常态化理论武装的关键在于抓住“关键少数”与“绝大多数”的协同效应。一方面，领导干部需充分发挥示范引领作用，带头践行“知行合一”，以实际行动检验理论学习成效，形成“头雁效应”。通过深入基层调研、参与一线工作等方式，领导干部能够将理论学习与实际工作紧密结合，确保理论指导实践、实践反哺理论，为全体税务干部树立榜样。另一方面，针对青年干部的特点和需求，构建“导师制＋项目制”培养模式，

让资深党员干部带领青年干部在重大税收改革任务中淬炼理论素养。例如，在智慧税务建设等攻坚项目中，设立临时党小组，将理论学习融入攻坚克难的过程。通过“在干中学、在学中干”的方式，青年干部能够在实践中不断深化对理论的理解和运用，提升自身的政治素养和业务能力。

同时，要注重常态化机制的建设，通过创新学习方式、丰富学习内容，推动理论学习从“被动输入”向“主动求索”转变。例如，利用线上学习平台、专题研讨班等形式，为税务干部提供多样化的学习渠道；通过案例分析、实地调研等方式，增强理论学习的针对性和实效性。通过持续“补钙壮骨”，税务干部能够筑牢政治忠诚，确保税收工作始终沿着正确的政治方向前进。

（二）警示教育精准化：构建分层级、场景化的风险预警体系

警示教育精准化的核心在于打破“大水漫灌”模式，聚焦不同岗位、不同层级的廉政风险点，实施“靶向治疗”。首先需建立岗位风险“三维画像”：针对领导干部，聚焦“三重一大”决策、干部选拔任用等领域，通过剖析“一把手”违纪违法案例，开展“以案促改专题民主生活会”“廉政风险点自查”等活动，强化“关键少数”的权力制约意识；针对基层执法岗位，围绕发票管理、纳税评估、社会保险费征收等高频业务，制作“微腐败”情景模拟片，展现“小权力”滥用的危害后果，例如虚构“代开发票审核不严”“政策落实吃拿卡要”等具象场景，让干部在角色扮演中增强风险防范意识；针对关键岗位轮换干部，开展“岗前廉政特训营”，结合岗位廉政手册进行案例推演，建立“风险清单＋防控措施”个性化档案。

精准化警示教育还需注重“情、理、法”的融合渗透。在内容选择上，既要剖析反面案例的纪法后果，更要挖掘当事人思想蜕变的轨迹，例如组织观看职务犯罪人员庭审直播，让干部现场感受“破纪破法”对个人、家庭、单位的多重伤害；在形式设计上，推行“沉浸式体验＋互动式研讨”，如开展“假如我是当事人”主题大讨论、廉政风险情景剧创编等

活动，引导干部从“旁观者”转为“参与者”，增强教育的代入感。同时，建立“警示教育效果评估机制”，通过定期开展廉政认知度测评、风险防控措施落实情况“回头看”，动态调整教育内容和方式，避免警示教育流于形式。

需构建“事前预警—事中监督—事后整改”的闭环体系。事前通过大数据分析岗位廉政风险高发点，发布“季度廉政风险提示函”；事中在重点工作推进中嵌入警示教育环节，如有的税务机关在大规模留抵退税工作中开展“退税减税一线廉政课”，提醒干部严守政策执行底线，起到了良好效果；事后针对发生的违纪案例，及时召开“一案一分析”专题会，既通报问题事实，更深入剖析制度漏洞和思想根源，推动“查处一案、警示一片、治理一域”。通过精准化警示教育，让干部清晰认识到“风险在哪里、红线是什么、后果有多严重”，实现从“不敢腐”的震慑到“不想腐”的自觉的深层次转化，为税收事业健康发展筑牢思想防线。

（三）廉政文化品牌化：打造浸润式、特色化的价值传导矩阵

廉政文化品牌化建设需立足税务系统特点，挖掘“忠诚担当、崇法守纪、兴税强国”的精神内核，构建具有行业辨识度的文化标识体系。首先应系统梳理税务历史文脉，整合税收征管发展历程中的廉洁典型、优良传统，打造“税魂廉韵”主题文化展厅、廉政文化长廊等实体阵地，将“为国聚财”的使命意识转化为可视化的文化符号。同时，结合地域特色培育差异化品牌，如在红色革命老区税务机关打造“红色税史＋廉政教育”融合品牌，在边疆地区创建“国门税官廉洁行”特色项目，通过地域文化赋能廉政价值，增强干部的情感认同。

在传播载体上，需构建“线上＋线下”联动的文化生态。线下开展“廉政家书”“税廉故事分享会”“廉政承诺签名”等沉浸式活动，将廉洁要求融入入职宣誓、晋升谈话、退休仪式等职业生命周期关键节点，形成贯穿职业生涯的文化印记；线上开发“廉政文化云平台”，设置“廉情速递”“案例剖析”“互动答题”等功能模块，利用短视频、H5 等新媒体

形式提升传播力，例如制作“税务干部的一天”廉洁微动漫，将日常执法场景中的纪律要求转化为生动叙事。品牌化建设还需注重“文化反哺”机制，通过选树“最美税务人”“廉洁标兵”等先进典型，打造“身边人讲身边事”的示范效应，让抽象的廉政要求具象化为可学可鉴的榜样标杆。

廉政文化品牌的生命力在于与制度建设的深度融合。需将文化理念嵌入税收执法全过程，例如在风险应对、税务稽查等关键环节推行“廉洁执法承诺书”“廉政监督卡”制度，将文化约束转化为行为规范；在干部管理中建立“廉政文化积分制”，将参与文化活动、践行廉洁规范等表现纳入积分体系，与评先评优挂钩，形成“文化引导+制度保障”的双轮驱动。通过品牌化建设，使廉政文化从“外在要求”内化为“内在自觉”，在税务系统营造“以廉为美、以廉为乐、以廉为荣”的价值导向，构建不敢腐、不能腐、不想腐的思想堤坝。

二、制度创新：扎紧“不能腐”的笼子

思想铸魂，制度固基。新时代纵深推进全面从严治党，既要扎深理想信念的“精神之根”，又要织密制度规矩的“约束之笼”。要以党的创新理论凝心铸魂，让忠诚于党、干净做事、担当作为成为每一名党员干部的鲜明底色。同时，要推进权力运行清单化管理，明确权责边界；依托大数据打造“智慧监督网”，让监督从“事后追责”向“全程防控”转变；健全容错纠错机制，激励干部在规矩之内敢闯敢试，从而更好地推动各项事业始终沿着党中央指引的航向稳健前行。

（一）税务权力清单化管理：构建权责明晰的制度坐标系

推进税务权力清单化管理，本质上是通过制度设计将税收执法权、行政管理权关进“可视、可溯、可控”的制度笼子，从源头破解权力运行中的模糊地带。这一策略的核心在于构建“三维清晰化”治理体系：

权力边界清晰化。通过全面梳理税收法律法规等，将分散在各业务环

节的税务权力（如行政许可、行政处罚、税费征收等）进行分类分项统计并作标准化拆分，编制包含权力名称、法律依据、实施主体、运行流程、自由裁量基准的“权责目录”，明确“清单之外无权力”的刚性约束。尤其针对税额核定、减免退税、税务稽查等廉政高风险领域，建立“权力运行热力图”，将自由裁量权细化为“标准操作套餐”，例如在行政处罚中，将“情节轻微”“一般违法”“严重违法”等模糊表述转化为包含违法次数、涉案金额、整改态度等要素的量化指标，压缩权力寻租空间。

流程监管清晰化。配套建立权力运行“阳光通道”，依托电子税务局和政务公开平台，将清单内容及动态调整情况向社会全面公开，实现纳税人对权力行使的全流程监督。例如在出口退税审批中，将“资料受理—系统审核—人工复核—集体审议”等环节的办理时限、责任主体、政策依据进行可视化呈现，纳税人可通过专属账号查询办理进度，倒逼税务干部规范用权。同时建立权力运行回溯机制，对每项权力的启动条件、决策过程、执行结果进行数字留痕，形成“一事一档案”的可追溯链条，让隐性权力交易在透明化监管中无处遁形。

责任界定清晰化。建立“权责对等、失责必究”的配套机制，将清单执行情况纳入干部考核体系，对超清单用权、选择性执行清单等行为实施精准问责。特别针对“政策执行变通”“监管空白地带”等隐性权力滥用问题，建立“权力运行偏离度”评估模型，通过智能比对政策文件与实际操作的差异率，自动识别“打擦边球”行为，避免“制度空转”。这种管理模式不仅为税务干部提供了“操作说明书”，更向社会传递了“法无授权不可为”的治理理念，从制度层面切断权力与利益输送的关联通道，构建起“用制度管权、按制度办事、靠制度管人”的长效机制。

（二）数字化监督体系升级：打造科技赋能的智慧监督网

面对违纪行为隐形化、复杂化的新趋势，必须依托数字化技术构建“制度＋科技”的监督闭环，实现从“人工抽查”到“数据智控”的范式转型。这一体系建设需聚焦三个核心维度：

监督数据的全域整合。打通金税系统、内控监督平台、电子监察系统、外部政务数据的壁垒，构建覆盖“人、事、权、责”的税务监督大数据中心。目前，部分税务机关已经在积极探索和应用先进的数据分析技术，将干部个人有关事项报告、廉政档案、执法过错记录与征管系统中的户管变动、审批流程、风险应对结果进行关联分析。通过机器学习算法，能够有效识别异常模式，例如某管理员负责的企业突然出现“高风险企业集中注销”或“减免税申请异常通过”等信号时，系统会自动触发预警机制。这种做法大大提升了风险识别的精准度和及时性。此外，针对发票管理、出口退税等高频风险点，一些税务机关已经建立了“资金流—货物流—发票流”的三维数据模型。通过实时比对购销双方信息，精准锁定“暴力虚开”“假出口”等违法违规行为背后可能存在的内外勾结行为，有效增强了税务监管的威慑力和精准度。这些创新举措为税收征管工作提供了有力的技术支撑，也为防范和打击税收违法犯罪行为提供了新的思路和方法。

监督场景的智能拓展。开发“风险画像”动态监测系统，为每个单位、每个岗位生成个性化廉政风险热力图。例如：对基层分局，重点监测“核定征收标准统一性”“欠税管理跟踪率”等指标；对稽查部门，聚焦“案源分配公正性”“处罚裁量一致性”等维度，通过设定“红黄蓝”三级预警阈值，实现风险的分级分类处置。引入区块链技术建立执法过程存证系统，将重大执法决定法制审核、集体审议过程上链固化，确保执法轨迹不可篡改、责任界定精准无误，从技术层面消除“人情干预”“利益输送”的操作空间。

监督效能的闭环提升。建立“数据采集—智能分析—精准处置—制度完善”的螺旋上升机制。对监督中发现的共性问题，如某类减免税政策执行偏差，不仅要追究具体责任人，更要追溯制度设计漏洞，推动政策执行细则的修订完善；对个性问题，通过“一案一分析”形成典型案例库，为干部警示教育提供鲜活教材。这种数字化监督体系不仅突破了传统监督的时空限制，更通过数据驱动实现了“惩前”与“毖后”的有机统一，让科技反腐成为扎紧制度笼子的“智能锁”，使隐性腐败在数字鸿沟中无所遁形，真正实现监督效能的乘数效应。

（三）容错纠错与激励机制：营造担当作为的制度生态

构建“不能腐”的制度体系，既要筑牢“不敢腐”的底线，更要营造“愿作为”的氛围，通过建立科学的容错纠错机制，解决干部“怕出错而不作为”的后顾之忧，实现“严管”与“厚爱”的辩证统一。这一机制建设需把握三个核心原则：

精准界定“可为”与“不可为”的边界。制定《税务系统容错纠错实施办法》，明确“改革创新失误、探索性先行先试、无意过失错误”等6类容错情形，建立包含动机态度、程序合规、后果影响、纠错表现的“四维评估体系”。例如，对基层干部在优化办税流程中因缺乏先例导致的操作瑕疵，只要符合改革方向、经过集体研究、及时主动纠错，应给予容错免责；而对借改革之名行谋私之实、因懒政怠政造成损失的行为，坚决不予容错，防止“洗碗效应”[①]中的“错容混淆”。配套建立“负面清单”，明确税收执法“十个严禁”、行政管理“八不准”等刚性红线，让干部清楚“风险雷区”所在。

构建“纠错—帮扶—提升”的闭环机制。对认定容错的干部不简单“一容了之”，而是通过谈心谈话、专题培训、岗位调整等方式帮助其分析问题、改进提高。例如对在税收征管改革中出现失误的干部，安排参与专项调研、政策解读等工作，在实践中提升履职能力；建立“纠错档案”，跟踪记录干部整改情况，整改到位的在考核评优、职务晋升中不受影响，切实消除“一次失误、终身受限”的顾虑。同时建立“澄清保护”机制，对受到不实举报的干部及时公开澄清，打击恶意举报行为，营造“为担当者担当”的良好风尚。

---

① 洗碗效应是一种在工作和生活中较为常见的现象，即经常洗碗的人打碎碗的概率比不洗碗或少洗碗的人大。一旦打碎了碗，不仅会前功尽弃，还可能因此受到批评。而那些没洗碗或很少洗碗的人，则不会因此挨批评、担责任。

强化正向激励的制度导向。将容错纠错机制与干部考核、职务晋升、专业人才培养深度融合，设立“改革创新先锋奖”“征管攻坚能手”等专项奖励，对在急难险重任务中敢闯敢试的干部给予优先晋升机会。例如在智慧税务建设、优化调整社会保险费申报缴纳流程等重大改革中，对主动承担试点任务、积极破解难题的团队和个人，在绩效考评中实施“加分项”，形成“鼓励创新、宽容失败、抵制平庸”的价值导向。这种机制设计既避免了“洗碗效应”导致的消极怠政，又防止了“浑水摸鱼”式的乱作为，让制度笼子既有刚性约束的“硬度”，又有激励担当的“温度”，从根本上铲除滋生腐败的思想土壤和制度漏洞，构建起“干部想干事、能干事、干成事”的良性生态。

三、监督效能：构建“大监督”工作格局

监督是权力正确运行的保障，是国家制度和治理体系有效运转的重要支撑。习近平总书记在中共中央政治局第二十六次集体学习时强调：“要完善权力监督制度和执纪执法体系，使各项监督更加规范、更加有力、更加有效。”在全面从严治党的实践中，监督效能的提升是确保权力运行不偏向、不变质、不越轨的关键所在。只有构建全方位、多层次的监督格局，才能真正实现监督的全覆盖、无死角。在税务系统中，构建“大监督”工作格局是提升监督效能的重要举措。通过强化内部监督的协同化，打造全链条贯通的监督共同体，能够有效整合监督资源，形成监督合力，确保权力在阳光下运行，为税收事业的高质量发展提供坚实的保障。

（一）内部监督协同化：打造全链条贯通的监督共同体

构建税务系统内部监督协同机制，核心在于打破部门壁垒，推动纪检监督、职能监督、专责监督、日常监督从“分散发力”向“系统集成”转变，形成“责任共担、信息共享、问题共解”的监督生态。

监督主体的有机整合，建立“1+4+N”内部监督体系：以税务系统纪

检机构为统筹中枢，整合督察内审、巡视巡察、人事管理、财务管理专责监督力量，联动各业务部门党支部纪检委员、兼职监察员等N个基层监督触点。通过制定《内部监督协同工作规程》，明确各主体的监督重点、协作流程和责任边界，例如纪检机构侧重执纪问责，督察内审聚焦政策执行质效，巡视巡察深挖系统性问题，形成“监督内容互补、监督方式互融、监督成果互用”的工作格局。建立跨部门线索移送“绿色通道”，对督察内审发现的执法过错、巡视巡察反馈的作风问题、财务审计暴露的资金风险，实行一揽子移交、穿透式核查，避免重复监督和监督盲区。

监督流程的闭环管理，构建“风险排查—过程管控—整改提升”的全周期监督链条。在风险排查环节，运用“制度＋科技”手段建立《税务系统内部监督风险地图》，动态标注发票管理、出口退税、大额采购等21个高风险领域的监督要点；在过程管控环节，推行“嵌入式”监督，将纪检监督融入重大决策会议、项目招投标、干部选拔等关键场景，实行“会前廉政审查、会中全程纪实、会后跟踪问效”；在整改提升环节，建立“监督发现问题库”，对个性问题实行“销号管理”，对共性问题开展专项整治，例如针对巡视反馈的“基层执法自由裁量权过大”问题，由纪检组联合法规部门、征管部门制定《裁量基准统一化操作指引》，从制度层面堵塞漏洞。

监督效能的深度融合，强化“监督结果与干部管理”的正向关联，将监督发现的问题纳入领导班子和领导干部考核体系，与职务晋升、绩效评定、评先评优挂钩。建立“监督整改回头看”机制，对整改不力的单位启动“二次监督”，对敷衍塞责的责任人严肃追责，避免“纸面整改”“数字整改”。通过内部监督协同化，实现从“碎片化监督”到“系统性防控”的转变，让监督力量在整合中产生“1+1>2”的倍增效应，从内部筑牢防止权力滥用的“防火墙”。

（二）外部监督社会化：搭建多元参与的开放式监督平台

外部监督是税务“大监督”格局的重要组成部分，其核心在于构建

“纳税人参与、社会各界协同、媒体舆论监督”的立体化监督网络，将税务工作置于阳光下运行，以开放姿态接受社会检验。

拓宽监督参与渠道，建立“特邀监察员＋纳税人监督团＋社会第三方”的多元监督主体体系。选拔人大代表、政协委员、企业代表、行业协会负责人等担任特邀监察员，定期参与税收执法检查、政策落实评估等工作，赋予其现场质询、问题反馈等权利；组建“纳税人监督团”，通过公开招募方式吸纳不同类型纳税人代表，参与办税流程体验、服务质量测评，直接反馈办税过程中遇到的形式主义、官僚主义问题；引入会计师事务所、税务师事务所等第三方机构，对税费优惠政策落实、重大项目资金使用开展独立审计，借助专业力量发现隐蔽性问题。

推进监督信息公开，依托电子税务局、政务新媒体等平台打造“阳光税务”监督专栏，全面公开权力清单、执法流程、处罚结果、减免税数据等信息，实现“应公开尽公开”。建立“纳税人点单式监督”机制，通过问卷调查、线上投票等方式，让纳税人自主选择关注的监督重点，例如针对“留抵退税政策落实”开展专项监督时，邀请纳税人参与监督方案制定、过程跟进和效果评价，增强监督的靶向性。推行“监督结果双反馈”制度，既向问题涉及单位反馈整改要求，又向监督主体公开处理结果，形成“提出问题—解决问题—效果评价”的闭环互动。

强化监督成果运用，建立外部监督意见“分级响应”机制：对纳税人反映的具体办税问题，24 小时内响应，5 个工作日内办结；对社会各界提出的制度性建议，纳入年度改革任务统筹研究；对媒体曝光的典型作风问题，迅速启动专项核查并向社会公开处理情况。特别注重发挥舆论监督的“预警器”作用，对网络平台出现的涉税舆情热点，建立“舆情监测—快速核实—主动发声”的应急处置流程，避免小问题演变成影响政府公信力的事件。通过外部监督社会化，将税务工作置于社会“聚光灯”下，既倒逼税务干部规范执法行为，又增进社会对税务工作的理解与信任，形成“监督促规范、公开赢民心”的良性循环。

（三）跨部门治理联动：构建全域覆盖的立体化监督网络

税务监督的复杂性决定了必须打破部门界限，与纪委监委、公安、财政、审计等外部监管力量建立常态化联动机制，形成“信息互通、资源共享、问题共治”的跨领域监督共同体。

建立制度化联动平台，依托税务总局与中央纪委国家监委建立的贯通协同机制，向下延伸构建“税务 +X”联动监督体系：与纪委监委建立问题线索双向移送、联合办案机制，对涉及税务干部的违纪违法问题，做到“发现一起、移送一起、严查一起”；与公安经侦部门建立涉税犯罪案件联合查办机制，在打击虚开增值税发票、骗取出口退税等违法犯罪中，实现情报信息实时共享、联合研判、同步执法；与财政、审计部门建立财政资金使用、税收政策执行的协同监督机制，在减税降费资金核查、重大税务项目审计中开展联合监督，形成“查错漏—追责任—促整改”的监督链条。特别针对“放管服”改革中的监管空白地带，与市场监管、银行等部门建立“双随机、一公开”联合抽查机制，对新兴业态税收征管开展跨领域风险排查。

推进监督数据共享互通，依托政务大数据平台，打通税务与外部门的数据壁垒，构建跨部门监督数据仓。例如，将企业纳税数据与市场监管的注册信息、银行的资金流水、海关的进出口数据进行关联比对，通过大数据分析识别“假企业”“假出口”等涉税违法行为背后的监管漏洞。建立跨部门监督“风险预警模型”，对跨领域数据碰撞中出现的异常信号，自动触发多部门联合核查程序，实现对隐性腐败的精准打击。

强化监督结果协同运用，建立跨部门监督“整改联动机制”，对联合监督中发现的系统性问题，由各相关部门共同制定整改方案，明确职责分工和时间节点，避免“各自为政”的整改乱象。例如，在查处某行业税收征管漏洞时，税务部门负责完善政策执行细则，公安部门加强犯罪打击力度，行业主管部门规范行业准入标准，形成“查处一案、规范一片”的治理效果。推行跨部门监督“信用联合惩戒”，将税务违法信息纳入社会信用体系，与市场监管、金融机构等共享失信企业和个人名单，在政府采购、银行贷款、资质审批等方面实施联合限制，增强监督的威慑力。通过跨部门治理联动，实现从单一领域监督向全域治理的转变，让违纪违法行为在跨领域协同监管中无处遁形，真正构建起“全方位、无死角”的大监督工作格局。

第五节 深刻的教训：违反中央八项规定精神典型案例剖析

在全面从严治党的背景下，税务系统坚决贯彻中央八项规定精神，持续加强作风建设，取得了显著成效。然而，仍有个别税务干部顶风违纪，违反中央八项规定精神，这些典型案例深刻警示我们，作风建设永远在路上，必须时刻保持警醒。从这些案例中可以看出，违规行为的表现形式多样，既有违规接受宴请、收受礼品礼金等“四风”问题，也有利用职务便利谋取私利等腐败行为。这些行为不仅损害了税务机关的形象和公信力，更严重侵蚀了党群干群关系，破坏了税收工作的良好生态。究其根源，是部分干部理想信念动摇，纪律意识淡薄，对党纪国法缺乏敬畏之心，最终滑向违法犯罪的深渊。

这些深刻的教训提醒我们，必须进一步强化政治引领，加强思想教育，让税务干部时刻牢记初心使命，筑牢廉洁自律的思想防线。同时，要不断完善制度机制，扎紧“不能腐”的笼子，加强对权力运行的监督制约，确保权力始终在阳光下运行。只有通过标本兼治，才能有效防止类似问题的再次发生，为税收事业的高质量发展提供坚强的纪律保障。

【案例描述】

党的十八大以来，税务系统持续推进全面从严治党，但仍有少数干部置中央八项规定精神于不顾，在利益诱惑面前丧失原则底线，滋生出多类典型违纪违法案例，集中反映出“四风”问题的顽固性与复杂性。

从接受利益输送的典型案例看，税务干部Y某的违纪行为具有长期性与隐蔽性。2020年至2024年，其与妻子在长达三年半的时间内，多次接受企业老板邀请，赴海南、广东、福建、贵州等地旅游，全程费用均由企业老板支付。这种“感情投资”本质上是权钱交易的隐蔽形态，Y某不仅借此享受奢靡生活，还存在其他严重违纪违法问题，最终被移送司法机关，其行为严重破坏了税务系统的执法公信力。

公款旅游、虚耗公帑的问题亦不容忽视。某税务局主要领导Z某在2021年9月的违纪行为是这一问题的典型代表。其在上级和本单位均无公务考察安排的情况下，擅自以开展党史学习教育为名，使用公车先后前往外省，其间用公款支付住宿费、燃油费等共计1万余元。这种借学习教育之名行旅游之实的行为，既背离了党史学习教育的初衷，又违反了财经纪律，暴露出形式主义、官僚主义的顽疾，最终Z某受到党内警告处分，成为纪律刚性约束的典型反面教材。

违规收受礼品礼金问题在基层税务干部中时有发生。稽查干部T某的违纪行为持续时间长、涉及人员多。2017年至2024年，其借节日、举办婚庆事宜等时机，先后多次收受某商贸有限公司法定代表人等11人所送现金、购物卡，折合人民币共计30万元。此类行为看似“人情往来”，实则是公权力寻租的“润滑剂”，T某最终受到留党察看（二年）、撤职处分，降为一级科员，其案例警示基层干部须警惕“小恩小惠”背后的利益陷阱。

违规接受宴请的问题则折射出亲清政商关系的扭曲。2024年1月，A税务所党支部书记、所长G某组织9名税务干部，接受某资产管理投资有限公司安排的宴请，餐费及酒水共计3000元。这类看似“普通聚餐”的活动，实则可能影响公正执行公务，破坏税收执法的公平性。G某受到党内严重警告处分，其余参与人员亦分别被处理，凸显了纪律面前无小事的执纪原则。

此外，还涉及虚报套取资金、违规发放津贴补贴等问题，如B县税务局原党委书记L某通过虚构项目套取资金36.89万元，部分用于违规发放津贴补贴；C县税务局W某在扶贫工作中不认真履职，导致贫困户违规多占安置房面积等。这些案例覆盖了税务系统的不同层级，涉及“舌尖上的浪费”“车轮上的腐败”等多种违纪形态，暴露出部分干部对纪律规矩缺乏敬畏，将手中权力异化为谋取私利或贪图享乐的工具，严重损害了税务部门的形象与党群干群关系。

【纪法分析】

上述案例均严重违反中央八项规定及其实施细则精神，其违纪行为的性质可从党纪法规层面进行深入剖析，揭示其背后的纪法危害性与执纪依据。

从《中国共产党纪律处分条例》（以下简称《条例》）具体条款看，接受可能影响公正执行公务的旅游、宴请等活动安排，直接触犯《条例》第一百零一条。如Y某接受企业老板出资旅游、G某等人接受企业宴请，此类行为本质上是通过“吃喝玩乐”搭建利益输送桥梁，破坏了公务行为的公正性。《条例》明确规定，对此类行为情节较重的，给予警告或者严重警告处分；情节严重的，给予撤销党内职务或者留党察看处分。案例中相关人员的处理结果即以此为依据。

公款旅游等行为则违反《条例》第一百一十五条规定。Z某借党史学习教育之名行旅游之实，使用公车并公款支付费用，属于典型的“公器私用”；L某虚构项目套取财政资金，既违反财经纪律，又构成职务违法。此类行为不仅造成公共资源浪费，更助长了享乐主义、奢靡之风，《条例》对此类行为设定了严格的处分标准，旨在通过刚性约束遏制铺张浪费、假公济私等歪风邪气。

收受可能影响公正执行公务的礼金礼品等财物的行为触及《条例》第九十七条，该条款明确规定对此类行为，情节较轻的，给予警告或者严重警告处分；情节较重的，给予撤销党内职务或者留党察看处分；情节严重的，给予开除党籍处分。T某多次收受11人财物，收受白酒、香烟、茶叶等礼品，均属于利用职务便利索取、收受他人财物的违纪行为。值得注意的是，即使财物价值尚未达到刑事立案标准，只要存在可能影响公正执行公务的情形，即构成违纪，体现了党纪严于国法的鲜明导向。案例中，T某因累计收受 30 万元财物被撤职，彰显了“量变引起质变”的执纪逻辑。

从违纪本质看，上述行为均是“四风”问题的具体表现，反映出少数干部理想信念滑坡、权力观扭曲的深层病灶。中央八项规定精神的核心是保持党同人民群众的血肉联系，而违纪干部将公权力视为个人特权，把税收执法权异化为谋取私利的工具，其行为不仅违反组织纪律、廉洁纪律，更损害了税收征管的权威性与公平性，动摇了纳税人对税务部门的信任。纪法对此类行为的严厉惩处，既是对“公权姓公”原则的捍卫，也是对“人民税收为人民”宗旨的坚守。

部分案例还涉及涉嫌违法犯罪问题，如 Y 某因其他严重违纪违法问题被移送司法机关，体现了党纪与国法的衔接。《中华人民共和国公职人员政务处分法》亦对相关行为作出规定，如第三十四条明确收受可能影响公正行使公权力的礼品、礼金等，可给予警告直至开除处分，进一步为政务处分提供了法律依据。这些案例表明，无论是“小打小闹”的违规行为，还是“雁过拔毛”的贪腐行径，只要突破纪律红线，终将受到纪法严惩，凸显了“越往后越严”的执纪执法态势。

【警示警戒】

税务干部违反中央八项规定精神的典型案例，如同一面面镜子，映照出纪律松弛的严重后果，为全系统敲响了长鸣的警钟。这些案例带来的警示，不仅在于具体行为的危害性，更在于其背后折射出的思想蜕变轨迹与权力运行风险。

理想信念动摇是违纪违法问题产生的主要根源。Y 某等人之所以沦为“围猎”对象，根本原因在于放松了主观世界改造，将“为人民服务”的宗旨抛诸脑后。从接受一顿宴请、一次旅游开始，逐渐陷入享乐主义泥潭，最终滑向违纪违法深渊。这警示广大税务干部，理想信念的堤坝一旦松动，就会被“糖衣炮弹”击穿。必须时刻牢记“税务机关首先是政治机关”的定位，把坚定理想信念作为终身课题，以习近平新时代中国特色社会主义思想凝心铸魂，从思想上固本培元，自觉抵制腐朽思想侵蚀。

纪律规矩意识淡薄是违纪行为的直接诱因。部分干部对中央八项规定精神置若罔闻，将违规收礼视为“人情往来”，把公款旅游包装成“学习考察”，反映出对纪法缺乏敬畏之心。例如 Z 某借党史学习教育之名行旅游之实，暴露出对党内政治生活的异化；L 某通过虚构项目套取资金，表明其对财经纪律的漠视。这些案例表明，纪律规矩不是“纸老虎”，任何打擦边球、搞变通的行为，最终都会受到纪律追究。税务干部必须强化“纪在法前、纪严于法”的意识，将中央八项规定精神内化为行为准则，做到心有所畏、言有所戒、行有所止。

权力监督缺位为违纪行为提供了可乘之机。从案例看，部分违纪行为长期存在却未被及时发现，暴露出监督机制的薄弱环节。例如 T 某七年时间多次收受财物未被察觉，反映出对“八小时之外”活动监督的缺失。这警示我们，税务系统掌握税收执法、行政审批、资金管理等关键权力，必须加强对“一把手”和关键岗位的监督，织密监督网络。要充分运用“第一种形态”，对苗头性、倾向性问题早提醒、早纠正，防止小错酿成大错。

“四风”问题的顽固性要求持续发力整治。案例中，违纪行为涵盖享乐主义、奢靡之风、形式主义等多种类型，且存在隐形变异趋势（如借学习教育之名旅游），表明“四风”问题具有反复性、复杂性。税务干部必须深刻认识到，作风建设永远在路上，绝不能有松劲歇脚、疲劳厌战的情绪。要从案例中汲取教训，自觉净化“朋友圈”“社交圈”，坚决抵制“酒桌文化”“礼品经济”，建立清清爽爽的同志关系、规规矩矩的上下级关系、亲清统一的政商关系。

案例的严肃处理彰显了“伸手必被捉”的鲜明导向。无论职务高低、资历深浅，只要违反中央八项规定精神，都将受到严肃追究。Y 某从领导干部沦为阶下囚，G 某作为所长受到党内严重警告，这些教训深刻表明，纪律面前没有特殊群体，党纪国法的底线不可触碰。广大税务干部要以案为鉴，算好政治账、经济账、家庭账，始终保持对纪法的敬畏、对权力的戒惧，以廉洁奉公的实际行动维护税务队伍的良好形象。

【整改措施】

一是强化思想引领，筑牢作风建设的思想根基。深化政治教育常态化。将学习贯彻习近平新时代中国特色社会主义思想作为首要政治任务，结合主题教育，引导税务干部深刻领悟“两个确立”的决定性意义，增强“四个意识”、坚定“四个自信”、做到“两个维护”。通过党委理论学习中心组学习、支部“三会一课”、青年理论学习小组等载体，常态化开展理想信念教育、宗旨意识教育，解决好世界观、人生观、价值观“总开关”问题。做实警示教育精准化。建立“案例库＋警示录＋现场教育”立体警示体系。定期编发税务系统违反中央八项规定精神典型案例汇编，制作警示教育片，剖析违纪干部从思想松动到行为失控的演变轨迹；组织干部参观廉政教育基地、旁听职务犯罪庭审，用“身边事”教育“身边人”，强化“不敢腐”的震慑效应。例如，可将具有代表性和典型性的案例纳入新入职干部培训必修课，引导年轻干部扣好“第一粒扣子”。

二是完善制度建设，扎紧作风建设的制度笼子。健全权力监督制约机制。针对案例暴露的公务接待、差旅审批、津贴补贴发放等薄弱环节，修订完善相关制度规范。例如：严格执行公务接待“审批—接待—报销”闭环管理，明确接待标准和陪同人员数量，严禁超范围、超标准接待；规范差旅审批流程，要求“无公函不接待”“无实质内容不审批”，防止借公务之名行旅游之实。强化重点领域风险防控。聚焦发票管理、税务稽查、行政审批等权力集中、风险较高的领域，建立“风险清单＋防控措施＋责任主体”制度。运用大数据技术，对增值税发票开具、出口退税审核、企业注销审批等环节进行动态监控，设置风险预警指标，及时发现和纠正违规行为。

三是强化监督执纪，强化警示教育的震慑效应。压实主体责任与监督责任。各级税务局党委要履行好作风建设主体责任，“一把手”负总责，班子成员履行“一岗双责”，将落实中央八项规定精神纳入党建工作责任制考核、领导干部述职述廉重要内容。纪检部门要聚焦主责主业，运用“监督执纪四种形态”，特别是第一种形态，对干部苗头性、倾向性问题及时谈话提醒、批评教育，防止小错酿成大错。严肃追责问责与通报曝光。对违反中央八项规定精神的问题，坚持“一案双查”，既追究直接责任，又追究领导责任，倒逼责任落实。对典型案例一律点名道姓通报曝光，通过内部网站、通报文件等形式公开处理结果，发挥“查处一案、警示一片、治理一域”的综合效应。

四是推动作风长效化，构建作风建设常态化机制。建立作风建设定期研判机制。各级税务局每季度分析研判“四风”问题新动向、新表现，针对突出问题开展专项整治。深化为基层减负工作。持续整治形式主义、官僚主义，精简文件会议，统筹规范监督检查、调研考核，避免多头重复向基层派任务、要材料，让干部有更多时间和精力抓落实。建立干部激励约束机制。坚持严管与厚爱结合、激励与约束并重，对廉洁奉公、担当作为的干部予以表彰奖励，对违反纪律规矩的干部严肃处理，树立鲜明的选人用人导向。完善干部容错纠错机制，鼓励干部敢于担当、积极作为，营造风清气正、干事创业的良好生态。

第二章　政治纪律
——不可逾越的红线

当前世界百年未有之大变局加速演进，意识形态领域斗争尖锐复杂，西方敌对势力从未停止对我国进行渗透、颠覆和分裂活动。国内改革发展稳定任务艰巨繁重，各种深层次矛盾显现。在此背景下，一些党员领导干部可能出现理想信念动摇、政治立场模糊、传播错误思潮甚至阳奉阴违、搞“两面派”等问题。中国共产党作为中国特色社会主义事业的领导核心，强调政治纪律，就是旨在从根源上解决政治意识不强、政治立场不稳、政治行为不端等问题，清除政治上的“两面人”，营造风清气正的政治生态。

第一节　政治纪律的内涵与特点

一、政治纪律的内涵

党的政治纪律是各级党组织和全体党员在政治方向、政治立场、政治言论、政治行为方面必须遵守的规则。政治纪律是保持党的先进性和纯洁性，维护党的团结统一的根本保证，其核心要求是坚持党的全面领导和党中央集中统一领导，确保全党在思想上政治上行动上与党中央保持高度一致，坚决做到“两个维护”。

政治纪律是党的“生命线”，是规范党员政治言行的“高压线”。习近平总书记强调：“全面从严治党，必须注重政治上的要求，必须严明政治纪律”。[①] 一个党员如果不严守党的政治纪律就可能滑向违法犯罪的深渊，一个政党如果不严守政治纪律就会动摇党的执政基础，一个国家如果没有执政党严明的政治纪律作保证就难以繁荣强大。我们党是靠革命理想和铁的纪律组织起来的马克思主义政党，旗帜鲜明讲政治是突出的特点和优势。严明政治纪律是党应对复杂国际国内形势、实现长期执政的必然要求。各级党组织和全体党员只有严格遵守党的政治纪律，才能使党成为一个有机的整体，团结成“一块坚硬的钢铁”，永葆党的生命力、凝聚力和战斗力，确保党始终成为中国特色社会主义事业坚强的领导核心，推动党和国家的事业蓬勃发展。如果政治纪律松弛，党的其他纪律就会失去基础，党就会陷入软弱涣散、一盘散沙甚至分崩离析的境地，党的执政地位、领导地位就难以得到巩固，党的路线方针政策就难以得到执行，党所确定的奋斗目标也就难以实现。

二、政治纪律的特点

中国共产党在百年奋斗以及长期管党治党实践中，所形成的纪律是多方面的、成体系的。在我们党的纪律体系中，政治纪律是牵头、管总的，是管方向、管立场、管根本的总要求。习近平总书记强调，“严明党的纪律，首要的就是严明政治纪律”“必须执行政治纪律，带动各项纪律全面从严、一严到底”。[②] 政治纪律具有下列显著特点：

一是政治性。政党是典型的政治组织，世界各国的政党几乎都有政治纪律要求。政治纪律直接服务于党的政治目标，具有鲜明的政治性。对于一个政党而言，如果政治纪律立不起来、严不起来或执行不到位，党的团结统一就是一句空话。马克思主义政党更是把政治纪律作为核心的纪律要求。苏联共产党这个曾经的大党老党，其亡党就是一个深刻教训。早年苏

---

①② 中共中央党史和文献研究院.习近平关于全面加强党的纪律建设论述摘编［M］.北京：中央文献出版社，2024.

联共产党在有二十万党员时能够夺得政权，在有二百万党员时能够打败法西斯侵略者，而在有近二千万党员时却丢失了政权，很重要的一个原因是政治纪律动摇、政治规矩失守，没有了凝聚力、战斗力。我们党的历史上也有过一些深刻教训。比如，“文化大革命”时期，林彪、“四人帮”等搞团团伙伙，结派营私，不少地方和部门则大闹派性，各行其是，成为搞乱当时党内政治生活的罪魁祸首。再比如，近年来查处的一些高级领导干部，政治上野心膨胀，大搞政治阴谋活动，严重破坏了党的政治纪律和政治规矩，给我们党的形象和威信造成了巨大损害。这都警示我们，政治纪律直接关系到党的执政地位巩固、政治路线贯彻执行以及党和国家事业的兴衰成败。如果不持之以恒地严明党的政治纪律，就会给党带来灾难性后果。

二是基础性。习近平总书记指出：“党的纪律是多方面的，但政治纪律是最重要、最根本、最关键的纪律，遵守党的政治纪律是遵守党的全部纪律的重要基础。”[①]在党的各项建设中，政治建设是灵魂和根基，决定着党的建设的方向和效果。在党的全部纪律中，政治纪律是“总纲”和“总开关”，对党的组织纪律、廉洁纪律、群众纪律、工作纪律、生活纪律具有引领和示范作用。只有抓住政治纪律这个纲，才能带动党内其他纪律都严起来。如果政治纪律得不到遵守和有效执行，其他党的纪律也形同虚设，必然会失守，加强党的纪律建设就无从谈起。实际上，不管违反哪方面的纪律最终都会侵蚀党的执政基础，说到底都是破坏政治纪律。政治纪律失守往往伴随组织纪律涣散、廉洁纪律松弛。大量案例表明，一些党员干部之所以违纪违法甚至滑向腐败犯罪的深渊，最根本的原因就在于思想上动摇了、政治上变质了。严明政治纪律，就抓住了党的纪律建设的根本。

三是严肃性。习近平总书记指出，“如果党的政治纪律成了摆设，就会

① 中共中央党史和文献研究院.习近平关于全面加强党的纪律建设论述摘编［M］.北京：中央文献出版社，2024.

形成‘破窗效应’，使党的章程、原则、制度、部署丧失严肃性和权威性，党就会沦为各取所需、自行其是的‘私人俱乐部’”。[①] 政治纪律直接关系到党的先进性、纯洁性，关系到党的生命力、凝聚力、战斗力。所以，全面从严治党，必须注重政治上的要求，必须严明政治纪律。在政治纪律方面放松警惕、降低要求是极其危险的。政治纪律被称为“带电的高压线”，具有极强的权威性和强制性，党员必须无条件遵守。任何违反政治纪律的行为都会受到严肃追究和严厉惩处。“在政治问题上，任何人同样不能越过红线，越过了就要严肃追究其政治责任。有些事情在政治上是绝不能做的，做了就要付出代价，谁都不能拿政治纪律和政治规矩当儿戏。”[②] 违反政治纪律属于原则性、方向性错误，其惩戒力度远高于其他纪律。与违反其他纪律相比，违反政治纪律对党和人民事业的危害最大。领导干部职务级别越高，岗位越重要，违反政治纪律的破坏性就越大，对其所在地区或单位政治生态的影响就越严重。全党都要充分认识严守党的政治纪律的极端重要性，始终保持高度的政治警觉。

三、政治纪律和政治规矩

习近平总书记指出：“纪律是成文的规矩，一些未明文列入纪律的规矩是不成文的纪律；纪律是刚性的规矩，一些未明文列入纪律的规矩是自我约束的纪律。党内很多规矩是我们党在长期实践中形成的优良传统和工作惯例，经过实践检验，约定俗成、行之有效，反映了我们党对一些问题的深刻思考和科学总结，需要全党长期坚持并自觉遵循。”[③] 对我们这么一个大党来讲，不仅要靠党章和纪律，还得靠党的优良传统和工作惯例。这些规矩看着没有白纸黑字的规定，但都是一种传统、一种范式、一种要求。党的规矩是党章、纪律、法律的规范要求和党的优良传统、工作惯例

① 习近平．论坚持党对一切工作的领导［M］．北京：中央文献出版社，2019.

②③ 中共中央党史和文献研究院．习近平关于全面加强党的纪律建设论述摘编［M］．北京：中央文献出版社，2024.

等的总和，既包括成文的党内法规，如党章等党内规章制度、党的纪律和国家法律，也包括党在长期实践中形成的优良传统、工作惯例等未明文列入纪律的规矩。党的百年历程充分证明，优良传统和工作惯例是我们党政治智慧的结晶，是管党治党的有效方式。违反了这些优良传统和工作惯例，在政治上造成了不良影响，应当受到党纪惩处。从政治纪律和政治规矩的关系来看，政治纪律是政治规矩的刚性内核，政治规矩中的成文部分直接转化为政治纪律。政治规矩涵盖更广泛的行为规范，一些未明文列入政治纪律的规矩是不成文的政治纪律，具有自我约束性，规矩为纪律填补治理空白。

党的政治纪律以《中国共产党纪律处分条例》等党内法规为表现形式，是成文的规矩，明确“可为”与“不可为”的边界，是具有强制性的刚性约束。党的政治规矩是我们党在长期实践中形成的不成文的政治规则、组织约束等，体现党内政治生活的历史积淀与文化传承，例如延安时期形成的“四个服从”原则至今仍是重要政治规矩。

党的十八大以来，严守“党的政治规矩”成为加强党的纪律建设的必然要求。2013 年 1 月，习近平总书记在十八届中央纪委二次全会上提出“五个决不允许”，即决不允许散布违背党的理论和路线方针政策的意见，决不允许公开发表违背中央决定的言论，决不允许泄露党和国家秘密，决不允许参与各种非法组织和非法活动，决不允许制造、传播政治谣言及丑化党和国家形象的言论。2015 年 1 月，习近平总书记又在十八届中央纪委五次全会上提出“五个必须”，即必须维护党中央权威，在任何时候任何情况下都必须在思想上政治上行动上同党中央保持高度一致；必须维护党的团结，坚持五湖四海，团结一切忠实于党的同志；必须遵循组织程序，重大问题该请示的请示，该汇报的汇报，不允许超越权限办事；必须服从组织决定，决不允许搞非组织活动，不得违背组织决定；必须管好亲属和身边工作人员，不得默许他们利用特殊身份谋取非法利益。2016 年 10 月 27 日，党的十八届六中全会审议通过的《关于新形势下党内政治生活的若干准则》强调，全党特别是高级干部必须严格遵守“十二个不准”：不准散布违背党的理论和路线方针政策的言论，不准公开发表违背党中央决定的言论，不准泄露党和国家秘密，不准参与非法组织和非法活动，不准制造、传播政治谣言及丑化党和国家形象的言论。党员不准搞封建迷信，不准信仰宗教，不准参与邪教，不准纵容和支持宗教极端势力、民族分裂势力、暴力恐怖势力及其活动。党员、干部特别是高级干部不准在党内搞小山头、小圈子、小团伙，严禁在党内拉私人关系、培植个人势力、结成利益集团。领导机关和领导干部不准以任何理由和名义纵容、唆使、暗示或强迫下级说假话。党内不准搞拉拉扯扯、吹吹拍拍、阿谀奉承。以上，都是新时代各级党组织和所有党员必须无条件遵守的政治规矩。

党员干部违纪往往是从破坏规矩开始的。能否严守政治规矩，是对党员干部对党忠诚度的重要检验，必须把守纪律讲规矩摆在更加突出的位置，以更强的党性意识、更高的政治觉悟要求自己。《中国共产党纪律处分条例》第七十六条规定，违反党的优良传统和工作惯例等党的规矩，在政治上造成不良影响或者严重后果的，给予相应处分。党员干部要切实形成“守纪律、讲规矩”，特别是严守政治纪律和政治规矩的政治自觉。

第二节 政治纪律的具体内容和实践要求

2024 年 1 月开始施行的《中国共产党纪律处分条例》（以下简称《条例》）是规范 500 多万个基层党组织和 1 亿多名党员行为的党内基础性法规，为党组织和党员划出了政治纪律“红线”。

一、政治纪律的具体内容

《条例》第六章“对违反政治纪律行为的处分”规定共 28 条。

第四十九条　在重大原则问题上不同党中央保持一致且有实际言论、行为或者造成不良后果的，给予警告或者严重警告处分；情节较重的，给予撤销党内职务或者留党察看处分；情节严重的，给予开除党籍处分。

第五十条 通过网络、广播、电视、报刊、传单、书籍等，或者利用讲座、论坛、报告会、座谈会等方式，公开发表坚持资产阶级自由化立场、反对四项基本原则，反对党的改革开放决策的文章、演说、宣言、声明等的，给予开除党籍处分。

发布、播出、刊登、出版前款所列文章、演说、宣言、声明等或者为上述行为提供方便条件的，对直接责任者和领导责任者，给予严重警告或者撤销党内职务处分；情节严重的，给予留党察看或者开除党籍处分。

第五十一条 通过网络、广播、电视、报刊、传单、书籍等，或者利用讲座、论坛、报告会、座谈会等方式，有下列行为之一，情节较轻的，给予警告或者严重警告处分；情节较重的，给予撤销党内职务或者留党察看处分；情节严重的，给予开除党籍处分：

（一）公开发表违背四项基本原则，违背、歪曲党的改革开放决策，或者其他有严重政治问题的文章、演说、宣言、声明等；

（二）妄议党中央大政方针，破坏党的集中统一；

（三）丑化党和国家形象，或者诋毁、诬蔑党和国家领导人、英雄模范，或者歪曲党的历史、中华人民共和国历史、人民军队历史。

发布、播出、刊登、出版前款所列内容或者为上述行为提供方便条件的，对直接责任者和领导责任者，给予严重警告或者撤销党内职务处分；情节严重的，给予留党察看或者开除党籍处分。

第五十二条 制作、贩卖、传播第五十条、第五十一条所列内容之一的报刊、书籍、音像制品、电子读物，以及网络文本、图片、音频、视频资料等，情节较轻的，给予警告或者严重警告处分；情节较重的，给予撤销党内职务或者留党察看处分；情节严重的，给予开除党籍处分。

私自携带、寄递第五十条、第五十一条所列内容之一的报刊、书籍、音像制品、电子读物等入出境，情节较重的，给予警告或者严重警告处分；情节严重的，给予撤销党内职务、留党察看或者开除党籍处分。

私自阅看、浏览、收听第五十条、第五十一条所列内容之一的报刊、书籍、音像制品、电子读物，以及网络文本、图片、音频、视频资料等，情节严重的，给予警告、严重警告或者撤销党内职务处分。

第五十三条　在党内组织秘密集团或者组织其他分裂党的活动的，给予开除党籍处分。

参加秘密集团或者参加其他分裂党的活动的，给予留党察看或者开除党籍处分。

第五十四条　在党内搞团团伙伙、结党营私、拉帮结派、政治攀附、培植个人势力等非组织活动，或者通过搞利益交换、为自己营造声势等活动捞取政治资本的，给予严重警告或者撤销党内职务处分；导致本地区、本部门、本单位政治生态恶化的，给予留党察看或者开除党籍处分。

第五十五条　搞投机钻营，结交政治骗子或者被政治骗子利用的，给予严重警告或者撤销党内职务处分；情节严重的，给予留党察看或者开除党籍处分。

充当政治骗子的，给予撤销党内职务、留党察看或者开除党籍处分。

第五十六条　党员领导干部在本人主政的地方或者分管的部门自行其是，搞山头主义，拒不执行党中央确定的大政方针，甚至背着党中央另搞一套的，给予撤销党内职务、留党察看或者开除党籍处分。

贯彻党中央决策部署只表态不落实，或者落实党中央决策部署不坚决，打折扣、搞变通，在政治上造成不良影响或者严重后果的，给予警告或者严重警告处分；情节严重的，给予撤销党内职务、留党察看或者开除党籍处分。

不顾党和国家大局，搞部门或者地方保护主义的，依照前款规定处理。

第五十七条　党员领导干部政绩观错位，违背新发展理念、背离高质量发展要求，给党、国家和人民利益造成较大损失的，给予警告或者严重警告处分；情节较重的，给予撤销党内职务或者留党察看处分；情节严重的，给予开除党籍处分。

搞劳民伤财的“形象工程”、“政绩工程”的，从重或者加重处分。

第五十八条 对党不忠诚不老实，表里不一，阳奉阴违，欺上瞒下，搞两面派，做两面人，在政治上造成不良影响的，给予警告或者严重警告处分；情节较重的，给予撤销党内职务或者留党察看处分；情节严重的，给予开除党籍处分。

第五十九条 制造、散布、传播政治谣言，破坏党的团结统一的，给予警告或者严重警告处分；情节较重的，给予撤销党内职务或者留党察看处分；情节严重的，给予开除党籍处分。

政治品行恶劣，匿名诬告，有意陷害或者制造其他谣言，造成损害或者不良影响的，依照前款规定处理。

第六十条 擅自对应当由党中央决定的重大政策问题作出决定、对外发表主张的，对直接责任者和领导责任者，给予严重警告或者撤销党内职务处分；情节严重的，给予留党察看或者开除党籍处分。

第六十一条 不按照有关规定向组织请示、报告重大事项，对直接责任者和领导责任者，情节较重的，给予警告或者严重警告处分；情节严重的，给予撤销党内职务或者留党察看处分。

第六十二条 干扰巡视巡察工作或者不落实巡视巡察整改要求，对直接责任者和领导责任者，情节较轻的，给予警告或者严重警告处分；情节较重的，给予撤销党内职务或者留党察看处分；情节严重的，给予开除党籍处分。

第六十三条 对抗组织审查，有下列行为之一的，给予警告或者严重警告处分；情节较重的，给予撤销党内职务或者留党察看处分；情节严重的，给予开除党籍处分：

（一）串供或者伪造、销毁、转移、隐匿证据；

（二）阻止他人揭发检举、提供证据材料；

（三）包庇同案人员；

（四）向组织提供虚假情况，掩盖事实；

（五）其他对抗组织审查行为。

第六十四条 组织、参加反对党的基本理论、基本路线、基本方略或者重大方针政策的集会、游行、示威等活动的，或者以组织讲座、论坛、报告会、座谈会等方式，反对党的基本理论、基本路线、基本方略或者重大方针政策，造成严重不良影响的，对策划者、组织者和骨干分子，给予开除党籍处分。

对其他参加人员或者以提供信息、资料、财物、场地等方式支持上述活动者，情节较轻的，给予警告或者严重警告处分；情节较重的，给予撤销党内职务或者留党察看处分；情节严重的，给予开除党籍处分。

对不明真相被裹挟参加，经批评教育后确有悔改表现的，可以免予处分或者不予处分。

未经组织批准参加其他集会、游行、示威等活动，情节较轻的，给予警告或者严重警告处分；情节较重的，给予撤销党内职务或者留党察看处分；情节严重的，给予开除党籍处分。

第六十五条　组织、参加旨在反对党的领导、反对社会主义制度或者敌视政府等组织的，对策划者、组织者和骨干分子，给予开除党籍处分。

对其他参加人员，情节较轻的，给予警告或者严重警告处分；情节较重的，给予撤销党内职务或者留党察看处分；情节严重的，给予开除党籍处分。

第六十六条　组织、参加会道门或者邪教组织的，对策划者、组织者和骨干分子，给予开除党籍处分。

对其他参加人员，情节较轻的，给予警告或者严重警告处分；情节较重的，给予撤销党内职务或者留党察看处分；情节严重的，给予开除党籍处分。

对不明真相的参加人员，经批评教育后确有悔改表现的，可以免予处分或者不予处分。

第六十七条　从事、参与挑拨破坏民族关系制造事端或者参加民族分裂活动的，对策划者、组织者和骨干分子，给予开除党籍处分。

对其他参加人员，情节较轻的，给予警告或者严重警告处分；情节较重的，给予撤销党内职务或者留党察看处分；情节严重的，给予开除党籍处分。

对不明真相被裹挟参加，经批评教育后确有悔改表现的，可以免予处分或者不予处分。

有其他违反党和国家民族政策的行为，情节较轻的，给予警告或者严重警告处分；情节较重的，给予撤销党内职务或者留党察看处分；情节严重的，给予开除党籍处分。

第六十八条　组织、利用宗教活动反对党的理论、路线、方针、政策和决议，破坏民族团结的，对策划者、组织者和骨干分子，给予开除党籍处分。

对其他参加人员，给予撤销党内职务或者留党察看处分；情节严重的，给予开除党籍处分。

对不明真相被裹挟参加，经批评教育后确有悔改表现的，可以免予处分或者不予处分。

有其他违反党和国家宗教政策的行为，情节较轻的，给予警告或者严重警告处分；情节较重的，给予撤销党内职务或者留党察看处分；情节严重的，给予开除党籍处分。

第六十九条　对信仰宗教的党员，应当加强思想教育，要求其限期改正；经党组织帮助教育仍没有转变的，应当劝其退党；劝而不退的，予以除名；参与利用宗教搞煽动活动的，给予开除党籍处分。

第七十条　组织迷信活动的，给予撤销党内职务或者留党察看处分；情节严重的，给予开除党籍处分。

参加迷信活动或者个人搞迷信活动，造成不良影响的，给予警告或者严重警告处分；情节较重的，给予撤销党内职务或者留党察看处分；情节严重的，给予开除党籍处分。

对不明真相的参加人员，经批评教育后确有悔改表现的，可以免予处分或者不予处分。

第七十一条　组织、利用宗族势力对抗党和政府，妨碍党和国家的方针政策以及决策部署的实施，或者破坏党的基层组织建设的，对策划者、组织者和骨干分子，给予开除党籍处分。

对其他参加人员，给予撤销党内职务或者留党察看处分；情节严重的，给予开除党籍处分。

对不明真相被裹挟参加，经批评教育后确有悔改表现的，可以免予处分或者不予处分。

第七十二条 在国（境）外、外国驻华使（领）馆申请政治避难，或者违纪后逃往国（境）外、外国驻华使（领）馆的，给予开除党籍处分。

在国（境）外公开发表反对党和政府的文章、演说、宣言、声明等的，依照前款规定处理。

故意为上述行为提供方便条件的，给予留党察看或者开除党籍处分。

第七十三条 在涉外活动中，其言行在政治上造成恶劣影响，损害党和国家尊严、利益的，给予撤销党内职务或者留党察看处分；情节严重的，给予开除党籍处分。

第七十四条 不履行全面从严治党主体责任、监督责任或者履行全面从严治党主体责任、监督责任不力，给党组织造成严重损害或者严重不良影响的，对直接责任者和领导责任者，给予警告或者严重警告处分；情节严重的，给予撤销党内职务或者留党察看处分。

第七十五条 党员领导干部对违反政治纪律和政治规矩等错误思想和行为不报告、不抵制、不斗争，放任不管，搞无原则一团和气，造成不良影响的，给予警告或者严重警告处分；情节严重的，给予撤销党内职务或者留党察看处分。

第七十六条 违反党的优良传统和工作惯例等党的规矩，在政治上造成不良影响或者严重后果的，给予警告或者严重警告处分；情节较重的，给予撤销党内职务或者留党察看处分；情节严重的，给予开除党籍处分。

二、政治纪律的实践要求

《条例》是党的纪律建设的基本法规。党的十八大以来，我们党三次修订纪律处分条例，进一步充实完善各级党组织和全体党员在政治方向、政治立场、政治言论、政治行为方面必须遵守的政治纪律和政治规矩，特别是不断完善坚决维护以习近平同志为核心的党中央权威和集中统一领导的纪律要求。

2015 年修订《条例》，将党的十八大以来管党治党理论创新和实践创新成果制度化，把党章、党中央的纪律要求以及其他党内法规的纪律规定，整合为政治纪律、组织纪律、廉洁纪律、群众纪律、工作纪律和生活纪律六项纪律；突出政治纪律和政治规矩，强调政治纪律在六项纪律中是管总的、打头的，是最重要的纪律；充实完善“对违反政治纪律行为的处分”规定，明确对妄议中央大政方针，破坏党的集中统一等行为予以党纪处分。

2018 年修订《条例》，着力提高纪律建设的政治性、时代性、针对性。增加对在重大原则问题上不同党中央保持一致行为的处分规定，增加对搞山头主义、制造散布传播政治谣言等危害党的团结统一行为的处分规定，增加对搞两面派、做两面人等对党不忠诚不老实行为的处分规定，增补完善政治纪律“负面清单”，对管党治党中的突出问题特别是“七个有之”问题作出更有针对性的规定。

2023 年修订《条例》，贯彻习近平新时代中国特色社会主义思想特别是党的自我革命的重要思想，落实习近平总书记关于全面加强党的纪律建设重要论述和党的二十大报告关于“三个务必”等要求，进一步严明党的政治纪律和政治规矩，带动各项纪律全面从严。《条例》在总则中增写“坚持自我革命”、“为以中国式现代化全面推进强国建设、民族复兴伟业提供坚强纪律保障”等内容，并在分则具体条文中贯通体现。

（一）坚决维护党中央权威，保障党中央政令畅通

“两个维护”是党的最高政治原则和根本政治规矩，必须以严明纪律作保障。党的政治建设的首要任务，就是保证全党服从中央，坚持党中央权威和集中统一领导，在这一点上绝不能有丝毫含糊和动摇。《条例》第

五十六条第二款，将贯彻党中央决策部署只表态不落实行为由原来的违反工作纪律调整到违反政治纪律；增写第三款，规定对不顾党和国家大局，搞部门或者地方保护主义行为的处分规定。《条例》作出上述修订，在于推动党员干部将维护党中央集中统一领导见诸行动、见诸实效，正确处理全局和局部、中央和地方的关系，自觉防止和反对个人主义、分散主义、自由主义、本位主义，在落实党中央决策部署上坚决做到言行一致、不折不扣。

（二）推动完整、准确、全面贯彻新发展理念，促进高质量发展

习近平总书记指出，要树牢造福人民的政绩观；完整、准确、全面贯彻新发展理念，是经济社会发展的工作要求，也是十分重要的政治要求；高质量发展是全面建设社会主义现代化国家的首要任务，坚持高质量发展要成为领导干部政绩观的重要内容。《条例》新增第五十七条，充实党员领导干部政绩观错位，违背新发展理念、背离高质量发展要求的处分规定，将搞劳民伤财的“形象工程”、“政绩工程”行为由原来的违反群众纪律调整到违反政治纪律。实践中，一些党员领导干部在贯彻高质量发展要求上掉队、走偏，有的是能力不足或者工作作风问题，但也有些是因为政绩观错位造成的。对于政绩观错位，把干事和个人名利捆绑在一起，热衷于树个人形象、捞政治资本，好大喜功、急功近利、贪图虚名，在贯彻新发展理念、推动高质量发展中偏离政治要求，给党、国家和人民利益造成大的损失的，应当以违反政治纪律进行惩戒。党员领导干部要切实贯彻党中央要求，牢记为民造福是最大的政绩，把新发展理念、高质量发展的要求落到实处。

（三）推动发展积极健康的党内政治文化，营造良好政治生态

习近平总书记强调，党内上下关系、人际关系、工作氛围都要突出团结和谐、纯洁健康、弘扬正气，不允许搞团团伙伙、帮帮派派，不允许搞利益集团、进行利益交换。《关于新形势下党内政治生活的若干准则》明

确规定，“对那些投机取巧、拉帮结派、搞团团伙伙的人，要严格防范，依纪依规处理”，强调“党内不准搞人身依附关系”。此次修订《条例》，在第五十四条有针对性地增写了对搞政治攀附行为的处分规定；新增第五十五条对搞投机钻营，结交政治骗子或者被政治骗子利用，以及充当政治骗子行为的处分规定。党员干部搞政治攀附，归根结底是为了谋求职务晋升，对“后台”“靠山”刻意贴靠、鞍前马后、任其差遣，把清清爽爽的同志关系异化为非正常的攀附、依附关系。党员干部结交政治骗子，本质在于投机钻营，为了提拔重用或者逃避纪法追究而热衷搞旁门左道，信奉所谓“潜规则”而找门子，从而被迷住了心窍，为政治骗子提供了条件。这些行为都是缺乏政治定力和政治自律的具体表现，严重污染政治生态，造成政治危害。《条例》对这些不讲党性、不讲原则、不讲规矩的行为进行坚决惩治，就是要加强党的政治建设，营造良好政治生态，切实维护党的团结统一。

（四）规范政治言行，促进坚定理想信念

习近平总书记强调，对马克思主义的信仰，对社会主义和共产主义的信念，是共产党人的政治灵魂，是共产党人经受任何考验的精神支柱。《条例》针对执纪中发现的问题，在第五十二条增写对私自阅看、浏览、收听有严重政治问题资料，情节严重行为的处分规定；在第六十九条进一步完善对党员信仰宗教行为的处理处分规定，明确对信仰宗教的党员加强思想教育，要求其限期改正；在第七十条增写对党员个人搞迷信活动的处分规定。党员干部有这些行为，体现出其信仰迷茫、精神迷失，政治上的危害不容忽视。党员干部要将坚定理想信念、坚守共产党人精神追求作为安身立命的根本，永葆共产党人政治本色。

第三节　违反政治纪律的表现及危害

习近平总书记强调，政治问题，任何时候都是根本性的大问题。政治纪律和政治规矩这根弦不能松，腐败问题是腐败问题，政治问题是政治问题。干部在政治上出问题，对党的危害不亚于腐败问题，有的甚至比腐败问题更严重。[①]党员干部要深刻认识到，腐败问题和政治纪律问题往往相伴而生，那种习惯于把防线只设置在反对腐败上，认为只要干部没有腐败问题，其他问题就可忽略不计的认识和做法是片面的、错误的。党员干部要时刻绷紧政治纪律这根“弦”，始终严守党的政治纪律。严守政治纪律在新时代最鲜明的特征和首要任务是坚决做到“两个维护”。始终同以习近平同志为核心的党中央在思想上政治上行动上保持高度一致，坚决做到对标对表、令行禁止，确保全党统一意志、统一行动、步调一致。

一、没有自觉维护党中央权威和集中统一领导

习近平总书记强调：“遵守党的政治纪律，最核心的，就是坚持党的领导，坚持党的基本理论、基本路线、基本纲领、基本经验、基本要求，同党中央保持高度一致，自觉维护中央权威。”[②]坚持党的全面领导，坚决维护党的核心和党中央权威，是党的百年奋斗的重要历史经验，是中国共产党能够成功和继续成功的根本政治优势。坚持党的领导，首先是坚持党中央集中统一领导，维护党的权威，首先是维护党中央权威。严明党的政治纪律，最根本的是坚定捍卫“两个确立”，坚决做到“两个维护”。“两个确立”“两个维护”是新时代取得的重大政治成果、重要历史经验，是实现新时代新征程各项目标任务的根本保证，是我们党最重要的政治纪律和政治规矩。习近平总书记强调：“维护党中央权威，决不是一般问题和个人的事，而是方向性、原则性问题，是党性，是大局，关系党、民族、国家前途命运。”[③]维护习近平总书记党中央的核心、全党的核心地位，维

---

①②③ 中共中央党史和文献研究院．习近平关于全面加强党的纪律建设论述摘编［M］．北京：中央文献出版社，2024.

护党中央权威和集中统一领导，是保证全党团结统一、步调一致，带领全国各族人民全面建设社会主义现代化国家、奋力夺取新时代中国特色社会主义新的伟大胜利的根本政治保证。

（一）没有始终同以习近平同志为核心的党中央保持高度一致

广大税务干部必须从历史和现实、理论和实践、国内和国际的结合上深刻认识、强化认同，不断增强忠诚核心、拥戴核心、维护核心、捍卫核心的思想自觉政治自觉行动自觉，始终同以习近平同志为核心的党中央保持高度一致，做到党中央提倡的坚决响应、党中央决定的坚决执行、党中央禁止的坚决不做。

一是不能在重大原则问题上始终同党中央保持高度一致。《条例》第四十九条规定，在重大原则问题上不同党中央保持一致且有实际言论、行为或者造成不良后果的，应给予相应的党纪处分。这就要求党组织和党员牢固树立“四个意识”，坚决维护习近平总书记党中央的核心、全党的核心地位，坚决维护以习近平同志为核心的党中央权威和集中统一领导，在思想上政治上行动上同党中央保持高度一致。从执纪审查情况看，有的严重违纪的党员和党员领导干部毫无党性原则，对党极端不忠诚，“四个意识”个个皆无，目无规矩、肆意妄为，在重大原则问题上不同党中央保持一致，危害极其严重，必须予以严厉惩处。

二是不能严格执行重大问题请示报告制度。《条例》第六十一条规定，不按照有关规定向组织请示、报告重大事项，对直接责任者和领导责任者，情节较重的，给予相应党纪处分。请示，是指下级党组织向上级党组织，党员、领导干部向党组织就重大事项请求指示或者批准；报告，是指下级党组织向上级党组织，党员、领导干部向党组织呈报重要事情和重要情况。党的十八大以来，被查处的严重违纪党员，有的对于按规定应当向组织请示报告的重大事项想报告就报告、不想报告就不报告，遮遮掩掩、语焉不详；有的毫无组织观念、程序观念，我行我素，感到对自己不利的重大事项就千方百计隐瞒不报，把请示报告制度当成软约束，危害很大。

党员干部要有组织观念、程序观念，该请示的必须请示，该报告的必须报告，决不能我行我素，决不能遮遮掩掩甚至隐瞒不报。

税务系统各级党组织和每一名党员干部，必须始终保持高度的政治敏锐性，胸怀“国之大者”，识大体、顾大局，观大势、谋大事，无论处在哪个层级、哪个部门、哪个岗位，都要坚决服从党中央集中统一领导，确保党中央令行禁止，决不允许背离党中央要求另搞一套。

（二）没有始终坚持党的基本理论、基本路线、基本方略不动摇

一是不能做到坚决反对发表危害党的言论行为。《条例》第五十条规定，党员通过网络、广播、电视、报刊、传单、书籍等，或者利用讲座、论坛、报告会、座谈会等方式，公开发表坚持资产阶级自由化立场、反对四项基本原则，反对党的改革开放决策的文章、演说、宣言、声明等的，给予开除党籍处分。

维护中国特色社会主义制度，是每个党员干部的基本职责。坚持资产阶级自由化立场，公开发表反党反社会主义的言论行为，实质上是反对党的基本路线，扰乱人们的思想，必将破坏安定团结的政治局面。如果一名党员丧失了基本的政治立场，说明他已经丧失了作为一名党员的基本条件，完全背叛了党的事业，背叛了入党誓词，应当给予相应处分。此外，根据《条例》第五十一条规定，党员公开发表违背四项基本原则，违背、歪曲党的改革开放决策，或者其他有严重政治问题的文章、演说、宣言、声明等，应给予相应党纪处分。

二是不能做到坚决杜绝制作、贩卖、传播具有严重政治问题资料行为。《条例》第五十二条规定，制作、贩卖、传播具有危害党的言论内容的报刊、书籍、音像制品、电子读物，以及网络文本、图片、音频、视频资料等，不论是否有牟利的目的，都属于违纪行为。

此外，私自携带、寄递上述资料入出境，也是党的纪律所禁止的行为。“私自携带”，既包括隐秘实施的，也包括明目张胆实施的，既包括随身携带，也包括托运入出境，还包括唆使他人或者组织多人携带。近年

来，随着我国经济社会的快速发展，一些反动势力加紧对我国实施宣传渗透，大肆对我境内人员开展意识形态“攻心战”，企图颠覆中国共产党的领导和中国特色社会主义制度。党员干部必须对此保持高度警惕，不能“自毁长城”，不能沦落为反华分子的工具。

三是不能做到坚决禁止私自阅看、浏览、收听具有严重政治问题资料行为。《条例》在第五十二条增写了党员私自阅看、浏览、收听具有严重政治问题的报刊、书籍、音像制品、电子读物，以及网络文本、图片、音频、视频资料等，情节严重的，给予相应党纪处分。增加该条内容目的是要求党员进一步规范政治言行、坚定理想信念。现实中，购买、阅读歪曲和攻击中国特色社会主义制度的书籍，对有违背四项基本原则等严重政治问题的微信文章、图片和视频，不报告、不抵制、不斗争，甚至转发给他人，这都是违反党的纪律的行为。近年来，被查处的违纪违法干部中有多人存在私藏、阅看问题书刊的情况。对此，每一名党员必须始终保持清醒头脑、坚定意志、高度警惕性和明辨是非能力，积极向社会传播正能量，维护党和国家的稳定、统一、团结。

（三）没有做到始终坚决维护党和国家形象

近年来，随着社会交往的增多、通信手段的不断丰富和网络自媒体的繁荣，个别党员干部出于各种目的和动机，或有意或无意，在微信朋友圈里、在微博上、在餐桌上、在各种场合，口无遮拦、信口开河，编造和传播政治谣言以丑化党和国家形象，诋毁、诬蔑党和国家领导人，歪曲和抹黑党的历史、国家历史、人民军队的历史，诋毁革命英雄人物，混淆视听，诱发人们对党和国家历史的认识混乱，损害党和政府在人民群众中的威信，损害党的集中统一，干扰破坏党和国家对社会事务的正常管理活动。对这些行为，必须依纪严肃处理。

《条例》第五十一条规定，不得丑化党和国家形象，或者诋毁、诬蔑党和国家领导人、英雄模范，或者歪曲党的历史、中华人民共和国历史、人民军队历史。此类行为都是企图通过摧毁个体的真实性而达到对党史国史军史整体虚无的目的，终将扭曲公众的历史观、民族观、国家观，对社会公共利益造成损害。党和国家领导人是我们党和国家的代表，诋毁、诬蔑党和国家领导人就是诋毁、诬蔑党和国家。每名党员必须旗帜鲜明表明立场，坚决抵制历史虚无主义，坚决反对任何抹黑、丑化党和国家形象的错误言行。

二、没有始终坚决执行党中央决策部署

党中央大政方针是党中央关于治国理政所作出的具有全局性战略性的重要方针政策和决策部署，是推动党的各项事业发展的根本遵循。税务系统各级党组织和全体党员要向党的理论和路线方针政策看齐，向党中央决策部署看齐，不折不扣贯彻落实党中央大政方针和税收工作决策部署。

（一）妄议党中央大政方针

习近平总书记指出："我们要求党员、干部不能妄议中央，不是说不能提意见和建议甚至批评性意见，而是不能在重大政治原则问题上、在大是大非问题上同党中央唱反调、搞政治上的自由主义。"[①] 民主集中制是党的建设必须坚持的基本原则，要求必须充分发扬党内民主，尊重党员主体地位，保障党员民主权利，充分发挥各级党组织和党员的积极性和创造性；同时，又必须实行正确的集中，保证全党的团结统一和行动一致，保证党的决定得到迅速而有效的贯彻执行。党中央在制定重大方针政策时，通过不同的渠道和方式，充分听取有关党组织和党员的意见建议，但是有些人"当面不说、背后乱说""会上不说、会后乱说""台上不说、台下乱说"，对党中央大政方针不负责地胡乱发表意见、诋毁扭曲，有的甚至

---

① 中共中央党史和文献研究院. 习近平关于全面加强党的纪律建设论述摘编［M］. 北京：中央文献出版社，2024.

在重大政治原则问题上、在大是大非问题上同党中央唱反调、搞政治上的自由主义，危害极大。有的还专门挑那些党已经明确规定的政治原则来说事，口无遮拦，毫无顾忌，以显示自己所谓的“能耐”。《条例》第五十一条规定，妄议党中央大政方针，破坏党的集中统一，构成违纪，给予相应党纪处分。妄议党中央大政方针，错误在“妄”，“妄”即胡乱、越轨、虚妄、不实，由此引申开来，“妄议”则是指无中生有之议、歪曲事实之议、僭越规矩之议，显然专指“恶议”“假议”，而非“良议”“真议”。对象是党中央大政方针，此类行为违背了党章的规定、扰乱了人们的思想、阻碍了党中央大政方针的贯彻执行，带来的破坏十分严重。党员干部一定要时刻保持清醒头脑，时刻将纪律规矩记在心间，自觉在思想上政治上行动上同党中央保持高度一致，保持对党的绝对忠诚，决不散布与党中央精神相悖的言论，始终将“妄议党中央大政方针”当作不可逾越的底线。

（二）没有坚决执行党中央确定的大政方针和决策部署

习近平总书记指出：“各级领导干部特别是高级干部要不断提高政治判断力、政治领悟力、政治执行力，对‘国之大者’了然于胸，把贯彻党中央精神体现到谋划重大战略、制定重大政策、部署重大任务、推进重大工作的实践中去，经常对表对标，及时校准偏差。”[①]《条例》第五十六条规定，党员领导干部在本人主政的地方或者分管的部门自行其是，搞山头主义，拒不执行党中央确定的大政方针，甚至背着党中央另搞一套；贯彻党中央决策部署只表态不落实，或者落实党中央决策部署不坚决，打折扣、搞变通，在政治上造成不良影响或者严重后果的，给予相应党纪处分。《条例》将贯彻党中央决策部署只表态不落实行为由违反工作纪律调整到违反政治纪律，重在强调任何具有部门和地方特点的工作部署都必须以贯彻党中央精神为前提，在这一点上不能有丝毫含糊和动摇。

---

① 习近平．习近平著作选读（第二卷）［M］．北京：人民出版社，2023.

（三）搞部门或者地方保护主义

2023 年 1 月，习近平总书记在二十届中央纪委二次全会上强调，要及时准确发现有令不行、有禁不止，做选择、搞变通、打折扣，不顾大局、搞部门和地方保护主义，照搬照抄、上下一般粗等突出问题，切实打通贯彻执行中的堵点淤点难点。《条例》在第五十六条增写了不顾党和国家大局，搞部门或者地方保护主义的，给予相应党纪处分，为进一步保障党中央政令畅通提供坚强纪律保证。

市场经济是法治经济，必须依法办事，重信守诺，公平竞争。各级党组织必须牢固树立大局观念和全局意识，正确处理保证党中央政令畅通和立足实际创造性开展工作的关系，任何具有部门和地方特点的工作部署都必须以贯彻党中央精神为前提。努力维护正常的公平竞争秩序，在执法中不能偏袒本地区、本单位或关系单位，搞地方保护，损害地方形象，阻碍党中央决策部署的贯彻落实。

（四）没有始终坚持新发展理念和高质量发展要求

习近平总书记指出，完整、准确、全面贯彻新发展理念，是经济社会发展的工作要求，也是十分重要的政治要求；强调高质量发展是全面建设社会主义现代化国家的首要任务，坚持高质量发展要成为领导干部政绩观的重要内容。党的二十大报告强调，贯彻新发展理念是新时代我国发展壮大的必由之路。《条例》新增第五十七条，规定党员领导干部政绩观错位，违背新发展理念、背离高质量发展要求，给党、国家和人民利益造成较大损失的，给予相应党纪处分。各级党组织要深刻认识新发展理念是一个整体，必须完整、准确、全面理解和贯彻，坚决摒弃旧观念、老思想、老套路，换脑筋、换思路、换方法，切实把创新、协调、绿色、开放、共享的新发展理念贯彻到发展各领域和全过程，实现更高水平、更高质量、更可持续发展。

现实中，有的党员干部固守错误的政绩观，将高质量发展要求抛诸脑后，对局部利益和整体利益、当前利益和长远利益的把握存在偏差，贪大求洋、盲目蛮干，甚至把个人利益掺杂其中，竭泽而渔、劳民伤财，给党、国家和人民利益造成重大损失。《条例》新增的第五十七条，将搞劳民伤财的“形象工程”“政绩工程”行为由违反群众纪律调整为违反政治纪律，并规定为从重或加重处分情形。通过明确纪律要求，推动党员干部认真践行正确政绩观，把高质量发展的要求落到实处。

三、没有始终坚决维护党的团结统一

维护党的团结和统一，是党章规定的每个党员必须履行的义务。党员干部必须始终牢记，决不能有任何损害党的团结统一的行为，否则就是违反政治纪律。

（一）没有坚决与非法组织和非法活动划清界限

《条例》第五十三条规定，在党内组织秘密集团或者组织其他分裂党的活动的，给予开除党籍处分。参加秘密集团或者参加其他分裂党的活动的，给予相应党纪处分。“秘密集团”一般是指由党内少数人以秘密勾结、阴谋串联的方式建立的，从事反对党的路线、方针、政策、决议和分裂党的活动的组织。此类行为性质极其恶劣、危害极其严重，对组织者，应直接给予开除党籍处分，对于参加者，应给予留党察看或者开除党籍处分。

一是不能做到始终坚决抵制组织、参加反党、反社会主义、敌视政府的行为。《条例》第六十五条规定，组织、参加旨在反对党的领导、反对社会主义制度或者敌视政府等组织的，对策划者、组织者和骨干分子，给予开除党籍处分。对其他参加人员，给予相应的党纪处分。党员干部必须切实增强政治敏锐性，对旨在反对党的领导、反对社会主义制度、敌视政府和危害国家安全的非法组织，必须坚决抵制和打击。有的组织虽然经过社团登记机关批准，但从事党内法规和国家法律所禁止的活动的，亦应坚决惩治。此外，如果行为人组织、参加旨在反对党的领导、反对社会主义制度或者敌视政府等组织的行为已经涉嫌违法，则构成《刑法》第一百零五条规定的颠覆国家政权罪、煽动颠覆国家政权罪。

二是不能做到始终坚决抵制组织、参加会道门、邪教组织的行为。《条例》第六十六条规定，组织、参加会道门或者邪教组织的，对策划者、组织者和骨干分子，给予开除党籍处分。对其他参加人员，给予相应党纪处分。“会道门”主要是指会门和道门等封建迷信组织的总称。“邪教组织”主要是指冒用宗教、气功或者其他名义建立，神化首要分子，利用制造、散布迷信邪说等手段蛊惑、蒙骗他人，发展、控制成员，危害社会的非法组织。这些非法组织同现代科学和现代文明根本对立，同马克思主义基本原理根本对立，与党的性质宗旨格格不入，更严重的是扰乱社会公共秩序，对此类非法组织必须坚决予以铲除。每一名党员要深刻认识到会道门以及邪教组织反科学、反人类、反社会、反政府，危害社会的实质，自觉增强识别抵制防范会道门及邪教组织的意识和敏感性。

（二）在党内搞小山头、小圈子、小团伙

2024 年 1 月，习近平总书记在二十届中央纪委三次全会上强调，严肃党内政治生活，破“潜规则”，立“明规矩”，坚决防止搞“小圈子”、“拜码头”、“搭天线”。党章明确规定，党员要“坚决反对一切派别组织和小集团活动”。党的十八大以来，被查处的严重违纪党员干部有的奉行圈子文化、码头文化，搞“小圈子”，搞团团伙伙，培植个人势力；有的为谋求职务晋升大搞政治攀附；有的野心膨胀，公器私用，不择手段为个人造势；有的政治问题与经济腐败相互交织，大搞利益交换，形成利益集团，破坏党内政治生态，影响党的执政基础，这些行为都严重破坏了党的团结统一。

一是在党内搞团团伙伙、结党营私等非组织活动。搞团团伙伙等非组织活动行为，是指党员干部背离组织，为了个人和小集团的利益，相互勾结，搞亲亲疏疏，破坏党的团结统一的行为。习近平总书记深刻指出：

“党内决不能搞封建依附那一套，决不能搞小山头、小圈子、小团伙那一套，决不能搞门客、门宦、门附那一套，搞这种东西总有一天会出事！”[①]《条例》第五十四条规定，在党内搞团团伙伙、结党营私、拉帮结派、政治攀附、培植个人势力等非组织活动，给予相应党纪处分。从党的十八大以来查处的案件情况看，一些党员干部奉行圈子文化、码头文化，热衷于搞“小圈子”“小团伙”，拉帮结派、结党营私，把公权力当成私产，大搞选边站队、亲疏远近；更有甚者，培植个人势力，对内笼络身边人、组建“个人王国”，对外网罗亲朋故友、同学同乡形成关系圈，大搞利益交换，打造“一荣俱荣、一损俱损”的利益共同体，其行为破坏党内政治生态，影响党的执政基础，具有严重的政治危害性。党的十九大后，党中央坚决查办一些政治团伙案，及时消除党内政治隐患，坚决防止党内形成利益集团，坚决维护党和国家政治安全。

搞小山头、小圈子、小团伙等行为严重破坏一个地区、部门、单位的政治生态，后果严重，影响恶劣。习近平总书记强调：“一个地方要实现政通人和、安定有序，必须有良好政治生态。政治生态污浊，就会滋生权欲熏心、阳奉阴违、结党营私、团团伙伙、拉帮结派等一系列问题，侵蚀党的思想道德基础。”[②]《条例》将“导致本地区、本部门、本单位政治生态恶化的”作为情节严重的具体表现，规定了更重的处分档次，给予留党察看或者开除党籍处分。广大党员干部必须旗帜鲜明讲政治，真正做到坚守正道、弘扬正气，襟怀坦白、光明磊落，坚持原则、恪守规矩，带头落实好管党治党的政治责任，带头严于律己、严负其责、严管所辖，坚决同各种不正之风和腐败现象作斗争，当好良好政治生态和社会风气的引领者、营造者、维护者。

二是在党内搞政治攀附。《条例》第五十四条增写了在党内搞政治攀附的处分规定。政治攀附行为，主要是指党员干部为了谋取政治利益和组

---

① 中共中央纪律检查委员会，中共中央文献研究室.习近平关于严明党的纪律和规矩论述摘编［M］.北京：中央文献出版社、中国方正出版社，2016.

② 2017年3月7日，习近平总书记参加十二届全国人大五次会议辽宁代表团审议时强调。

织利益，通过非正当手段搞关系、“搭天线”、“找门路”等行为。现实中，一些党员干部信奉“朝中有人好做官”“大树底下好乘凉”，将个人的成长进步寄托于“人身依附”“背景靠山”，为获取领导欢心，不惜卑躬屈膝、溜须拍马、大献殷勤，有的还因此获得不正当利益，此类行为影响党风政风、带坏民风，严重者污染政治生态，应予严肃惩处。

干部都是党的干部，党内决不能搞封建依附那一套。不靠人民靠个人，不谢党恩谢私恩，暴露的是干部权力观扭曲，根子还是思想问题。党员干部必须坚定理想信念，树立正确的价值观，要始终牢记只有组织和人民才是实实在在的“靠山”，忠诚于党和国家的事业才是为官一任的本职所在，要认识到与其费尽心思向上攀附，不如脚踏实地真抓实干，只有练就过硬本领、赢得群众认可、获取组织信任才有进步机会。

三是以不正当方式捞取政治资本。《条例》第五十四条规定，党员通过搞利益交换、为自己营造声势等活动捞取政治资本，给予相应的党纪处分。捞取政治资本主要指党员通过某种不正当手段，获得更高职位和各种政治上的好处，比如，找人“抬轿子”、策划“个人秀”、自我吹嘘等行为。从近年落马干部的案例来看，被批评为“捞取政治资本”的腐败分子出现在多个领域。中国华融资产管理股份有限公司原党委书记、董事长赖小民案是一起触目惊心的金融领域腐败大案，其涉及的问题非常多，其中就包括“搞政治投机，为个人职务升迁拉关系，搞美化宣传个人，捞取政治资本”。

四是搞投机钻营，结交政治骗子。习近平总书记在二十届中央纪委二次全会上提出，要严厉打击那些所谓“有背景”的政治骗子；在二十届中央纪委三次全会上再次强调，要有力打击各种政治骗子，严格防止把商品交换原则带到党内。结交政治骗子是典型的投机钻营、投机取巧行为。有的党员干部搞政治攀附、结交政治骗子，说到底是为了获得提拔重用而投机钻营、搞旁门左道，本质上是缺乏政治定力和政治自律。《条例》专门增写了第五十五条，规定搞投机钻营，结交政治骗子或者被政治骗子利用的，给予相应党纪处分。此外，党员充当政治骗子的，最低给予撤销党内职务，直至开除党籍处分。

一个时期以来，一些政治骗子大行其道、招摇撞骗，一些干部上当受骗的荒唐事件屡屡发生。政治骗子一般称自己是领导干部亲友、同学、秘书、智囊等，其真实身份大多是没有正当职业、以招摇撞骗为业的骗子。政治骗子能够得逞，就在于其抓住了个别干部的投机心理。被骗者中，有的信奉“朝中有人好做官”，挖空心思“接天线”；有的热衷于“找靠山”，处心积虑攀附“上级领导”；有的寄希望于政治骗子的所谓“人脉资源”跑官要官，为自己的职务提拔、岗位调整“铺路搭桥”；等等。作为党员干部必须牢固树立正确的权力观，增强政治意识、纪律意识、规矩意识，守住为官做人的气节、定力和底线，自觉抵制宗派主义、圈子文化、码头文化，真正做到实干担当，一身正气、一尘不染，让那些居心叵测的人无缝可钻、无计可施。

（三）没有始终坚决抵制政治谣言和诬告陷害

现实中，有的党员制造、散布、传播政治谣言，破坏党的团结统一；有的政治品行恶劣，出于发泄个人怨气、获得竞争优势、转移组织视线等动机，不择手段对他人进行匿名诬告、编造丑闻、编造虚假举报、散布不实消息等。这些行为，不仅使一些清白的当事人受到伤害，也对本地区本部门的正常工作造成干扰，对政治生态造成损害，危害党的团结统一。

一是制造、散布、传播政治谣言。《条例》第五十九条规定，制造、散布、传播政治谣言，破坏党的团结统一的，给予相应的党纪处分。谣言，是指没有相应事实基础，却被捏造出来并通过一定手段推动传播的言论。政治谣言作为谣言的一种，主要是对政治人物尤其是政治领导人，或对社会政治事件尤其是重大的社会政治事件的一种不确切甚至完全虚假信息的捏造和传播。

政治谣言损害党和政府的权威，降低社会公信力，甚至成为别有用心的人进行政治斗争的手段和工具，危害极大。一般来讲，政治谣言具有以下特点：望风扑影、歪曲事实；断章取义、哗众取宠；伪造事实、造谣抹黑。

二是匿名诬告、有意陷害。搞诬告陷害是政治问题。习近平总书记在中共中央政治局第十一次集体学习时强调："注意保护那些敢于负责、敢于担当作为的干部，对那些受到诬告陷害的干部要及时予以澄清，形成激浊扬清、干事创业的良好政治生态。"《条例》第五十九条规定，政治品行恶劣，匿名诬告，有意陷害或者制造其他谣言，造成损害或者不良影响的，给予相应党纪处分。检举、控告权利是党员的基本权利，受党章和有关党内法规保护，任何人不得侵犯。但是，党员也不能不负责地任意指摘批评他人，党员、干部反映他人的问题，应该出于党性，通过党内正常渠道实名进行，不准散布小道消息，不准散发匿名信，更不允许诬告陷害他人。党组织既要严肃处理对举报者的歧视、刁难、压制行为特别是打击报复行为，又要严肃追查处理诬告陷害行为。

实践中，各级党组织要积极稳妥开展失实检举控告澄清工作，消除因诬告错告等产生的不良影响，切实维护党员干部的合法权益，保护其干事创业积极性。

第四节　强化政治纪律意识：严格执行党的政治纪律和政治规矩

对马克思主义政党而言，保持和发展政治上的先进性是维持自身纯洁性和战斗力的前提条件，直接关系到党的生死存亡和前途命运。旗帜鲜明讲政治、保证党的团结和集中统一是党的生命，也是我们党能成为百年大党、创造世纪伟业的关键所在。但政治上的清醒与坚定并非是固定不变、一劳永逸的，党的政治纪律建设是一个容不得半点松懈的永恒课题。我们党正是在不断加强纪律建设中纯洁组织、发展壮大的，严明的纪律特别是严格执行政治纪律和政治规矩为我们党在不同历史时期、完成不同历史使命提供了坚强有力的保障。

一、政治纪律严明是党的光荣传统和独特优势

自党诞生之日起，我们党就把严明纪律写在自己的旗帜上，坚持用严格的纪律特别是政治纪律规范全党行动。党的一大通过的纲领尽管只有15条，但多数已初步具备政治纪律的特征。1922年党的二大制定的第一部党章中专设一章阐述党的纪律，其中“区或地方执行委员会及各组均须执行及宣传中央执行委员会所定政策，不得自定政策”就是政治上的要求；在党的二大通过的《关于共产党的组织章程决议案》中提出，作为一个革命的党，中国共产党必须进行“严密的集权的有纪律的组织与训练”，否则就无法拥有足够的力量进行革命运动。1927年党的五大通过的《组织问题决议案》在党的历史上首次提出“政治纪律”概念，强调“宜重视政治纪律”，并把政治纪律放在各项纪律之首。1927年6月中央政治局会议通过的《中国共产党第三次修正章程决案》在第九章“纪律”专章中再次强调了纪律建设的严肃性，即“严格党的纪律是全体党员及全体党部最初的最重要的义务”，并进一步凸显了政治纪律的重要性。1927年10月制定的“三大纪律、六项注意”，第一条“一切行动听指挥”就是政治纪律。抗战时期，只要听到来自延安电台“嘀嗒、嘀嗒……”的声音，全党全军都无条件地执行，因为这是来自毛主席和党中央的声音。正是对政治纪律的自觉遵守，我们才得以取得抗日战争的伟大胜利。随着认识和实践的深化，我们党对严明政治纪律的要求更加全面和严格。维护党的团结和统一、对党忠诚老实、严格请示报告制度等写入《中国共产党章程》《关于党内政治生活的若干准则》《中国共产党纪律处分条例》等党内法规。实践证明，严明党的政治纪律，始终保持党在思想上政治上行动上的高度一致，是我们党从一个只有50多名党员的小党发展成拥有1亿多名党员的全球最大政党，从挫折中奋起、在战胜困难中不断成熟，夺取革命、建设和改革胜利的根本保证。

二、新时代把严明政治纪律摆在更加突出位置

党的十八大以来，我们在全面从严治党的实践中深刻认识到，党内存在的诸多问题都同政治问题紧密相连，都是源于党的政治建设未得到应有的重视和有效的落实。如果不重视党的政治建设尤其是党的政治纪律建设，或者偏离了党的政治建设所指引的正确方向，那么党的其他各项建设亦难以达到预期效果。以习近平同志为核心的党中央把党的政治纪律建设纳入新时代党的建设总体布局并摆在首位。习近平总书记多次强调要把严守政治纪律和政治规矩放在首位，维护党中央权威和集中统一领导，持续巩固全党的团结统一。习近平总书记告诫全党，全面从严治党、严明党的纪律，决不能回避政治问题，强调要深刻认识腐败问题的政治本质和政治危害。腐败问题，特别是政治上的腐败，严重侵蚀党的思想道德基础，严重破坏党的团结和集中统一，严重损害党内政治生态和党的形象，严重影响党和人民事业发展。正因为如此，习近平总书记指出，全面从严治党首先要从政治上看，必须注重政治上的要求，必须严明政治纪律。

党的十八大以来，各级纪检监察机关紧盯“七个有之”，坚决清除阳奉阴违的“两面人”、两面派，查处周永康、薄熙来、孙政才、令计划等政治野心膨胀、团团伙伙、拉帮结派，搞政治阴谋活动的严重违纪违法案件；坚决查办孙力军、邓恢林、龚道安、王立科、刘新云、傅政华等人的政治团伙案；严肃查处王富玉、周江勇等政治问题和经济问题交织的腐败案件，防止党内形成利益集团，斩断权力与资本勾连的纽带。以铁的纪律不断强化全党政治纪律规矩意识，在维护党中央权威、夯实政治根基、涵养政治生态、防范政治风险等方面取得显著成效。

实践探索在前，总结提炼在后。党中央及时将关于严明政治纪律和政治规矩的要求及实践成果用法规制度固定下来，实现制度建设与时俱进。2016 年 10 月，党的十八届六中全会通过《关于新形势下党内政治生活的若干准则》，把严明政治纪律作为新形势下加强和规范党内政治生活

的重要内容，专门单列一部分讲严明党的政治纪律，针对党内政治生活存在的突出问题，对症下药提出不准散布违背党的理论和路线方针政策的言论，不准公开发表违背党中央决定的言论等“十二个不准”；修订《中国共产党党内监督条例》，将落实全面从严治党责任，严明党的纪律特别是政治纪律和政治规矩，推进党风廉政建设和反腐败工作情况明确为党内监督的主要内容之一。2017 年 10 月，审议通过《中共中央政治局关于加强和维护党中央集中统一领导的若干规定》，强调中央政治局同志必须带头严格遵守党章和党内政治生活准则，自觉在党中央集中统一领导下履行职责、开展工作。2021 年3月，党中央印发《中共中央关于加强对“一把手”和领导班子监督的意见》，突出对“一把手”和领导班子的政治监督，并以“五个强化”对政治监督的内涵进行集中概括，明确了开展政治监督的主要着力点。2015 年、2018 年、2023 年三次修订《中国共产党纪律处分条例》，将党章对纪律的要求整合为“六项纪律”，并突出强调政治纪律和政治规矩，对管党治党中存在的政治问题，作出更有针对性的规定。这一系列重要党内法规，明确党员干部要坚决杜绝“七个有之”，做到“五个必须”，以铁的纪律维护党中央权威和集中统一领导，制度笼子越扎越牢。但我们必须清醒地看到，进入新时代，党中央持续加强政治纪律建设、取得了显著成绩，但党仍然面临“四大考验”“四种危险”。这就要求党必须更加注重加强政治纪律建设，坚持把纪律和规矩挺在前面，立足于早、着眼于小，防范各种严峻风险，使严明的政治纪律和政治规矩成为全党统一意志、统一行动、步调一致向前进的保障。

三、严守政治纪律和政治规矩底线

政治纪律是维护党的团结统一的根本保证，是党员干部不可逾越的红线、必须坚守的底线。遵规守纪，才能拥有干事创业的充分自由和广阔空间。政治纪律和政治规矩不是抽象的，是由具体的人和事构成的，必须看行动、见实效。遵守政治纪律和政治规矩不是空洞的口号，而是体现在每名党员日常工作生活的一言一行中，具有现实性和具体性。不论是领导干部还是普通党员，也不论从事何种工作、担任何种职务，都要时刻绷紧政治纪律这根弦，把政治纪律当作工作和生活中的不可逾越的底线，自觉做到心有所畏、言有所戒、行有所止，把严守政治纪律变成自觉行动，做政治上的明白人。党的各级组织要自觉担负起执行和维护政治纪律的责任，加强对党员遵守政治纪律的教育，严厉查处违反政治纪律、政治规矩的问题，不断巩固旗帜鲜明讲政治、从严从紧抓纪律的氛围。不容否认的是，现在仍有一些党员干部政治意识不强、政治敏锐性不高，不善于从政治上观察和处理问题，对“国之大者”不关心，对政治要求、政治规矩、政治纪律不上心，对各种问题的政治危害性不走心，对贯彻落实党中央的大政方针不用心，讲政治还没有从外部要求转化为内在主动。

党面临的形势越复杂、肩负的任务越艰巨，就越要加强纪律建设，越要维护党的团结统一，确保全党统一意志、统一行动、步调一致前进。当前和今后一个时期是以中国式现代化全面推进强国建设、民族复兴伟业的关键时期，税务系统各级党组织和广大党员干部要不断提高政治判断力、政治领悟力、政治执行力，把旗帜鲜明讲政治从外部要求转化为内在主动，将纪律要求内化于心、外化于行，真正做到心有所畏、言有所戒、行有所止，严格执行和维护政治纪律和政治规矩。坚持党对税收工作的全面领导不动摇，切实把对“两个确立”决定性意义的深刻领悟转化为“两个维护”的自觉行动，自觉在政治立场、政治方向、政治原则、政治道路上同以习近平同志为核心的党中央保持高度一致，使自己在政治上更加坚定、更加清醒、更加成熟。坚决贯彻落实党中央决策部署，不断开创高质量发展新局面。为推进强国建设、民族复兴伟业而团结奋斗。

第五节　深刻的教训：违反政治纪律典型案例剖析

学条例、守纪律、讲规矩，首先就是严守政治纪律和政治规矩。“对党忠诚老实”是党章规定党员必须履行的义务，政治纪律重在讲“忠诚”。

党的各级组织和全体党员必须对党忠诚老实、光明磊落，说老实话、办老实事、做老实人。党的十八大以来，税务系统坚持把党的政治建设摆在党的建设首位，突出政治机关定位，把政治机关建设作为首要任务，不断提高党员干部的政治判断力、政治领悟力、政治执行力，推动各级税务机关和广大税务干部提高政治站位，强化垂直管理，坚决做到“两个维护”。

然而，还是有个别税务干部，身为党员领导干部，对党不忠诚、不老实，严重违反政治纪律，下面两个案中人，即为典型。广大税务干部要引以为戒，切实增强政治意识，强化组织观念，加强政治历练，时刻绷紧旗帜鲜明讲政治这根弦，在大是大非面前、在政治原则问题上做到头脑特别清醒、立场特别坚定，始终在政治方向、政治立场、政治言论、政治行为方面遵守党规党纪，在任何情况下做到对党忠诚老实、言行一致。

【案例描述】

1. 2025 年，国家税务总局 A 省税务局党委纪检组、A 省监委对税务干部 Y 某严重违纪违法问题进行了纪律审查和监察调查。经查，Y 某身为党员领导干部，丧失理想信念，背弃初心使命，对党不忠诚、不老实，转移、隐匿赃款赃物，藏匿躲避组织审查，严重违反政治纪律。

2. 2024 年，国家税务总局 B 省税务局党委纪检组和 C 市纪委监委对税务干部 Z 某严重违纪违法问题进行了立案审查调查。经查，Z 某在历年干部违规经商办企业、违规收送礼品礼金等专项整治中欺瞒组织“零报告”，伙同亲属合谋串供对抗组织审查，违反政治纪律。

【纪法分析】

《条例》第六十三条规定：对抗组织审查，有下列行为之一的，给予警告或者严重警告处分；情节较重的，给予撤销党内职务或者留党察看处分；情节严重的，给予开除党籍处分：

（一）串供或者伪造、销毁、转移、隐匿证据；

（二）阻止他人揭发检举、提供证据材料；

（三）包庇同案人员；

（四）向组织提供虚假情况，掩盖事实；

（五）其他对抗组织审查行为。

《条例》第六十一条规定：不按照有关规定向组织请示、报告重大事项，对直接责任者和领导责任者，情节较重的，给予警告或者严重警告处分；情节严重的，给予撤销党内职务或者留党察看处分。

Y 某转移、隐匿赃款赃物，藏匿躲避组织审查，其行为违反第六十三条规定，构成违反政治纪律，应予严肃处理。

Z 某在历年干部违规经商办企业、违规收送礼品礼金等专项整治中欺瞒组织“零报告”，其行为违反第六十一条规定，且“伙同亲属合谋串供对抗组织审查”违反第六十三条规定。二者均构成违反政治纪律，应予严肃处理。

【警示警戒】

对抗组织审查行为，是指对党不忠诚不老实，干扰、妨碍组织审查，串供或者伪造、销毁、转移、隐匿证据，或者阻止他人揭发检举、提供证据材料，或者包庇同案人员，或者向组织提供虚假情况，掩盖事实的行为。

党章将“对党忠诚老实”作为党员必须履行的义务，将“对党忠诚”写入入党誓词。每一名党员在任何时候都必须对党忠诚老实，尤其是在党组织审查处理违纪行为期间，更应该对自己所犯的错误认真反省检讨，积极主动地向组织如实坦白，积极协助组织查清违纪事实，决不允许有对抗组织审查的行为，这既是党员的义务，也是党员必须遵守的一项政治纪律。

不按规定请示、报告重大事项行为，是指党和国家工作人员或者其他从事公务的人员中的党员不按照有关规定向组织请示、报告重大事项，情节较重的行为。广大党员要严格执行党章规定的“四个服从”，切实增强政治意识，强化组织观念，严格执行请示报告制度。

【整改措施】

一是深入剖析根源，强化思想教育。要求违纪人员及其所在单位党组织召开专题民主生活会或组织生活会，深入查摆问题、剖析思想根源，特别是政治立场、理想信念、党性原则方面存在的偏差。组织违纪人员及相关公职人员系统学习党的创新理论、党章党规党纪、国家法律法规，特别是关于政治纪律和政治规矩的核心要求，补足精神之“钙”，筑牢思想防线。将典型案例在一定范围内通报，用身边事教育身边人，引导全体公职人员汲取深刻教训，知敬畏、存戒惧、守底线。二是全面查摆整改，堵塞制度漏洞。违纪人员所在单位需对照问题清单，举一反三，全面排查在政治建设、思想教育、监督管理、制度执行等方面存在的薄弱环节和风险隐患。针对暴露出的问题，修订完善相关规章制度，如理论学习制度、请示报告制度、意识形态阵地管理制度、干部选拔任用政治审查制度等，强化制度的刚性约束。三是加强跟踪管理，注重教育转化。对受到处分的公职人员，特别是给予留党察看、开除党籍以外处分的，进行定期回访教育，了解其思想动态、工作表现和整改情况，帮助其认识错误、改正错误、重新出发。

第三章　组织纪律

——组织秩序的关键

党的组织纪律是维护党的集中统一，保持党的战斗力的基本条件。党的执政地位和领导核心地位，不仅体现在思想理论和路线方针政策上，也体现在严密的组织体系、强大的组织能力和严明的组织纪律上。严明组织纪律是建设坚强有力马克思主义政党的必然要求。无产阶级政党是以实现共产主义为最终目标而组建起来的政治组织，对组织纪律的要求比任何一个其他政党都要高。我们党是根据自己的纲领和章程，按照民主集中制组织起来的统一整体。尤其是党的十八大以来，习近平总书记反复强调要强化组织意识、严明组织纪律，如“全党同志要强化组织意识，时刻想到自己是党的人，是组织的一员，时刻不忘自己应尽的义务和责任，相信组织、依靠组织、服从组织，自觉接受组织安排和纪律约束，自觉维护党的团结统一”“要好好抓一抓组织纪律，加强全党的组织纪律性”。①

第一节　组织纪律的内涵与特点

一、组织纪律的内涵

党的组织纪律，是各级党组织和全体党员必须遵守的维护党在组织上

① 2014年1月14日，习近平总书记在中国共产党第十八届中央纪律检查委员会第三次全体会议上的讲话。

团结统一的行为准则，是规范和处理各级党组织之间、党组织与党员之间以及党员与党员之间关系的行为规则。党的组织纪律的核心是民主集中制。我们党是按照马克思主义建党原则建立起来的政党，以民主集中制为根本组织制度和领导制度。严明组织纪律是维护党的集中统一、保持党的战斗力的重要保证。

中国共产党历来是一个政治坚定、组织严密、具有铁的纪律的马克思主义政党。高度重视党的组织纪律性，贯穿中国革命、建设、改革各个时期，是党一以贯之的基本要求，是维护党的团结统一、完成党的任务的保障。

党章规定："党员个人服从党的组织，少数服从多数，下级组织服从上级组织，全党各个组织和全体党员服从党的全国代表大会和中央委员会。""四个服从"既是党最基本的组织原则，也是最基本的组织纪律。

我们党正是由于始终高度重视严明党的组织纪律，坚持全面从严治党，才具有强大的创造力、凝聚力和战斗力，党的事业才日益兴旺发达。无产阶级政党的纪律是铁的纪律，具有强制性；同时，党的纪律又是建立在广大党员自觉遵守的基础之上的，因而又是自觉的纪律。只有党的各级组织和全体党员把严守党纪看作自己应尽的责任，党的纪律才能成为自觉的、铁的纪律。

加强组织纪律建设，关键是坚持党章规定的"四个服从"。"四个服从"是党的民主集中制原则的首要内容，是保证党集中统一、始终坚强有力的重要制度规定。从党的七大开始，"四个服从"被写进党章，成为中国共产党最根本的政治纪律和政治规矩。1982 年党的十二大通过的党章对"四个服从"作了新的表述，沿用至今。正是在党中央坚强领导下，中国革命才得以一步步走向胜利，中国特色社会主义建设和改革的伟大事业才不断向前推进。

加强组织纪律建设，落实制度是保证。长期以来，我们党形成了许多好的组织制度，但一些制度没有得到很好的落实。习近平总书记指出，党的力量来自组织，组织能使力量倍增。要严格执行民主集中制，认真落实民主生活会制度、党员领导干部双重组织生活制度、“三会一课”制度，加强基层党组织建设，健全完善党内生活常态化机制，有效整治软弱涣散问题。要在全党进一步强化组织观念、程序观念，严格执行请示报告制度，明确必须报告的事项和程序，该请示的必须请示，该报告的必须报告，决不能我行我素、各行其是，决不能遮遮掩掩，甚至隐瞒不报。

新时代新征程，实现全面建设社会主义现代化国家、全面推进中华民族伟大复兴，关键在党的坚强有力领导。如果党组织松松垮垮，党员各行其是，就不可能有统一的意志和行动，更不可能形成强大的组织能力和领导能力。对广大党员而言，在深入推进全面从严治党的新征程上，就是要坚守纪律、规矩这条底线，让纪律更严明、规矩更严格、工作更严谨，让严以修身、严以用权、严以律己成为一种自觉。①

二、组织纪律的特点

一是鲜明的政治性。党的组织纪律首先服务于党的政治路线和政治目标。它要求各级党组织和全体党员必须牢固树立政治意识、大局意识、核心意识、看齐意识，坚决维护党中央权威和集中统一领导。任何违反组织纪律的行为，如搞非组织政治活动、在重大原则问题上不同党中央保持一致、搞团团伙伙等，本质上都是对党的政治原则和政治路线的挑战，具有深刻的政治危害性。组织纪律的制定、执行和评判，都以是否有利于坚持党的领导、巩固党的执政地位、实现党的政治任务为最高标准。

二是高度的组织性。组织纪律的核心是民主集中制原则，具体体现为“四个服从”：党员个人服从党的组织，少数服从多数，下级组织服从上级组织，全党各个组织和全体党员服从党的全国代表大会和中央委员会。这一原则具有严格的制度规定性和程序性要求。它要求决策必须遵循民主程序，执行必须坚决有力，不允许个人凌驾于组织之上或组织涣散软

① 《纪律教育十讲》编写组．纪律教育十讲［M］．北京：中国民主法制出版社，2024.

弱。请示报告制度、组织生活制度、干部选拔任用制度等，都是组织纪律制度化、规范化的重要体现，确保了党的组织体系严密、运行高效、步调一致。

三是普遍的约束性（平等性）。党的组织纪律面前人人平等。所有党员，无论职务高低、资历深浅、贡献大小，都必须无条件遵守党的组织纪律。任何违反组织纪律的行为，都必须受到相应的追究和处理。这种普遍约束性体现了党的纪律的严肃性和公正性，是维护党的团结统一和战斗力的基础。它要求领导干部特别是高级干部必须以身作则，带头遵守组织纪律，反对任何形式的特权思想和特权现象。

四是严明的惩戒性。组织纪律不是“橡皮筋”，而是带电的“高压线”。对于违反组织纪律的行为，如拒不执行或擅自改变党组织决定、违反议事规则个人决定重大事项、不如实报告个人有关事项、违规选人用人、搞非组织活动等，党组织会依据《中国共产党纪律处分条例》等党内法规，视情节轻重给予相应的纪律处分（警告直至开除党籍）。这种惩戒性是组织纪律权威性的根本保障，体现了“纪严于法、纪在法前”的要求，确保纪律成为不可逾越的底线。

第二节 组织纪律的具体内容与实践要求

一、组织纪律的具体内容

2023 年新修订的《中国共产党纪律处分条例》（以下简称《条例》）对 2018 年版《条例》中涉及违反组织纪律行为的条文进行了调整。第七章专章规定了“对违反组织纪律行为的处分”，列出了违反组织纪律的负面清单，从第七十七条至第九十三条，共计 17 条，本次修订新增 2 条，修改 7 条。从中可以看出，《条例》开列的主要为禁止性规定，详细划出了党员和领导干部不能触碰的组织纪律红线。

第七十七条 违反民主集中制原则，有下列行为之一的，给予警告或者严重警告处分；情节严重的，给予撤销党内职务或者留党察看处分：

（一）拒不执行或者擅自改变党组织作出的重大决定；

（二）违反议事规则，个人或者少数人决定重大问题；

（三）故意规避集体决策，决定重大事项、重要干部任免、重要项目安排和大额资金使用；

（四）借集体决策名义集体违规。

第七十八条 下级党组织拒不执行或者擅自改变上级党组织决定的，对直接责任者和领导责任者，给予警告或者严重警告处分；情节严重的，给予撤销党内职务或者留党察看处分。

第七十九条 拒不执行党组织的分配、调动、交流等决定的，给予警告、严重警告或者撤销党内职务处分。

在特殊时期或者紧急状况下，拒不执行党组织上述决定的，给予留党察看或者开除党籍处分。

第八十条 在党组织纪律审查中，依法依规负有作证义务的党员拒绝作证或者故意提供虚假情况，情节较重的，给予警告或者严重警告处分；情节严重的，给予撤销党内职务、留党察看或者开除党籍处分。

第八十一条 有下列行为之一，情节较重的，给予警告或者严重警告处分：

（一）违反个人有关事项报告规定，隐瞒不报；

（二）在组织进行谈话函询时，不如实向组织说明问题；

（三）不按要求报告或者不如实报告个人去向；

（四）不如实填报个人档案资料。

有前款第二项规定的行为，同时向组织提供虚假情况、掩盖事实的，依照本条例第六十三条规定处理。

篡改、伪造个人档案资料的，给予严重警告处分；情节严重的，给予撤销党内职务或者留党察看处分。

隐瞒入党前严重错误的，一般应当予以除名；对入党多年且一贯表现好，或者在工作中作出突出贡献的，给予严重警告、撤销党内职务或者留党察看处分。

第八十二条 党员领导干部违反有关规定组织、参加自发成立的老乡会、校友会、战友会等，情节严重的，给予警告、严重警告或者撤销党内职务处分。

第八十三条 有下列行为之一的，给予警告或者严重警告处分；情节较重的，给予撤销党内职务或者留党察看处分；情节严重的，给予开除党籍处分：

（一）在民主推荐、民主测评、组织考察和党内选举中搞拉票、助选等非组织活动；

（二）在法律规定的投票、选举活动中违背组织原则搞非组织活动，组织、怂恿、诱使他人投票、表决；

（三）在选举中进行其他违反党章、其他党内法规和有关章程活动。

搞有组织的拉票贿选，或者用公款拉票贿选的，从重或者加重处分。

第八十四条 在干部选拔任用工作中，有任人唯亲、排斥异己、封官许愿、说情干预、跑官要官、突击提拔或者调整干部等违反干部选拔任用规定行为，对直接责任者和领导责任者，情节较轻的，给予警告或者严重警告处分；情节较重的，给予撤销党内职务或者留党察看处分；情节严重的，给予开除党籍处分。

用人失察失误造成严重后果的，对直接责任者和领导责任者，依照前款规定处理。

第八十五条 在推进领导干部能上能下工作中，搞好人主义，有下列行为之一，对直接责任者和领导责任者，情节较重的，给予警告或者严重警告处分；情节严重的，给予撤销党内职务或者留党察看处分：

（一）以党纪政务等处分规避组织调整；

（二）以组织调整代替党纪政务等处分；

（三）其他避重就轻作出处理行为。

第八十六条 在干部、职工的录用、考核、职务职级晋升、职称评聘、荣誉表彰，授予学术称号和征兵、安置退役军人等工作中，隐瞒、歪曲事实真相，或者利用职权或者职务上的影响违反有关规定为本人或者其他人谋取利益的，给予警告或者严重警告处分；情节较重的，给予撤销党内职务或者留党察看处分；情节严重的，给予开除党籍处分。

弄虚作假，骗取职务、职级、职称、待遇、资格、学历、学位、荣誉、称号或者其他利益的，依照前款规定处理。

第八十七条　侵犯党员的表决权、选举权和被选举权，情节较重的，给予警告或者严重警告处分；情节严重的，给予撤销党内职务处分。

以强迫、威胁、欺骗、拉拢等手段，妨害党员自主行使表决权、选举权和被选举权的，给予撤销党内职务、留党察看或者开除党籍处分。

第八十八条　有下列行为之一的，对直接责任者和领导责任者，给予警告或者严重警告处分；情节较重的，给予撤销党内职务或者留党察看处分；情节严重的，给予开除党籍处分：

（一）对批评、检举、控告进行阻挠、压制，或者将批评、检举、控告材料私自扣压、销毁，或者故意将其泄露给他人；

（二）对党员的申辩、辩护、作证等进行压制，造成不良后果；

（三）压制党员申诉，造成不良后果，或者不按照有关规定处理党员申诉；

（四）其他侵犯党员权利行为，造成不良后果。

对批评人、检举人、控告人、证人及其他人员打击报复的，从重或者加重处分。

第八十九条　违反党章和其他党内法规的规定，采取弄虚作假或者其他手段把不符合党员条件的人发展为党员，或者为非党员出具党员身份证明的，对直接责任者和领导责任者，给予警告或者严重警告处分；情节严重的，给予撤销党内职务处分。

违反有关规定程序发展党员的，对直接责任者和领导责任者，依照前款规定处理。

第九十条　违反有关规定取得外国国籍或者获取国（境）外永久居

留资格、长期居留许可的，给予撤销党内职务、留党察看或者开除党籍处分。

第九十一条 违反有关规定办理因私出国（境）证件、前往港澳通行证，或者未经批准出入国（边）境，情节较轻的，给予警告或者严重警告处分；情节较重的，给予撤销党内职务或者留党察看处分；情节严重的，给予开除党籍处分。

虽经批准因私出国（境）但存在擅自变更路线、无正当理由超期未归等超出批准范围出国（境）行为，情节较重的，给予警告或者严重警告处分；情节严重的，给予撤销党内职务处分。

第九十二条 驻外机构或者临时出国（境）团（组）中的党员擅自脱离组织，或者从事外事、机要、军事等工作的党员违反有关规定同国（境）外机构、人员联系和交往的，给予警告、严重警告或者撤销党内职务处分。

第九十三条 驻外机构或者临时出国（境）团（组）中的党员，脱离组织出走时间不满六个月又自动回归的，给予撤销党内职务或者留党察看处分；脱离组织出走时间超过六个月的，按照自行脱党处理，党内予以除名。

故意为他人脱离组织出走提供方便条件的，给予警告、严重警告或者撤销党内职务处分。

二、组织纪律的实践要求

（一）严格贯彻执行民主集中制

民主集中制是党的根本组织原则和领导制度，是党内政治生活正常开展的重要制度，是其他组织制度的基础和依据。它正确反映和规范了各种党内关系和特定社会关系，规定了党内政治生活必须遵循的基本准则，是我们党最大的制度优势，也是最根本、最核心的组织纪律。长期以来，我们党之所以能够保持思想上政治上行动上的高度统一，保持坚强的战斗力和凝聚力，一条基本经验就是在组织上坚持实行民主集中制。新时代贯彻执行民主集中制，必须严格执行党章和《关于新形势下党内政治生活的若干准则》中关于民主集中制的各项制度安排，按照民主集中制原则处理党内组织和组织、组织和个人、同志和同志、集体领导和个人分工负责等重要关系，真正把民主集中制的优势变成党的政治优势、组织优势、制度优势、工作优势。

一是正确处理民主与集中的关系。民主集中制不是简单的“民主+集中”，也不是先民主后集中的两个互不相干的程序，而是民主与集中的辩证统一，是广泛民主基础上的正确集中和高水平集中指导下的民主的有机融合。要注意克服民主不够和集中不够两方面的问题，既要充分发扬民主，营造民主氛围，又要善于正确集中，避免议而不决、决而不行。二是坚决做到“四个服从”。“个人服从组织，少数服从多数，下级服从上级，全党服从中央”是民主集中制的核心，也是最基本的组织原则和组织纪律。做到“四个服从”，关键是要处理好下级与上级、局部利益与全局利益的关系。三是坚持和完善党委集体领导和个人分工负责相结合的制度。坚持党委集体领导，凡属重大问题必须由党委作出集体讨论和决定，不允许用其他个人或少数人的形式取代党委及其常委会（或党组）的领导。健全集体议事规则和决策程序，提高集体决策规范化科学化水平。党委主要负责同志必须带头发扬民主、善于集中团结、敢于担当负责，支持班子成员在职责范围内独立负责开展工作；班子成员必须自觉服从组织分工安排，坚决执行组织决定，既要落实分工职责，又要积极参与和维护集体领导，充分发挥好领导班子的整体合力。

（二）切实增强组织观念和组织纪律性

组织观念特指共产党员对党组织的忠诚和执着，主要体现在拥护党的纲领，遵守党的章程，履行党员的义务，执行党的决定，严守党的纪律，完成党的工作任务，正确处理个人与组织的关系，等等。组织观念是衡量党员组织纪律性程度高低的依据之一，组织纪律性所反映的是党员与党组织之间的内在联系，包括组织融入程度、思想认同程度、行动服从程度等。随着改革开放和社会主义市场经济的发展，原有的资源配置方式和组织管理模式发生了转变，各种复杂的社会关系和利益关系给党内关系和党内生活带来了巨大影响，其中组织观念薄弱、组织纪律性弱化就是一个严重问题。因此，新时代如何增强全党的组织观念、加强组织纪律性，是需要我们认真思考和解决的重大课题。每一名党员都要正确处理个人与组织的关系，自觉使自己的言行符合党的组织纪律要求，保持服从党的组织、遵守党的组织纪律的高度自觉性。

一是正确处理个人与组织的关系。每一名党员无论党龄长短、职务高低、贡献大小，都要自觉把个人置于党的组织之中，既要相信组织、依靠组织、服从组织，又要拥护组织、维护组织、服务组织。要无条件服从和执行组织决定和决策，自觉接受和服从组织安排，决不搞表态式服从、选择性执行、应付型落实，决不能挑三拣四、拈轻怕重，更不能讨价还价、斤斤计较。二是严格执行请示报告制度。党员干部特别是党员领导干部，在涉及重大问题、重要事项以及个人有关事项时，该向组织请示的必须请示，该报告的必须报告，自觉接受组织监督，决不能遮遮掩掩甚至隐瞒不报，或者不如实请示报告。各级党组织要加强对执行个人有关事项报告制度的监督检查，对于违反规定的必须及时提醒和批评，情节严重的要给予组织处理或纪律处分。三是坚持和完善党的组织生活制度。要把坚持参加党的组织生活作为加强党员干部组织纪律性的重要实践途径和方式，坚持“三会一课”制度、民主生活会和组织生活会制度、谈心谈话制度、对党员进行民主评议等，认真开展批评和自我批评，引导党员在党内政治生活中凝聚党心、锤炼党性、严守党纪。

（三）严格遵守和执行组织人事纪律

党的组织人事纪律侧重于规范党员、干部的配置和管理，是党的组织纪律的重要组成部分。党员是党的肌体的细胞和党的行为的主体。如何发展党员、提高党员质量、保障党员权利，是组织人事纪律所要规范的基本内容。党的干部是党的事业的骨干，全面从严治党关键是从严治吏。组织人事纪律的核心内容之一就是要规范干部选拔任用，预防和惩治用人上的不正之风和腐败现象。我们党历来重视选贤任能，始终把发展党员、选用干部作为关系党和人民事业的关键性、根本性问题来抓。但是，实践中一些地方和单位，违反组织人事纪律的现象仍然时有发生、屡禁不止。各级党组织和党员干部要严格遵守和执行党的组织人事纪律，严格按照党章和党内法规的具体要求选人用人。

一是坚持严格发展党员。严格贯彻执行《中国共产党发展党员工作细则》，按照控制总量、优化结构、提高质量、发挥作用的总要求，始终把党员政治标准放在首位，严把“入口关”，确保政治合格、素质优秀。对于不严格坚持标准、不严格履行程序和培养考察失职、审查把关不严的党组织及其负责人，要根据情节轻重依照纪律规定严肃处理。二是尊重和保障党员民主权利。严格贯彻执行《中国共产党党员权利保障条例》，重点落实好党员的知情权、参与权、选举权、监督权，保障全体党员平等享有党章规定的权利、履行党章规定的义务。坚决反对和防止任何妨害党员自主行使表决权、选举权和被选举权的行为，以“零容忍”态度严肃查处各种拉票贿选行为。畅通党内监督渠道，完善对监督权人的保护制度，对于压制、阻挠甚至打击报复党员监督的行为，必须给予严厉的纪律处分。三是坚持正确选人用人导向，严格规范干部选拔任用。严格遵循党章和《党政领导干部选拔任用工作条例》等党内法规，严格选用标准、健全选用制度、完善选用政策、规范选用程序，坚决把好政治关、能力关、作风关、廉洁关，真正把好干部选拔出来。坚决防止和纠正选人用人不正之风，严格落实选人用人责任，坚持“凡提四必”和“三个不上会”“两个不得”等要求，探索实行推荐干部“签字背书”制度，坚决防止“带病提拔”“带病上岗”等问题。①

① 本书编写组 . 党员干部纪律教育案例［M］. 北京：中国方正出版社，2024.

第三节　违反组织纪律的表现及危害

结合税务系统的实际情况，特别是从近些年发生的违纪违法案例来看，税务干部违反组织纪律的行为主要表现为违反民主集中制原则、违反组织工作原则、侵犯党员权利、违反出国（境）管理规定等行为。

一、违反民主集中制原则

民主集中制是民主基础上的集中和集中指导下的民主相结合，是党的根本组织原则，是党内政治生活正常开展的重要制度保障。党章规定，“党是根据自己的纲领和章程，按照民主集中制组织起来的统一整体”，并规定了民主集中制的六项基本原则。坚持集体领导制度，实行集体领导和个人分工负责相结合，是民主集中制的重要组成部分，必须始终坚持。在实践中主要表现为：党组织“一把手”只讲集中不讲民主，习惯于遇事先定调，重大问题不经班子成员充分酝酿和讨论就拍板，甚至对多数人的意见置之不理；拒不执行和改变上级党组织的决定，落实上级党组织决策搞变通，在单位重大问题决策方面名为集体领导、实际上个人或少数人说了算，名为集体负责、实际上无人负责，或者借集体决策名义搞集体违规等典型问题。因此，《关于新形势下党内政治生活的若干准则》明确规定：“凡属重大问题，要按照集体领导、民主集中、个别酝酿、会议决定的原则，由集体讨论、按少数服从多数作出决定。”“坚决反对和防止独断专行或各自为政，坚决反对和防止议而不决、决而不行、行而不实，坚决反对和防止以党委集体决策名义集体违规。”明确对这些问题进行纪律责任追究，有利于促使税务系统各级领导干部特别是主要领导干部带头执行民主集中制，把党员个人服从党的组织、少数服从多数、下级组织服从上级组织、全党各个组织和全体党员服从党的全国代表大会和中央委员会的原则落到实处。因此，《条例》第七十七条规定：“违反民主集中制原则，有下列行为之一的，给予警告或者严重警告处分；情节严重的，给予撤销党内职务或者留党察看处分：（一）拒不执行或者擅自改变党组织作出的重大决定；（二）违反议事规则，个人或者少数人决定重大问题；（三）故意规避集体决策，决定重大事项、重要干部任免、重要项目安排和大额资金使用；（四）借集体决策名义集体违规。”

首先，“重大决定”，主要是指税务系统党组织按照议事规则和决策程序作出的有关工作任务部署，干部任免、调整和处理等决定，对党组织成员具有约束力，必须被服从和执行。不论是拒不执行，还是擅自改变党组织作出的重大决定，均构成违纪。

其次，“违反议事规则”，主要是指违反党章第十条关于“凡属重大问题都要按照集体领导、民主集中、个别酝酿、会议决定的原则，由党的委员会集体讨论，作出决定”的规定以及各级党组织制定的具体议事规则和决策程序等。

再次，“重大问题”，主要是指根据党内法规的规定以及党组织具体议事规则的要求，应当由党组织集体讨论按照少数服从多数原则决定的问题。

最后，“故意规避集体决策”，主要是指个人或少数人故意违反有关议事规则和决策程序，不以集体讨论、会议决定的形式对职责权限内的“三重一大”事项作出决策，或者紧急情况下由个人或少数人临时决定的，事后未及时向班子报告等。“三重一大”事项，主要是指重大事项、重要干部任免、重要项目安排和大额资金使用。该规定是对故意规避集体决策程序，把个人意见强加给集体、强加给组织，用个人决定代替组织决定，借集体决策名义集体违规的违纪行为的处分规定。这种违纪行为虽然表面上符合集体议事规则和决策程序，但事实上是集体违规决策，集体决策程序成为掩饰集体违规目的的方法和手段。

因此，税务系统党员干部应当严格执行民主集中制。一方面，必须切实推进党内民主，尊重党员主体地位，保障党员民主权利，发挥税务系统各级党组织和广大党员的积极性和创造性；另一方面，必须实行正确的集中，保证全党的团结统一和行动一致，保证党的决定能够获得迅速、有效的执行。任何违反民主集中制的行为，都为党的纪律所不允许，必须予以严惩。

二、违反组织工作原则

《中共中央关于全面推进依法治国若干重大问题的决定》强调："把党领导人民制定和实施宪法法律同党坚持在宪法法律范围内活动统一起来，善于使党的主张通过法定程序成为国家意志，善于使党组织推荐的人选通过法定程序成为国家政权机关的领导人员，善于通过国家政权机关实施党对国家和社会的领导，善于运用民主集中制原则维护中央权威、维护全党全国团结统一。"《条例》第八十三条规定："有下列行为之一的，给予警告或者严重警告处分；情节较重的，给予撤销党内职务或者留党察看处分；情节严重的，给予开除党籍处分：（一）在民主推荐、民主测评、组织考察和党内选举中搞拉票、助选等非组织活动；（二）在法律规定的投票、选举活动中违背组织原则搞非组织活动，组织、怂恿、诱使他人投票、表决；（三）在选举中进行其他违反党章、其他党内法规和有关章程活动。搞有组织的拉票贿选，或者用公款拉票贿选的，从重或者加重处分。"这一规定对于使党的主张通过法定程序成为国家意志具有重要的保障作用，对于保障选举秩序具有重要的意义。

《条例》第八十三条规定了如下四种行为：一是在民主推荐、民主测评、组织考察和党内选举中搞拉票、助选等非组织活动的行为。二是在法律规定的投票、选举活动中违背组织原则搞非组织活动，组织、怂恿、诱使他人投票、表决的行为，该行为主要指在法律规定的投票、选举活动中，不贯彻组织意图，违背组织意图，组织、怂恿、诱使他人投票、表决。这种行为严重阻碍了党组织意图的实现，对于使党的主张通过法定程序成为国家意志，对于使党组织推荐的人选通过法定程序成为国家机关的领导人具有极大的破坏力。三是在选举中进行其他违反党章、其他党内法规和有关章程活动的行为，主要是指伪造选举文件、篡改选举结果或者虚报选举票数等活动。四是搞有组织的拉票贿选，或者用公款拉票贿选的行为。这类行为比一般的拉票、助选、干扰选举等活动违反党的纪律和侵犯党员权利更为严重，对党内政治生态影响更为恶劣。因此，对搞有组织的拉票贿选的行为和用公款拉票贿选的行为，依据《条例》第八十三条第一款规定从重或者加重处分。

在适用《条例》第八十三条规定时应当注意以下两点：①注意准确区分第一款第二项规定的行为与《刑法》规定的破坏选举罪。《刑法》规定的破坏选举罪是指在选举各级人民代表大会代表和国家机关领导人员时，以暴力、威胁、欺骗、贿赂、伪造选举文件、虚报选举票数等手段破坏选举或者妨害选民和代表自由行使选举权和被选举权，情节严重的行为。而第一款第二项规定的行为是指在国家法律规定人大代表选举、人民代表大会会上选举政府组成人员、司法机关负责人，投票决定有关法案等工作中，党员代表、人大常委会委员等无视党组织依程序作出的决定、提出的意见和建议，搞非法组织活动，鼓动、诱导其他代表、常委投票、表决的行为。其指向的行为对象与破坏选举罪的行为对象不同。②注意区分第一款第三项规定的行为与《刑法》规定的破坏选举罪的界限。两者的区别主要在于“选举”的含义不同，前者规定的“选举”是指党内的选举；而后者规定的“选举”是指选举各级人民代表大会代表和国家机关领导人员。对于党员有《刑法》规定的破坏选举行为，则应当根据《条例》总则关于纪法衔接的规定予以处分。

习近平总书记反复强调的“七个有之”问题，其中之一就是搞收买人心、拉动选票。拉票贿选直接冲击中国特色社会主义政治制度，动摇党的干部工作根基，危害党的政治生态，损害党和国家形象。《关于新形势下党内政治生活的若干准则》明确规定，党内选举必须体现选举人意志，“党的任何组织和个人不得以任何方式妨碍选举人依照规定自主行使选举权，坚决反对和防止侵犯党员选举权和被选举权的现象，坚决防止和查处拉票贿选等行为”“坚决禁止跑官要官、买官卖官、拉票贿选等行为”。党的十八大以来，我们党严肃查处湖南省衡阳市破坏选举案、四川省南充市拉票贿选案、辽宁省拉票贿选案等破坏党内选举制度和人大选举制度的重大案件，充分体现了我们党坚持全面从严治党、坚决惩治腐败的鲜明态度，有力维护了党纪国法的尊严和权威，得到了广大党员干部和人民群众的衷心拥护和支持。

三、侵犯党员权利

党员权利是指党章规定的党员应当享有的党内各项权利。在党内，每名党员都是平等的，都有同样的权利共同管理党的事务。党章第四条明确规定，党员行使表决权、选举权，有被选举权。为了更好地发扬党内民主，党不断健全完善相关制度，以保证党员真正按照自己的意志行使表决权、选举权，有被选举权，避免党员民主权利流于形式。同时，对侵犯党员民主权利的行为必须予以严惩。《条例》第八十七条、第八十八条对侵犯党员权利行为列出负面清单，作出处分规定。第八十七条规定："侵犯党员的表决权、选举权和被选举权，情节较重的，给予警告或者严重警告处分；情节严重的，给予撤销党内职务处分。以强迫、威胁、欺骗、拉拢等手段，妨害党员自主行使表决权、选举权和被选举权的，给予撤销党内职务、留党察看或者开除党籍处分。"

《中国共产党党员权利保障条例》第十三条规定："党员有党内表决权，有权按照规定在党组织讨论决定问题时参加表决，在表决前了解情况，在讨论中充分发表意见。表决时可以表示赞成、不赞成或者弃权。"《中国共产党党员权利保障条例》第十四条规定："党员有党内选举权，有权参加党内选举，了解候选人情况、要求改变候选人、不选任何一个候选人和另选他人。党员有党内被选举权，有权经过规定程序成为候选人和当选。"因此，党员的表决权、选举权和被选举权是不容侵犯的重要民主权利。这里的"表决权"主要是指党员在党组织讨论决定问题时按照规定参加表决，并可以表示赞成、不赞成或者弃权的权利。"选举权"主要是指参加选举的党员了解候选人情况、要求改变候选人、不选任何一个候选人和另选他人的权利。“被选举权”主要是指党员享有的经过规定程序成为候选人和当选的权利。

在适用《条例》第八十七条规定时应当注意三点：①准确掌握违纪与否的界限。根据该条的规定，以不同的形式侵犯党员的表决权、选举权和被选举权构成违纪的要件不一样。其中，以强迫、威胁、欺骗、拉拢等手段，妨害党员自主行使表决权、选举权和被选举权的，不论情节是否较重均构成违纪，但是在实际执纪过程中要考虑个案情况，具体问题具体分析。除上述手段外，以其他方式侵犯党员的表决权、选举权和被选举权，只有情节较重才构成违纪。②准确区分该条规定的违纪行为和破坏选举罪的界限。两者之间的最大区别在于侵犯的对象不同，破坏选举罪侵犯的是公民选举各级人民代表大会和国家机关领导人员的权利与被选举为各级人民代表大会代表和国家机关领导人员的权利；该条规定的违纪行为侵犯的是党员在党内的表决权、选举权和被选举权。如果党员涉嫌触犯《刑法》规定的破坏选举罪，应当依据《条例》总则关于纪法衔接的条款予以处分。③注意正确掌握处分的幅度和档次。该条根据不同的违纪形式规定了不同的处分幅度和档次，对于以强迫、威胁、欺骗、拉拢等手段，妨害党员自主行使表决权、选举权和被选举权的，给予撤销党内职务、留党察看或者开除党籍处分。也就是说，通过上述手段实施的违纪行为，处分较重，起点即为撤销党内职务。对于除强迫、威胁、欺骗、拉拢等手段之外，以其他方式侵犯党员表决权、选举权和被选举权的，如故意不通知有选举权、被选举权的党员参加选举等，只有情节较重，才按照该条规定处分，处分相对较轻；其中，情节较重的给予警告或者严重警告处分；情节严重的，给予撤销党内职务处分。

与处分侵犯党员权利行为密切相关的《条例》第八十八条进一步对党员权利设置了一重保护，即“有下列行为之一的，对直接责任者和领导责任者，给予警告或者严重警告处分；情节较重的，给予撤销党内职务或者留党察看处分；情节严重的，给予开除党籍处分：（一）对批评、检举、控告进行阻挠、压制，或者将批评、检举、控告材料私自扣压、销毁，或者故意将其泄露给他人；（二）对党员的申辩、辩护、作证等进行压制，造成不良后果；（三）压制党员申诉，造成不良后果，或者不按照有关规定处理党员申诉；（四）其他侵犯党员权利行为，造成不良后果。对批评人、检举人、控告人、证人及其他人员打击报复的，从重或者加重处分。”批评、检举、控告、申辩、辩护、作证、申诉等都是党章规定党员享有的权利。《条例》落实党章规定，为党员正确行使权利、开展民主监督、维护自身权益提供有力纪律保障。

四、违反出国（境）管理规定

一是违规办理因私出国（境）证件。《关于进一步加强党员干部出国（境）管理的通知》明确规定：“党员干部因私出国（境），要按照干部管理权限，严格履行审批手续。”税务系统广大党员特别是党员领导干部因私出国（境），必须获得党组织和审批部门批准并办理相关证件。税务系统党员和党员领导干部不走正当审批手续，违规办理因私出国（境）证件或者未经批准出入国（边）境，是对党组织不忠诚、不老实的表现。税务系统党员干部违规取得外国国籍或国（境）外永久居留资格、长期居留许可，这本身就是严重的违纪行为。为此，对党员违规办理因私出国（境）证件和未经批准出入国（边）境的行为要严肃处理，给予相应的党纪处分。《条例》第九十一条规定：“违反有关规定办理因私出国（境）证件、前往港澳通行证，或者未经批准出入国（边）境，情节较轻的，给予警告或者严重警告处分；情节较重的，给予撤销党内职务或者留党察看处分；情节严重的，给予开除党籍处分。虽经批准因私出国（境）但存在擅自变更路线、无正当理由超期未归等超出批准范围出国（境）行为，情节较重的，给予警告或者严重警告处分；情节严重的，给予撤销党内职务处分。”“违反有关规定”是指违反2003年1月印发的《关于加强国家工作人员因私事出国（境）管理的暂行规定》和2004年12月印发的《关于进一步加强党员干部出国（境）管理的通知》等规定。“因私出国（境）证件”是指因私普通护照、内地居民往来港澳通行证、大陆居民往来台湾通行证以及其他可用作因私出国（境）通行的证件。“前往港澳通行证”是指由公安机关出入境管理部门向申请前往港澳地区定居的内地公民签发的证件。

二是在国（境）外擅自脱离组织，违规联络国（境）外机构、人员。习近平总书记强调：“党组织要管理党员、干部，党员、干部要自觉接受党组织管理，也是我们党的一个重要规矩。”[①] 脱离组织，就是不守纪律、不讲规矩的表现。党员要心存敬畏，自觉接受组织的监督管理，真正做到相信组织、依靠组织，跟着组织走。脱离了党组织，理想信念就会像无根的浮萍，随时面临误入歧途的风险。党员要时刻心系党组织，与党组织交心，接受党组织的管理和监督。同时，党员要相信，组织不会放弃任何一个人，更要珍惜组织给予的教育挽救的机会，常“洗洗澡、治治病”，才能避免在错误的泥潭里越陷越深。《条例》第九十二条规定：“驻外机构或者临时出国（境）团（组）中的党员擅自脱离组织，或者从事外事、机要、军事等工作的党员违反有关规定同国（境）外机构、人员联系和交往的，给予警告、严重警告或者撤销党内职务处分。”该条规定的行为，强调其为擅自离开组织外出，但不存在“出走不归”的主观动机，没有情节要求，只要有相应的行为，即给予党纪处分。

第四节 严守党的组织纪律

习近平总书记强调：“党的力量来自组织。党的全面领导、党的全部工作要靠党的坚强组织体系去实现。”[②] 中国共产党是按照马克思主义建党原则建立起来的政党，组织严密是党的光荣传统和独特优势。如何在新形

---

① 2015 年 1 月 19 日至 20 日，习近平总书记在云南考察调研时的讲话。

② 2018 年 7 月 3 日至 4 日，习近平总书记在全国组织工作会议上的讲话。

势下严守组织纪律，是需要我们认真思考和回答的重大课题。新时代新征程，我们党必须积极应对组织纪律建设中存在的新挑战新问题，把组织纪律建设摆在更加突出的位置，坚持民主集中制这一党内根本组织原则，制定完善请示报告制度，坚决做到“两个维护”，严肃处理违反组织纪律的行为，推动包括组织纪律在内的各项纪律严起来、硬起来。

一、坚持民主集中制的根本组织原则

民主集中制是党内的根本组织原则，党内政治生活的开展、决策的过程等都必须依据民主集中制的要求展开。从某种意义上来说，是否坚持民主集中制是是否遵守组织纪律的基本标准。党在民主革命时期就把民主集中制写进党章的组织制度部分，并列在该部分的第一条。毛泽东在党的七大上深刻阐述了民主集中制的含义，即民主基础上的集中和集中指导下的民主。进入改革开放新时期，邓小平明确要把民主基础上的集中和集中之下的民主结合起来，多次强调坚持民主集中制的重要性。进入新时代，习近平总书记高度重视民主集中制建设，在2013年6月召开的全国组织工作会议上明确提出：“要健全和认真落实民主集中制的各项具体制度，促使全党同志按照民主集中制办事，促使各级领导干部特别是主要领导干部带头执行民主集中制。要发扬党内民主，营造民主讨论的良好氛围，鼓励讲真话、讲实话、讲心里话，允许不同意见碰撞和争论，同时善于进行正确集中，防止议而不决、决而不行。”习近平总书记之所以这么强调，是因为在实际工作中存在不遵守民主集中制的问题。比如“家长制”、“一言堂”的现象和议而不决、决而不行的现象在一些班子中屡屡出现。有的领导干部个人主义、本位主义思想严重，只讲民主不讲集中，班子讨论问题时没有采纳自己的意见就很不高兴，或者脑袋长在屁股上，为了自己的那点权力争得不可开交。有的“一把手”只讲集中不讲民主，习惯于逢事先定调，重大问题不经班子成员充分酝酿和讨论就拍板，甚至对多数人的意见也置之不理。同时，一些党委对所管辖的领导班子及其成员贯彻执行民主集中制的情况缺乏经常分析和考核评估，以致有针对性地教育引导和采取组织措施不够。党的十八大以来，从方方面面加强了民主集中制建设。一是强调自觉坚持党性原则。坚持了党性原则，就不会把个人凌驾于组织之上，或者使自己游离于组织之外。二是强调做到“四个服从”。党章规定的“四个服从”，既是党最基本的组织原则，也是最基本的组织纪律。全党一定要强化党的意识，始终把党放在心中最高位置，牢记自己的第一身份是共产党员，第一职责是为党工作，做到忠诚于组织，任何时候都要与党同心同德。三是强调对党忠诚。习近平总书记在 2021 年 3 月 1 日举行的春季学期中央党校（国家行政学院）中青年干部培训班开班式上就专门论述了对党忠诚是共产党人首要的政治品质。他说：“我们党一路走来，经历了无数艰险和磨难，但任何困难都没有压垮我们，任何敌人都没能打倒我们，靠的就是千千万万党员的忠诚。对党忠诚，必须一心一意、一以贯之，必须表里如一、知行合一，任何时候任何情况下都不改其心、不移其志、不毁其节。年轻干部要以先辈先烈为镜、以反面典型为戒，不断筑牢信仰之基、补足精神之钙、把稳思想之舵，以坚定的理想信念砥砺对党的赤诚忠心。要自觉加强政治历练，接受严格的党内政治生活淬炼，不断提高政治判断力、政治领悟力、政治执行力，使自己的政治能力同担任的工作职责相匹配。要立志为党分忧、为国尽责、为民奉献，勇于担苦、担难、担重、担险，以实际行动诠释对党的忠诚。”

二、制定完善请示报告制度

作为党组织纪律重要内容的请示报告制度形成于革命战争时期。解放战争进入战略进攻阶段后，许多解放区连成一片，客观原因使各地长期保持着较大自治权，存在一些无纪律、无政府状态和地方主义、游击主义倾向，这些倾向在新的形势下，已经严重影响到革命事业的发展。为加强集中统一指挥，将权力集中到中央，党中央决定建立严格的请示报告制度。1948 年 1 月 7 日，毛泽东起草了《关于建立报告制度》的指示，要求从当年起必须改正下级对上级事前不请示、事后不汇报的不良习惯。1948 年 9 月，中共中央政治局召开会议，通过了《中共中央关于各中央局、分局、军区、军委分会及前委会向中央请示报告制度的决议》，从此党内请示报告制度在全党全军最终确定下来，成为党的重要纪律。在执行过程中，有的地方贯彻不力，毛泽东采取表扬先进、批评后进的做法。毛泽东表扬过邓小平写的报告好，说读后好像吃了一串冰糖葫芦；也批评过林彪在东北局时不及时报告的问题。正是这项制度的建立和执行，有力推进了党的作风和纪律建设，保证了政令军令畅通，为解放战争胜利提供了重要保障。党的十八大以来，以习近平同志为核心的党中央多次强调要请示报告。他曾说过："请示报告制度是我们党的一项重要制度，是执行党的民主集中制的有效工作机制，也是组织纪律的一个重要方面。"① 中国共产党是一个规模巨大的党，拥有 1 亿多党员，500 多万个党组织，如果都各行其是、自作主张，想干什么就干什么，想不干什么就不干什么，那是要散掉的。因而习近平指出，"作为干部特别是领导干部，在涉及重大问题、重要事项时按规定向组织请示报告，这是必须遵守的规矩，也是检验一名干部合格不合格的试金石。"② 为规范请示报告，党中央在总结以往经验基础上，制定实施了建立有关制度确保请示报告的执行。2019 年 1 月 25 日，中共中央政治局召开会议，审议《中国共产党重大事项请示报告条例》。该条例明确了何为重大事项、何为报告。所称重大事项，是指超出党组织和党员、领导干部自身职权范围，或者虽在自身职权范围内但关乎全局、影响广泛的重要事情和重要情况，包括党组织贯彻执行党中央决策部署和上级党组织决定、领导经济社会发展事务、落实全面从严治党责任，党员履行义务、行使权利，领导干部行使权力、担负责任的重要事情和重要情况。所称请示，是指下级党组织向上级党组织，党员、领导干部向党组织就重大事项请求指示或者批准。所称报告，是指下级党组织向上级党组织，党

①② 中共中央纪律检查委员会，中共中央文献研究室．习近平关于严明党的纪律和规矩论述摘编［M］．北京：中央文献出版社，中国方正出版社，2016.

员、领导干部向党组织呈报重要事情和重要情况。该条例的制定出台，有利于提高重大事项请示报告工作制度化、规范化、科学化水平。

三、坚决做到“两个维护”

“两个维护”是党的十八大以来我们党的重大政治成果和宝贵经验，是全党在革命性锻造中形成的共同意志，是最重要的政治纪律和政治规矩，也是一条重要的组织纪律。维护党中央权威和集中统一领导是中国共产党的优良传统，维护习近平总书记党中央的核心、全党的核心地位是党内最大的政治。“两个维护”有着明确内涵和要求，维护习近平总书记党中央的核心、全党的核心地位，对象是习近平总书记而不是指其他任何人；维护党中央权威和集中统一领导，对象是党中央而不是其他任何组织。“两个维护”在本质上是一体的，维护习近平总书记党中央的核心、全党的核心地位，就是维护党中央权威和集中统一领导；维护党中央权威和集中统一领导，首先是维护习近平总书记党中央的核心、全党的核心地位。全体党员干部应以实际行动，做好本职工作来践行“两个维护”，而不是挂在嘴边、做行动的矮子。这是因为做到“两个维护”意义重大，不仅能使全党更加团结更加有力，还能使党的路线方针政策切实在治国理政各领域得到全面贯彻，更能彰显组织的强大力量。这是因为我们党是按照马克思主义建党原则建立起来的，形成了包括党的中央组织、地方组织、基层组织在内的严密组织体系。这是世界上任何其他政党都不具有的强大优势。党中央是大脑和中枢，党中央必须有定于一尊、一锤定音的权威，这样才能“如身使臂，如臂使指，叱咤变化，无有留难，则天下之势一矣”。如果在践行“两个维护”中存在问题，就会消解中央权威、不利于党中央决策的贯彻落实，更不利于党的团结。社会上对于“两个维护”也还有些片面认识，出现了一些“低级红”“高级黑”现象，有的口头高喊维护实际阳奉阴违，有的理解不准还把核心层层套圈。对此，必须严肃处理，加以正确指引，以正本清源。

四、严肃处理违反组织纪律的行为

制定纪律就是要执行的。在党的百年历史上，党一直是严惩违反组织纪律的行为以确保组织的严密纯洁。新中国成立后，更加注意反对违反党性、从事分裂的行为。党的十八大以来，习近平紧盯“关键少数”，严格要求党的中高级干部。他明确指出，“对违反民主集中制原则、拒不执行或擅自改变党组织作出的决定、个人或少数人决定重大事项的，对于党内搞非组织活动、破坏党的团结统一的，对不严格执行请示报告等组织制度的，对长期不参加党组织活动、不能履行党员义务的，必须及时批评教育；情节严重的，要给予组织处理或纪律处分”。① 为严肃处理违反组织纪律的行为，党的十八大以来制定并修订了《中国共产党纪律处分条例》，进一步从违反民主集中制原则等 17 个方面明确了违反组织纪律的处分。其中，第七十八条规定“下级党组织拒不执行或者擅自改变上级党组织决定的，对直接责任者和领导责任者，给予警告或者严重警告处分；情节严重的，给予撤销党内职务或者留党察看处分”。这些严格的处分规定有利于维护党的组织纯洁和组织严密，确保党强大的凝聚力和战斗力。

第五节　深刻的教训：违反组织纪律典型案例剖析

民主集中制不仅是我们党的根本组织制度和领导制度，而且还是党的组织纪律的重要要求。因此，增强组织纪律性就要切实坚持民主集中制，切实加强组织管理，模范执行党内组织生活制度，任何人都不能搞例外、搞特殊，坚决抵制一切导致组织观念淡薄、组织纪律松懈的思想和行为。为此，党的十八大以来，税务系统始终严格执行党章和《关于新形势下党内政治生活的若干准则》中关于民主集中制的各项制度安排，促使本系统

---

① 中共中央纪律检查委员会，中共中央文献研究室. 习近平关于严明党的纪律和规矩论述摘编［M］. 北京：中央文献出版社，中国方正出版社，2016.

各级领导干部特别是主要领导干部带头执行民主集中制，不断提升按照民主集中制办事的能力水平。然而，仍有部分税务局主要负责同志罔顾党的民主集中制的有关规定，大搞“家长制”“一言堂”，严重破坏当地政治生态，终究难逃党纪国法的严惩。

【案例描述】

2017年9月6日，D省E县地方税务局党组书记、局长L某主持召开党组会。当时，该局纪检组组长出差，1名副局长请假，仅有3名党组成员出席会议。此次党组会主要研究决定领导班子成员分工、干部人事调整、重大项目上会金额标准调整（由1万元提高到5万元）、责任区绿化工程项目等9个“三重一大”议题。此外，会议决定，党组书记、局长L某主持全面工作，同时分管办公室（含基建）、监察内审室等部门，并对2017年8月已经完工验收的造价为1.8万余元的责任区绿化工程项目予以上会研究通过。此外，L某还存在其他违纪问题。

L某受到党内严重警告、行政记大过处分。

【纪法分析】

L某身为县局党组书记，违反党的民主集中制原则，未严格落实党组议事规则，其行为严重违反党的组织纪律。具体表现在以下三个方面：

一是讨论重大事项时党组成员到会人数未达三分之二。经查，2017年9月6日，在到会人数不符合规定人数（该局5名党组成员中，仅有3名党组成员出席）的情况下召开党组会，研究决定重大项目上会金额标准调整、领导班子成员分工、干部人事调整、责任区绿化工程项目、干部职工体检事宜等9个“三重一大”议题。

二是主要负责人未按照分权制衡的原则进行分工。经查，2017年9月6日的党组会议决定，该县局党组书记、局长L某主持全面工作，同时分管办公室（含基建职能）、绩效办、监察内审室、党建、机关党委、纳税服务管理局、电子税务管理中心。主要负责人未按照分权制衡的原则进行分工。

三是责任区绿化工程项目应上会未上会。经查，2017 年 8 月 1 日，该税务局与某装修公司签订工程协议，开展责任区绿化补种工程。该工程项目于 2017 年 8 月 2 日开工，2017 年 8 月 26 日完工，2017 年 8 月 28 日验收。项目造价 18952 元，实际支出 18952 元。按照该县局当时“三重一大”上会标准（1 万元），属于应上会研究项目，但该项目直到 2017 年 9 月 6 日才上会研究，属于先动工后上会。

综上所述，L 某的行为，一方面，违反了《中国共产党纪律处分条例》第七十七条规定：“违反民主集中制原则，有下列行为之一的，给予警告或者严重警告处分；情节严重的，给予撤销党内职务或者留党察看处分：（一）拒不执行或者擅自改变党组织作出的重大决定；（二）违反议事规则，个人或者少数人决定重大问题；（三）故意规避集体决策，决定重大事项、重要干部任免、重要项目安排和大额资金使用；（四）借集体决策名义集体违规。”另一方面，违反了《全国税务系统领导班子和领导干部监督管理办法》（国税党字〔2010〕73 号）第十四条第二款“领导班子成员要按照分权制衡的原则进行分工，主要负责人不直接分管人事、财务和基建工作……”，以及第十五条之第三款“中央规定的重大决策、重大项目安排、重要干部任免和大额度资金使用等事项，实行集体研究、集体决策”和第四款“党组会应有三分之二以上成员到会，在研究重大事项，难以形成统一意见时，应暂缓作出决议，经沟通酝酿仍达不成一致意见的，必须实行无记名票决，投票赞成率达到应参会党组成员过半数以上方可形成决定或决议，纪检监察部门负责人对票决情况进行监督，表决过程和结果应如实记录存档”等相关规定。

【警示警戒】

从本案例可以看出，L 某在担任县级税务局主要负责人期间，常年大搞“家长制”“一言堂”，将县税务局党组会开成了通报有关“三重一大”事项的“告知会”，并经常以“有什么事互相通知一声就行”“领导班子大家都熟得很，集体决策意思一下即可”等错误论调作为不正确贯彻民主集中制的挡箭牌，决策程序、议事原则变为可有可无的“花瓶”摆设。此外，面对有班子成员提出“主要负责人分管基建”的工作安排，不符合“主要负责人不直接分管人事、财务和基建工作”相关规定的异议时，L某却置之不理，提出不同看法的同志反而被他“教育”了一番。久而久之，再没有人敢提不同意见。作为县税务局党组书记，L某本应熟知民主集中制是党的根本组织原则，严格落实民主集中制要求，但却知行不一，甚至无知无畏，屡次违反议事规则，终究受到党纪政务处分。

税务总局党委始终坚定不移推进全面从严治党，持续加强纪律作风建设，税务系统政治生态近年来持续向好。但仍有少数党员干部无视组织纪律，有的公然违反民主集中制原则，有的不如实报告个人事项，有的违规选拔任用干部，有的不严格执行出国（境）相关规定。这些违反组织纪律的典型案例反映出部分党员干部仍存在政治意识淡薄、组织观念涣散、纪律之弦松弛等问题。税务系统广大党员干部必须引以为戒，吸取深刻教训，警钟长鸣、防微杜渐，以案为鉴、以案促改，时刻守住“底线”、远离“红线”、不触碰“高压线”。

【整改措施】

一是持续加强党性教育，不断提升党性修养。理想信念是总开关、总阀门，思想上松一寸，行动上就会散一尺。思想松懈了，党性动摇了，违纪违法就只是时间问题了。习近平总书记曾指出，组织纪律性是党性修养的重要内容。加强组织纪律性必须增强党性。坚持了党性原则，就不会把个人凌驾于组织之上，或者使自己游离于组织之外。遵守党的组织纪律，向组织报告，听组织意见，很多问题就不会发生。月盈则亏，水满则溢。一个人不管当到多大干部都要有组织纪律性，职位越高组织纪律性应该越强，防微杜渐才能不出问题。[①] 党员不是天生的，党性不可能与生

① 中共中央文献研究室．十八大以来重要文献选编［M］．北京：中央文献出版社，2014.

俱来，更不可能一劳永逸，必须在持续不断的党性教育中形成、保持和增强。党的百年历史充分证明，党性教育是思想教育的核心，是党的优良传统和重要法宝。我们要坚定不移地把这个“传家宝”接力传承下去，不断发扬光大。案例中的L某将民主集中制看成摆设，公然违反组织议事原则，是自我修炼、自我约束不够的结果，作为共产党人，他的党性与坚守直线下滑，最终只能自尝苦果。二是严格落实民主集中制，切实提高制度执行力。民主集中制是党的根本组织制度、领导制度，也是党根本的组织纪律。党章规定，凡属重大问题都要按照集体领导、民主集中、个别酝酿、会议决定的原则，由党的委员会集体讨论，作出决定；委员会成员要根据集体的决定和分工，切实履行自己的职责。中国共产党是按照民主集中制组织起来的统一整体，任何违反民主集中制的行为，都为党的纪律所不允许。案例中，L某故意规避集体决策决定“三重一大”事项的行为，个人擅自决定本应当按照民主集中制原则和议事规则集体研究的重要问题，置党纪国法于不顾、为所欲为，触碰了纪律的高压线，受到党纪国法的严惩。

第四章 廉洁纪律

——廉洁从税的准则

中国共产党自成立以来，始终用严明的纪律管党治党，把党风廉政建设和反腐败斗争作为一项重大战略任务来抓。经过长期的探索实践，党积累了丰富的经验，制定了一系列关于严明党的廉洁纪律、加强党内监督等方面的制度规定。特别是进入新时代以来，面对世情国情党情历史性变化带来的严峻考验，以习近平同志为核心的党中央高度重视廉洁纪律建设，以零容忍、无禁区、全覆盖的态度，以反复抓、抓反复的韧劲，带领全党上下深入开展党性党风党纪教育，传承党的光荣传统和优良作风，引导形成“把以权谋私、贪污腐败看成是极大的耻辱”的价值观，倡导领导干部注重家庭家教家风，督促领导干部从严管好亲属子女，推动新时代廉洁文化建设，营造崇廉拒腐的良好风尚。以此，推动管党治党政治责任不断强化，为深入推进全面从严治党提供了重要支撑。

第一节 廉洁纪律的内涵与特点

一、廉洁纪律的内涵

廉洁纪律贯穿党组织和党员从事公务活动或者其他与行使职权有关的活动中，和党员的用权行为关联密切。如果不清楚廉洁纪律的具体要求是什么，没有弄明白能干什么、不能干什么，就有可能“无知者无畏”，甚至走向违法犯罪的深渊。准确把握新时代廉洁纪律的内涵与特点，对于一体推进不敢腐、不能腐、不想腐，推进全面从严治党向纵深发展，实现干部清正、政府清廉、政治清明、社会清朗具有重要意义。

廉洁纪律是新时代全面从严治党背景下党的建设和党的纪律建设的重点工程，其主要是指党组织和党员在从事公务活动或者其他与行使职权有关的活动中，应当遵守的廉洁用权的行为规则，是实现干部清正、政府清廉、政治清明的重要保障。党的廉洁纪律作为党的六大纪律之一，是新时代党的纪律建设的重点。2023 年 12 月，新修订的《中国共产党纪律处分条例》（以下简称《条例》）进一步细化了对违反廉洁纪律行为的处分措施，为党组织和党员划定了明确的“红线”。

为政清廉才能取信于民，秉公用权才能赢得人心。党章明确要求，党员应当时刻铭记自己身为劳动人民的普通一员，不得以任何形式谋求私利和特权，超越法律和政策所允许的范围。同时，党章也要求党的领导干部必须依法行使权力，秉持公正原则，清正廉洁，全心全意为人民服务，并自觉接受监督。对于任何违反廉洁纪律的行为，都必须严肃处理，以维护公共权力的廉洁性和公共财物的安全。

中国共产党自成立伊始，就把清正廉洁作为必备的政治品格写在了旗帜上。比如，1941 年，抗日根据地开始遭到残酷的“扫荡”，陕甘宁边区和各抗日根据地进入极端困难时期，边区军民为打破封锁、克服困难而积极开展大生产运动。同年通过的《陕甘宁边区施政纲领》强调，厉行廉洁政治，严惩公务人员之贪污行为，禁止任何公务人员假公济私之行为，共产党员有犯法者从重治罪。百年征程中，党的廉洁纪律内涵不断发展和完善，并逐渐规范化、制度化。

二、廉洁纪律的特点

作为党的纪律的重要组成部分，党的廉洁纪律既具有党的纪律的一般特征，又具有其特殊性。加强党的廉洁纪律建设是新时代推进全面从严治党和党风廉政建设的现实性要求。党的廉洁纪律主要有以下特点。

一是服务于党风廉政建设。党的十八大以来，党风廉政建设和反腐败斗争向“全面”和“从严”拓展延伸。党的廉洁纪律是党组织和全体党员在廉洁用权方面的行为准则，要求全体党员按照党纪严格要求自己、自觉抵制贪污腐败。因此，党的廉洁纪律建设必然是党风廉政建设中关于制度建设的重要组成部分，直接服务于党风廉政建设。

二是自觉性。中国共产党以马克思主义为指导，有着共同的政治理想、政治纲领和奋斗目标，而严格的党纪是实现这些目标的基础条件与有力保障。因此，各级党组织和全体党员应该把自觉遵守和严格执行党的纪律作为应尽的责任义务。党的廉洁纪律作为党的纪律的一部分，它的制定同样是建立在民主集中制的基础之上的，它集中体现了党的根本利益和意志，也体现了每个党员的个人意志。在讨论、制定和执行党的廉洁纪律时，每个党员都不同形式地参与了这个过程。因此，各级党组织和全体党员应该自觉严格遵守党的廉洁纪律，接受廉洁纪律的约束。

三是严肃性。习近平总书记在十八届中央纪委三次全会上指出，遵守党的纪律是无条件的，要说到做到，有纪必执，有违必查，不能把纪律作为一个软约束或束之高阁的一纸空文。他还强调，不能搞特殊和例外，党的各级组织应敢抓敢管，使纪律成为真正带电的高压线。某个党组织和党员个人不能以某一纪律对自己是否有利作为遵守与否的前提；不能合意的就执行，不合意的就不执行；不能口头上坚决拥护，执行中却打折扣；更不能搞“上有政策、下有对策”。党的廉洁纪律是按照法定程序通过的，一旦制定和实施，就直接适用于所有党员。所有党员干部和一般党员都要把遵守和维护党的廉洁纪律作为一项责任，严格执行，一旦违反廉洁纪律都要受到严肃制裁。

四是统一性和公平性。党纪面前人人平等，全体党员和党组织不论等级、地域、行业和部门，都必须遵守党的廉洁纪律。党员领导干部没有例外，不能搞特殊。遵守和维护党纪的责任和义务应该随着个人职务升迁、地位提高等变得更重、更大。党员干部不能因为位高权重，或者监督机制不够健全，就放松对自身的约束，甚至只用党纪来管别人，而自己不受党纪的约束。同时，在执行问题上决不能搞亲疏有别、宽严有别。总之，党的廉洁纪律对于全体党员和各级组织的要求和标准是统一的、一致的。

（三）廉洁纪律与党的其他纪律的关系

没有规矩，不成方圆。新时代加强党的纪律建设是实现全面从严治党的必然要求，而党的廉洁纪律建设则是实现廉洁从政、廉洁用权，永葆党的先进性、纯洁性的重要支撑。严明党的廉洁纪律，要求党员接受党的廉洁纪律教育、自身遵守纪律并同违纪行为作斗争，才能从根源上减少腐败问题的发生，保持党员队伍的廉洁性。回顾党的十八大以来落马的党员干部，从高层到基层，无一不是忽视了党的廉洁纪律的基本要求，忘记了身为党员干部应有的廉洁奉公、执政为民的纪律要求，最终给国家和人民的利益造成了严重损害。

从系统论的角度出发，党的廉洁纪律是党的纪律的组成部分，廉洁纪律同党的纪律之间是部分与整体的关系，同其他五大纪律共同构成了新时代党的纪律体系。廉洁纪律建设是党的纪律建设不可或缺的重要部分，党的纪律建设离不开党的廉洁纪律建设。从党的纪律体系内部而言，加强党的廉洁纪律建设有助于推进其他五大纪律建设，党的廉洁纪律建设渗透在党的其他纪律建设的过程中。廉洁纪律同党的政治纪律、组织纪律、群众纪律、工作纪律和生活纪律共同构成了党的纪律，使党的纪律成为了一个有机统一体。

第二节　廉洁纪律的具体内容与实践要求

2023 年新修订的《条例》，第八章专章规定了“对违反廉洁纪律行为的处分”，列出了违反廉洁纪律的负面清单，从第九十四条至第一百二十一条，共计 28 条。从中可以看出，《条例》开列的多为禁止性规定，详细划出了党员和领导干部不能触碰的廉洁纪律红线。这与 2016 年 1 月 1 日起施行的《中国共产党廉洁自律准则》(以下简称《准则》)有着明显不同,《准则》主要是从正面倡导,为党员和领导干部树立起一个看得见、够得着的高标准。可见,《条例》与《准则》共同构成了对党员、领导干部廉洁纪律的全方位要求和全周期管理。

一、廉洁纪律的具体内容

《条例》规定的廉洁纪律具体内容包括:

第九十四条 党员干部必须正确行使人民赋予的权力,清正廉洁,反对特权思想和特权现象,反对任何滥用职权、谋求私利的行为。

利用职权或者职务上的影响为他人谋取利益,本人的配偶、子女及其配偶等亲属和其他特定关系人收受对方财物,情节较重的,给予警告或者严重警告处分;情节严重的,给予撤销党内职务、留党察看或者开除党籍处分。

第九十五条 相互利用职权或者职务上的影响为对方及其配偶、子女及其配偶等亲属、身边工作人员和其他特定关系人谋取利益搞权权交易的,给予警告或者严重警告处分;情节较重的,给予撤销党内职务或者留党察看处分;情节严重的,给予开除党籍处分。

第九十六条 纵容、默许配偶、子女及其配偶等亲属、身边工作人员和其他特定关系人利用党员干部本人职权或者职务上的影响谋取私利,情节较轻的,给予警告或者严重警告处分;情节较重的,给予撤销党内职务或者留党察看处分;情节严重的,给予开除党籍处分。

党员干部的配偶、子女及其配偶等亲属和其他特定关系人不实际工作而获取薪酬或者虽实际工作但领取明显超出同职级标准薪酬,党员干部知情未予纠正的,依照前款规定处理。

第九十七条 收受可能影响公正执行公务的礼品、礼金、消费卡(券)和有价证券、股权、其他金融产品等财物,情节较轻的,给予警告或者严重警告处分；情节较重的，给予撤销党内职务或者留党察看处分；情节严重的，给予开除党籍处分。

收受其他明显超出正常礼尚往来的财物的，依照前款规定处理。

第九十八条 向从事公务的人员及其配偶、子女及其配偶等亲属和其他特定关系人赠送明显超出正常礼尚往来的礼品、礼金、消费卡（券）和有价证券、股权、其他金融产品等财物，情节较重的，给予警告或者严重警告处分；情节严重的，给予撤销党内职务或者留党察看处分。

以讲课费、课题费、咨询费等名义变相送礼的，依照前款规定处理。

第九十九条 借用管理和服务对象的钱款、住房、车辆等，可能影响公正执行公务，情节较重的，给予警告或者严重警告处分；情节严重的，给予撤销党内职务、留党察看或者开除党籍处分。

通过民间借贷等金融活动获取大额回报，可能影响公正执行公务的，依照前款规定处理。

第一百条 利用职权或者职务上的影响操办婚丧喜庆事宜，造成不良影响的，给予警告或者严重警告处分；情节严重的，给予撤销党内职务处分；借机敛财或者有其他侵犯国家、集体和人民利益行为的，从重或者加重处分，直至开除党籍。

第一百零一条 接受、提供可能影响公正执行公务的宴请或者旅游、健身、娱乐等活动安排，情节较重的，给予警告或者严重警告处分；情节严重的，给予撤销党内职务或者留党察看处分。

第一百零二条 违反有关规定取得、持有、实际使用运动健身卡、会所和俱乐部会员卡、高尔夫球卡等各种消费卡（券），或者违反有关规定出入私人会所，情节较重的，给予警告或者严重警告处分；情节严重的，给予撤销党内职务或者留党察看处分。

第一百零三条 违反有关规定从事营利活动，有下列行为之一，情节较轻的，给予警告或者严重警告处分；情节较重的，给予撤销党内职务或者留党察看处分；情节严重的，给予开除党籍处分：

（一）经商办企业；

（二）拥有非上市公司（企业）的股份或者证券；

（三）买卖股票或者进行其他证券投资；

（四）从事有偿中介活动；

（五）在国（境）外注册公司或者投资入股；

（六）其他违反有关规定从事营利活动的行为。

利用参与企业重组改制、定向增发、兼并投资、土地使用权出让等工作中掌握的信息买卖股票，利用职权或者职务上的影响通过购买信托产品、基金等方式非正常获利的，依照前款规定处理。

违反有关规定在经济组织、社会组织等单位中兼职，或者经批准兼职但获取薪酬、奖金、津贴等额外利益的，依照第一款规定处理。

第一百零四条　利用职权或者职务上的影响，为配偶、子女及其配偶等亲属和其他特定关系人在审批监管、资源开发、金融信贷、大宗采购、土地使用权出让、房地产开发、工程招投标以及公共财政收支等方面谋取利益，情节较轻的，给予警告或者严重警告处分；情节较重的，给予撤销党内职务或者留党察看处分；情节严重的，给予开除党籍处分。

利用职权或者职务上的影响，为配偶、子女及其配偶等亲属和其他特定关系人吸收存款、推销金融产品、经营名贵特产类特殊资源等提供帮助谋取利益的，依照前款规定处理。

第一百零五条　离职或者退（离）休后违反有关规定接受原任职务管辖的地区和业务范围内或者与原工作业务直接相关的企业和中介机构等单位的聘用，或者个人从事与原任职务管辖业务或者与原工作业务直接相关的营利活动，情节较轻的，给予警告或者严重警告处分；情节较重的，给予撤销党内职务处分；情节严重的，给予留党察看处分。

党员领导干部离职或者退（离）休后违反有关规定担任上市公司、基金管理公司独立董事、独立监事等职务，情节较轻的，给予警告或者严重警告处分；情节较重的，给予撤销党内职务处分；情节严重的，给予留党察看处分。

第一百零六条　离职或者退（离）休后利用原职权或者职务上的影

响，为配偶、子女及其配偶等亲属和其他特定关系人从事经营活动谋取利益，情节较轻的，给予警告或者严重警告处分；情节较重的，给予撤销党内职务或者留党察看处分；情节严重的，给予开除党籍处分。

离职或者退（离）休后利用原职权或者职务上的影响为他人谋取利益，本人的配偶、子女及其配偶等亲属和其他特定关系人收受对方财物，情节较重的，给予警告或者严重警告处分；情节严重的，给予撤销党内职务、留党察看或者开除党籍处分。

第一百零七条　党员领导干部的配偶、子女及其配偶，违反有关规定在该党员领导干部管辖的地区和业务范围内从事可能影响其公正执行公务的经营活动，或者有其他违反经商办企业禁业规定行为的，该党员领导干部应当按照规定予以纠正；拒不纠正的，其本人应当辞去现任职务或者由组织予以调整职务；不辞去现任职务或者不服从组织调整职务的，给予撤销党内职务处分。

第一百零八条　党和国家机关违反有关规定经商办企业的，对直接责任者和领导责任者，给予警告或者严重警告处分；情节严重的，给予撤销党内职务处分。

第一百零九条　党员领导干部违反工作、生活保障制度，在交通、医疗、警卫等方面为本人、配偶、子女及其配偶等亲属、身边工作人员和其他特定关系人谋求特殊待遇，情节较重的，给予警告或者严重警告处分；情节严重的，给予撤销党内职务或者留党察看处分。

第一百一十条　在分配、购买住房中侵犯国家、集体利益，情节较轻的，给予警告或者严重警告处分；情节较重的，给予撤销党内职务或者留党察看处分；情节严重的，给予开除党籍处分。

第一百一十一条　利用职权或者职务上的影响，侵占非本人经管的公私财物，或者以象征性地支付钱款等方式侵占公私财物，或者无偿、象征性地支付报酬接受服务、使用劳务，情节较轻的，给予警告或者严重警告处分；情节较重的，给予撤销党内职务或者留党察看处分；情节严重的，给予开除党籍处分。

利用职权或者职务上的影响，将应当由本人、配偶、子女及其配偶等亲属、身边工作人员和其他特定关系人个人支付的费用，由下属单位、其他单位或者他人支付、报销的，依照前款规定处理。

第一百一十二条　利用职权或者职务上的影响，违反有关规定占用公物归个人使用，时间超过六个月，情节较重的，给予警告或者严重警告处分；情节严重的，给予撤销党内职务处分。

占用公物进行营利活动的，给予警告或者严重警告处分；情节较重的，给予撤销党内职务或者留党察看处分；情节严重的，给予开除党籍处分。

将公物借给他人进行营利活动的，依照前款规定处理。

第一百一十三条　违反有关规定组织、参加用公款支付的宴请、娱乐、健身活动，或者用公款购买赠送或者发放礼品、消费卡（券）等，对直接责任者和领导责任者，情节较轻的，给予警告或者严重警告处分；情节较重的，给予撤销党内职务或者留党察看处分；情节严重的，给予开除党籍处分。

第一百一十四条　违反有关规定自定薪酬或者滥发津贴、补贴、奖金、福利等，对直接责任者和领导责任者，情节较轻的，给予警告或者严重警告处分；情节较重的，给予撤销党内职务或者留党察看处分；情节严重的，给予开除党籍处分。

第一百一十五条　有下列行为之一，对直接责任者和领导责任者，情节较轻的，给予警告或者严重警告处分；情节较重的，给予撤销党内职务或者留党察看处分；情节严重的，给予开除党籍处分：

（一）公款旅游或者以学习培训、考察调研、职工疗养等为名变相公款旅游；

（二）改变公务行程，借机旅游；

（三）参加所管理企业、下属单位组织的考察活动，借机旅游。

以考察、学习、培训、研讨、招商、参展等名义变相用公款出国（境）旅游的，对直接责任者和领导责任者，依照前款规定处理。

第一百一十六条　违反接待管理规定，超标准、超范围接待或者借机大吃大喝，对直接责任者和领导责任者，情节较重的，给予警告或者严重警告处分；情节严重的，给予撤销党内职务处分。

第一百一十七条　违反有关规定配备、购买、更换、装饰、使用公务交通工具或者有其他违反公务交通工具管理规定的行为，对直接责任者和领导责任者，情节较重的，给予警告或者严重警告处分；情节严重的，给予撤销党内职务或者留党察看处分。

第一百一十八条　违反会议活动管理规定，有下列行为之一，对直接责任者和领导责任者，情节较重的，给予警告或者严重警告处分；情节严重的，给予撤销党内职务处分：

（一）到禁止召开会议的风景名胜区开会；

（二）决定或者批准举办各类节会、庆典活动；

（三）其他违反会议活动管理规定行为。

擅自举办评比达标表彰、创建示范活动或者借评比达标表彰、创建示范活动收取费用的，对直接责任者和领导责任者，依照前款规定处理。

第一百一十九条　违反办公用房管理等规定，有下列行为之一，对直接责任者和领导责任者，情节较重的，给予警告或者严重警告处分；情节严重的，给予撤销党内职务处分：

（一）决定或者批准兴建、装修办公楼、培训中心等楼堂馆所；

（二）超标准配备、使用办公用房；

（三）未经批准租用、借用办公用房；

（四）用公款包租、占用客房或者其他场所供个人使用；

（五）其他违反办公用房管理等规定行为。

第一百二十条　搞权色交易或者给予财物搞钱色交易的，给予警告或者严重警告处分；情节较重的，给予撤销党内职务或者留党察看处分；情节严重的，给予开除党籍处分。

第一百二十一条　有其他违反廉洁纪律规定行为的，应当视具体情节给予警告直至开除党籍处分。

二、廉洁纪律的实践要求

《条例》关于"廉洁纪律"的相关规定，主要体现了四方面的新特点和新要求。一是旗帜鲜明反对特权思想和特权现象；二是坚持"由风及腐、风腐同治"主线和基调；三是完善了对党员干部全周期管理；四是突出了对党员领导干部"廉洁齐家"的基本要求。

自党的十八大提出"决不允许搞特权"以及党的十九大提出"坚决反对特权思想和特权现象"之后，党的二十大报告再次强调，"坚决破除特权思想和特权行为"，并且将"反对特权思想和特权现象"写入党章修正案。与之相应，《条例》在第九十四条也同样增写了"反对特权思想和特权现象"。旗帜鲜明反特权是对历史规律的深刻把握。河南内乡县一座古县衙有一副对联："得一官不荣，失一官不辱，勿道一官无用，地方全靠一官；穿百姓之衣，吃百姓之饭，莫以百姓可欺，自己也是百姓。"此联以浅显而生动的语言揭示了官民关系。共产党人也是劳动人民的普通一员，有什么理由搞特殊呢？土地革命时期，中央苏区的干部从中央政府主席到伙夫、马夫都没有工资报酬，只发生活费。毛泽东、朱德等中央苏区领导人住的是普普通通的民房，吃的是红米饭、南瓜汤，和广大群众同呼吸、共命运。1956 年 11 月，中共中央召开八届二中全会。鉴于波匈事件暴露出来的问题，会议提出要防止党内产生特权阶层。周恩来在会上指出："脱离群众，高高在上，生活特殊，讲究排场，中国的统治阶级过去是这样的，我们也很容易这样做"，刘少奇还特别指出，我们国家领导人员的生活水平应该接近人民的生活水平，不要过分悬殊。脱离群众的某些特权应该取消。[①] 旗帜鲜明反特权也是对反腐现实的清醒认识。党的十八大以来，党中央反"四风"、反腐败，锲而不舍抓作风建设，都是在同特

① 中共中央文献研究室，中共中央党校. 刘少奇论党的建设［M］. 北京：中央文献出版社，1995.

权思想、特权现象作斗争。特权是腐败的催化剂，很多腐败问题都由特权现象带来的不正之风而肇始。例如，党员领导干部违反工作、生活保障制度，在交通、医疗、警卫等方面为本人、亲属、身边工作人员和其他特定关系人谋求特殊待遇。反腐败必先反特权，从源头上消除腐败问题，就要深层次解决特权问题。

作风问题和腐败问题虽然在性质、程度及表现形式上存在一定差别，但究其本质都是党员、领导干部背离初心使命，无视群众利益的外化表现，与我们党的性质宗旨格格不入。《条例》充实了违反中央八项规定精神行为的处分依据。当前“四风”问题不断变异，《条例》坚持问题导向、目标导向，针对监督执纪实践中发现的违规送礼新情况、新问题，新增“以讲课费、课题费、咨询费等名义变相送礼”行为，旨在靶向施治，与时俱进纠“四风”。礼尚往来属于正常的人际交往，但对于掌握一定权力的党员干部，应当有更严格的要求。党员干部在日常生活中收受他人赠送的礼品礼金等，如果明显超出正常礼尚往来的范畴，就存在影响公正执行公务的廉洁风险。《条例》还增补了违规接待（涵盖公务、商务、外事等各种接待）和违反会议活动管理规定的情形。这充分释放了从严治党越来越严、越往后执纪越严的强烈信号。

《条例》深入贯彻党的二十大精神，进一步加强了对党员干部的全方位管理和经常性监督。梳理各地退休干部被查处的案例，有的在职时便存在违纪违法行为，企图利用退休逃避惩罚，妄想“退了退了，一退就了”，直至“东窗事发”；有的妄图躲避调查，与管理服务对象约定，待退休后再兑现“好处费”，上演“期权式腐败”。针对“退而不休”的现象，《条例》规定，党员领导干部离职或者退（离）休后利用原职权或者职务上的影响谋利，将受到党纪处分。《条例》第一百零五条完善了对党员领导干部离职或者退（离）休后违规从业行为的规制，新增了不得接受“与原工作业务直接相关的企业和中介机构等单位聘用”的情形。《条例》新增的第一百零六条针对离职退休后的党员领导干部利用原职权或职务上的影响，为亲属和其他特定关系人从事经营活动谋利，或者为他人谋利，亲属和其他特定关系人收受对方财物，规定了相应的处分。这警示党员领导干部无论在职还是退休，都要恪守党性原则、严守党纪法规，明确什么“可为”、什么“不可为”，确保离岗不离党、退休不褪色，在正道上发挥“余热”。

《条例》提高了对党员干部廉洁齐家的要求。《条例》第九十六条规定党员干部不得纵容、默许亲属、身边工作人员和其他特定关系人利用党员干部本人职权或职务上的影响谋利；《条例》第一百零四条新增了对党员干部为亲属和其他特定关系人经营名贵特产类特殊资源等提供帮助谋取利益的规制；《条例》第一百零七条新增了党员领导干部的配偶、子女及其配偶违反经商办企业禁业规定行为的兜底性条款。上述规定一方面进一步防范了由党员干部的亲属、身边工作人员或其他特定关系人的经营活动而可能带来的廉洁风险，引导上述人员破除利用党员干部的职权或职务影响力牟利的特权思想和特权行为；另一方面，对党员干部管理配偶、子女及其配偶等亲属提出了更为严格的要求，党员干部不得纵容、默许上述人员利用其特权或职务影响力，违规从事经商办企业等营利行为，同时负有纠正的义务。

初心易得，始终难守。中国共产党人就是为人民谋幸福、为民族谋复兴的，任何时候都不能忘记我们党的根基在人民、力量在人民。对广大党员干部而言，必须时刻严守廉洁纪律，始终牢记权为民所用，经常对照廉洁纪律的各项规定，注重在日常点滴处防微杜渐，自觉同特权思想和特权现象作斗争，习惯在受监督和约束的环境中工作生活，永葆清正廉洁的政治本色。

第三节　违反廉洁纪律的表现及危害

廉洁从政、廉洁用权、廉洁从税是党的纪律规矩在税务系统的具体运用，其中，党的廉洁纪律是基准。结合税务系统的实际情况，特别是近几年发生的违纪违法案例来看，税务干部违反廉洁纪律的行为表现及其危害大致可以从三类负面清单来把握。一是禁止性行为清单，主要体现为以权谋私；二是限制性行为清单，主要体现为利益冲突；三是复合限定性行为清单，主要体现在违反中央八项规定精神、群众反映强烈的行为[①]。

一、以权谋私、以税谋私

禁止利用职权和职务影响力谋取不正当利益，简称“以权谋私”，是廉洁从税的首要纪律规矩。党的十八大以来，随着全面从严治党的深入推进，纪律规矩中“以权谋私”的内涵、外延也在不断变化和发展。以权谋私的主体，除了传统意义上的各级税务机关、税务干部本身以外，还延伸到税务干部的近亲属、特定关系人；以权谋私之“权”既包括法定的税收执法权和行政管理权，也包括由权力衍生的社会影响力；而以权谋私之“私”，既包括可以用货币直接计量的财物，也包括难以用货币完全计量和完全无法用货币计量的各种利益和机会。各级税务机关和税务干部如不能严格执行廉洁纪律要求，就可能引发以权谋私、以税谋私等不廉行为，为此，也将受到党纪的惩处。

（一）利用职权和职务影响谋取非法财物

税务干部应该根据国家的法律规定获取薪酬以及其他合法财物。但是，利用职权和职务影响谋取合法财物之外的财物，显然是违反廉洁纪律要求的，达到法定条件还会构成贪污受贿罪。这种类型的违纪行为的主体范围较为广泛，不仅包括税务干部自身，还可以包括税务干部的近亲属、特定关系人等。这类违纪行为的主观方面均为有意或故意，包括明知故犯的直接故意和明知违纪而放任的间接故意；客观表现上既包括被动接受，也包括主动索取；所谋之财物为货币、金融产品以及其他可以用货币准确衡量价值的各种卡和物品等。随着经济社会的发展，这类违纪行为的具体

① 国家税务总局教材编写组．税务干部职业廉洁性教育读本［M］．北京：中国税务出版社，2020.

方式日益复杂多样，当前的典型表现形式有：

1. 索取、接受（收受）可能影响公正执行公务或者明显超出正常礼尚往来的财物。这类违纪行为的主体范围包括公职人员本人、近亲属和特定关系人等；接受的财物客体包括礼品、礼金、消费卡和有价证券、股权、其他金融产品等常见的现金卡券。在客观要件上，判断标准主要有两条，一是“可能影响公正执行公务”。这个判断并非基于当事人本人主观判断，而是基于客观上是否与执行公务相关联，是否存在与公正执行公务的冲突。可能影响公正执行公务的财物来源，既包括管理和服务对象所赠，也包括主管范围内的下属单位和个人所赠，还包括其工作业务范围内外商、私营企业主所赠，以及其他与行使职权有关系的单位和个人所赠。例如，税务干部收受纳税人缴费人礼品礼金，税务机关上级收受下级的礼品礼金等。二是“明显超出正常礼尚往来”。一方面，馈赠礼品要有往来，既不能有来无往，也不能多来少往；另一方面，馈赠礼品也不能明显超出当地经济发展、生活水平、风俗习惯、个人经济能力。

需要注意的是，与法律上的“受贿”不同，若税务干部本人为接受财物的主体，则不管是否主观故意，也无论是否有为他人谋取利益的意思表示或者实际行动，都构成违反廉洁纪律的行为，应当受到纪律处分。此处体现了党纪严于国法的要求。若税务干部利用职权或者职务上的影响为他人谋取利益，税务干部的近亲属和特定关系人收受财物，即使税务干部本人不知情，同样构成违反廉洁纪律的行为。因此，税务干部不仅要严以律己，更要管好“身边人”。此外，索取、接受或者收受非法财物是以权谋私的违纪行为；向国家工作人员及其家属、特定关系人等赠送可能影响公正执行公务或者明显超出正常礼尚往来的财物，也是违反廉洁纪律的行为。税务干部如果有这种行为，同样需要承担相应的违纪责任。

2. 利用职权或者职务上的影响，侵占非本人经管的公私财物。侵占行为的主体一般指公职人员本人，也包括公职人员的近亲属。比如，税务干部利用职权或者职务上的影响，将本人或近亲属的应当由个人支付的费用，由下属单位、其他单位或者他人支付、报销的，同样属于侵占行为。

侵占的行为方式包括占用、以借为名占用、以象征性地支付钱款侵占公私财物，以及无偿、象征性地支付报酬使用劳务等。与法律上规定的“贪污”不同，上述侵占行为是侵占非本人经管的公私财物，而贪污行为是指占有本人管理和经手的公共财物。

3. 私分、挪用、截留、非法占有税款、滞纳金、罚款或查封、扣押的财物以及纳税担保财物。《税收违法违纪行为处分规定》第 11 条明确规定，禁止税务机关私分、挪用、截留、非法占有税款、滞纳金、罚款或者查封、扣押的财物以及纳税担保财物。这种违纪行为的客体是税款、滞纳金、查封扣押的财物及纳税担保财物。主观条件上是故意的，客观条件规定了私分、挪用、截留、非法占有的情节。

（二）利用职权和职务影响谋取不正当利益

社会生活是丰富的，利益的表现形式不仅仅限于财物。以权谋私的“私”还可以指，利用职权或者职务影响谋求无法全部用货币计量的利益，如接受他人宴请或提供的旅游机会、借用财物、操办婚丧喜庆事宜等。这些行为本身可以用货币计量部分价值，但是其全部价值不限于此。对于税务干部而言，这些利益本身的获得是对职权和职务影响力的滥用，严重损害了税务机关的廉洁性，属于既没有法律依据、又不符合税务职业道德的不正当利益。这种行为一般不构成贪污贿赂犯罪，但是其社会影响较为恶劣，属于严重违反纪律的行为。以权谋私主体一般为公职人员，主观上都是故意，包括明知故犯的直接故意和知情而放任的间接故意。行为表现方式既包括被动接受，也包括主动索取，所谋之利为宴请、旅游、健身、娱乐等活动或者占用资源、使用劳务等。具体表现形式有：

1. 接受可能影响公正执行公务的宴请或旅游等活动。接受上述活动的主体范围一般指公职人员本人。客观条件上的限制是“有可能影响公正执行公务”。这种“可能”，由组织根据客观情况分析判断。比如，下级对上级，管理服务对象对主管部门，受监督管理的一方对实施监督管理的一方等，存在利益诉求的一方提供的宴请、旅游、健身、娱乐等活动，无论是什么标准，无论花费的是否是公款，只要是接受或提供此类活动安排，都应判定为“有可能影响公正执行公务”，都违反了廉洁纪律。

2. 利用职权或职务上的影响为身边人谋利。此类行为的主体为公职人员本人，主观上是故意的，都是自觉利用职权或职务上的影响谋利。客体上，谋取的利益范围非常广，包括在审批监管、资源开发、金融信贷、大宗采购、土地使用权出让、房地产开发、工程招投标以及公共财政支出等方面谋取利益，也包括在吸收存款、推销金融产品等方面提供帮助谋取利益，以及为家属亲友谋求特殊照顾等。

3. 纵容、默许身边人利用职权或者职务上的影响谋利。此类行为的主体为公职人员本人。主观上是故意的，纵容、默许都是知情却不加制止、不予约束。客体上，谋取的利益范围非常广，以税务干部的实际来看，主要可以分为三种情形：第一种情形包括，身边人打着税务干部的旗号，为自己经商办企业、从事中介活动、升学就业、职务提拔以及谋取其他利益拉关系、走后门。第二种情形包括，身边人在该税务干部管辖的业务范围内从事可能与公共利益发生冲突的经商、办企业活动；利用该税务干部的职权和职务上的影响为他人经商办企业提供便利，从中谋取私利；以自己的特殊身份干预该税务干部管辖业务范围内的公务；等等。第三种情形包括，以自己的特殊身份或者以税务干部的名义收受礼金、有价证券和贵重物品；在该税务干部管辖的业务范围内办私事、索要钱物、报销发票、巧立名目拉赞助等。除了上述行为，还包括税务干部的近亲属或特定关系人不实际工作而获取薪酬或者虽实际工作但领取明显超出同职级标准薪酬的情况。

4. 借用管理和服务对象的钱款、住房、车辆等，影响公正执行公务的。上述行为主体一般指公职人员本人。客体有限定条件，即管理和服务对象的，且客观条件限定为该借用行为对公正执行公务产生影响的。包括以借为名占用纳税人、扣缴义务人财物。除了常见的借用行为外，通过民间借贷等金融活动获取大额回报，影响公正执行公务的，也属于违规行为。

5. 利用职权或者职务上的影响操办婚丧喜庆事宜。操办婚丧喜庆事宜，主要是指生儿育女、结婚嫁娶、悼亡发丧、落成开业、庆祝生日、升学庆贺、乔迁新居、庆典贺礼等。婚丧喜庆本是人伦之常，而造成违规的要素是利用职权或者职务上的影响操办且对社会造成了不良影响，甚至有借机敛财或者有其他侵犯国家、集体和人民利益行为的情节。“在社会上造成不良影响”，需要参照当地经济发展、人民生活水平、风俗习惯、当时当地情况条件、群众反映和社会影响等许多因素综合分析判断。“借机敛财”，是指行为主观目的是敛取钱财，将操办婚丧喜庆事宜作为一种手段。只要是利用职权或者职务上的影响借操办婚丧喜庆事宜之机敛到钱财，不论多少都是违纪。“其他侵犯国家、集体和人民利益行为”，一般是指在操办婚丧喜庆事宜中损公肥私、因私害公，如动用公款、公车、公物、公共场地，因操办婚丧喜庆事宜损害公共利益或他人合法权益等。

6. 利用职权向纳税人缴费人介绍经营业务，谋取不正当利益的。上述行为的主体为税务干部，主观条件上是故意的。客体是介绍经营业务，客观条件上限定利用职权，并通过介绍业务谋取不正当利益。《税收违法违纪行为处分规定》明确规定，税务干部不得利用职权向纳税人缴费人介绍经营业务，包括以明显低于市场的价格向管辖范围内纳税人购买物品，以明显高于市场的价格向管辖范围内纳税人出售物品，谋取不正当利益。这是基于税务干部工作范围和内容进行的针对性规定。

（三）利用职权、职务影响或者通过不正当手段谋取机会

在社会生活中，各种机会是稀缺资源，可以为人们带来一些特殊的利益。这就使得利用职权和职务影响或者通过不正当手段谋取机会成为不廉洁行为的重要表现形式。这些机会的获得，是完全无法用货币计量的，如权权交易、权色交易、钱色交易等行为。正因为这种行为本身一般不具有经济交往的性质，因此更加具有隐蔽性，但是这种行为也会导致公共资源分配的严重不公，从而滋生大量消极腐败现象，所以被列入严重违反廉洁纪律的范围。这类违纪行为的主体一般为公职人员，主观上都是故意。行为表现方式既包括被动接受，也包括主动索取，所谋之机会可能是利益交

换、不正当性关系等。具体表现形式有：

1. 权权交易。相互利用职权或者职务上的影响为对方及其配偶、子女及其配偶等亲属、身边工作人员和其他特定关系人谋取利益。权权交易的主体一般指公职人员本人，且至少为两方以上参与，谋取的利益客体范围可以包括对方或其他近亲属及特定关系人。主观上为故意的，通过相互利用职权或者职务上的影响为对方谋利，实现利益交换。

2. 权色交易、钱色交易。违纪行为的主体一般指公职人员本人，主观条件上为主观故意的。客观条件上，权色交易、钱色交易往往具有利用职权或者职务上的影响为对方谋利而与之交易的情节。权色交易、钱色交易强调的是利益交换，如果双方是基于感情而发生不正当性关系，没有给予、获得不正当利益，应当适用违反生活纪律的规定。

二、个人行为与组织利益之间的冲突

税务干部利益冲突，一般指税务干部的个人利益与其身份所代表的组织利益之间发生的矛盾冲突。税务干部在公务活动中，因为私人利益的诱使影响到或可能影响到公共权力的正常行使，从而造成其代表的公共利益与自身追逐的私人利益相互对抗、抵触。作为公职人员，税务干部个人利益与组织利益发生冲突的行为，主观方面都是故意，在行为方面主要表现为违反了对公职人员的限制性规定而从事了各种商业性活动或者以兼职兼业等方式谋取了不正当的利益。税务干部利益冲突的表现方式主要有：

（一）违规从事营利活动

违规从事营利活动是对税务人员违规参与市场经济活动的一种概括表述。在违纪要件上，违规从事营利活动的主体是税务人员本人，客体是具体的经济活动。主观条件没有强调是故意的，因为一些行为实质上发生了，即使当事人并无违纪的动机，也可能构成违纪，具体的表现形式包括：

1. 违规经商办企业。经商办企业，主要是指经营商业、兴办企业，包括个人独资经商办企业，与他人合资、合股、合伙经商办企业，私自以承包、租赁、受聘等方式经商办企业等。经商办企业的主观目的是获取经济利益或者利润，而不论经商办企业的客观结果是否营利。关于经商办企业的规定有：1986 年 2 月中共中央、国务院印发的《关于进一步制止党政机关和党政干部经商、办企业的规定》；1988 年 10 月中共中央办公厅、国务院办公厅印发的《关于县以上党和国家机关退（离）休干部经商办企业问题的若干规定》；1992 年 6 月中共中央办公厅、国务院办公厅印发的《关于党政机关兴办经济实体和党政机关干部从事经营活动问题的通知》；全国人大常委会 2005 年 4 月审议通过、2017 年和 2018 年两次修订的《中华人民共和国公务员法》（以下简称《公务员法》）等。《公务员法》规定，公务员一律不允许经商办企业。此外，违规拥有非上市公司（企业）的股份或者证券的，包括在国（境）外注册公司或者投资入股的情况，本质上也属于经商办企业。

2. 违规买卖股票或者进行其他证券投资。自《中华人民共和国证券法》（1998 年通过，1999 年 7 月 1 日开始实施）颁布实施以来，证券市场的管理越来越规范。2001 年 4 月，中共中央办公厅、国务院办公厅印发了《关于党政机关工作人员个人证券投资行为若干规定》，该规定第三条规定："党政机关工作人员个人可以买卖股票和证券投资资金。在买卖股票和证券投资资金时，应当遵守有关法律、法规的规定。"该规定明确严禁七个方面的行为及四类人员不得买卖股票。

3. 违规从事有偿中介活动。有偿中介活动，一般是指通过为销售方、服务人和服务对象双方沟通信息、提供便利而收取财物的一种活动，实质上是一种经纪人的行为。有的干部虽未直接经商办企业，但利用职权和工作之便，从事有偿中介活动，居间牟利。有偿中介活动会扰乱市场经济秩序，影响公职人员秉公办事、秉公执法，诱发以权谋私、权钱交易。在日常生活中，在为朋友、同学、亲戚等提供信息服务、帮忙协调沟通时，假如收取财物，可能构成有偿中介活动的行为。为防止有偿中介活动，税务机关及税务干部不得违反规定要求纳税人、缴费人、扣缴义务人委托税务代理，或者为其指定税务代理机构，不得违反规定要求纳税人、缴费人购买、使用指定的税控装置。

4. 利用参与企业重组改制、定向增发、兼并投资、土地使用权出让等决策、审批过程中掌握的信息买卖股票，利用职权或者职务上的影响通过购买信托产品、基金等方式非正常获利。比如，长期利用职权和职务上的影响进行经商营利活动；长期“亦官亦商”，大肆攫取巨额经济利益，违规从事投资经营等活动，特别是利用自己在管理、审批过程中掌握的大量信息，买卖股票。

5. 违反有关规定在经济组织、社会组织等单位中兼职，或者经批准兼职但获取薪酬、奖金、津贴等额外利益。党中央、国务院明确要求党政机关干部不准在各类经济组织、社会组织中兼职（包括名誉职务），个别经批准兼职的，不得领取任何报酬。“经济组织”和“社会组织”，包括各种类型的企业（公司）、事业单位、行业组织、中介机构、社会团体等。“额外利益”一般包括顾问费、咨询费等各种名目的酬金。相关的纪律规矩有：1989 年 2 月中共中央办公厅、国务院办公厅印发的《关于清理党和国家机关干部在公司（企业）兼职有关问题的通知》；1998 年 7 月中共中央办公厅、国务院办公厅印发的《关于党政机关领导干部不兼任社会团体领导职务的通知》；2007 年国务院印发的《行政机关公务员处分条例》；2008 年 4 月中央纪委、中央组织部印发的《关于退出现职、接近或者达到退休年龄的党政领导干部在企业兼职、任职有关问题的意见》等。其中，《行政机关公务员处分条例》规定，公务员“不得从事或者参与营利性活动，在企业或者其他营利性组织中兼任职务的，给予记过或者记大过处分。情节较重的，给予降级或者撤职处分；情节严重的，给予开除处分。”

6. 党和国家机关不得违反有关规定经商办企业。此类违纪行为的主体是党和国家机关，是组织行为。党和国家机关经商办企业，超越了权责范围，影响党和国家机关的正常工作，削弱党和国家机关对国家和公共事务的领导和管理，破坏正常的市场经济秩序。具体规定有：1993 年中共中央办公厅、国务院办公厅转发国家经贸委关于党政机关与所办经济实体脱钩的相关规定，1998年中共中央办公厅、国务院办公厅印发的《关于中央党政机关与所办经济实体和管理的直属企业脱钩有关问题的通知》等。

（二）违规从业

1.税务干部的近亲属违规从业。此类违纪的主体是税务人员的近亲属，范围包括税务干部的配偶、子女及其配偶。客体是从业行为，包括经商办企业，从事中介活动等可能影响公职人员公正执行公务的经营活动。主观条件是故意，客观条件的表现形式包括：在公职人员本人管辖的业务范围内从事与管辖业务相关的中介活动，经劝阻其近亲属拒不退出或者本人不服从工作调整的；违反有关规定在公职人员管辖的地区和业务范围内从事可能影响其公正执行公务的经营活动；在公职人员管辖的地区和业务范围内的外商独资企业、中外合资企业中担任由外方委派、聘任的高级职务；违规任职、兼职取酬的，近亲属拒不纠正或公职人员不服从组织调整职务的。其中，在管辖的地区和业务范围内从事可能影响其公正执行公务的经营活动，主要是指在该党员领导干部管辖的地区和业务范围内，近亲属从事可能与公共利益发生冲突的经商办企业等活动。

与公共利益发生冲突的经商办企业活动，在税务系统具体表现为：一是与管辖的行业业务相同的经商办企业活动，即不能参与涉税鉴证、申报、代理等服务活动。二是与管辖的部门等直接发生商品、劳务、经济担保等经济关系，即不能与分管部门或基层单位有经济往来；三是在管辖的业务范围内从事由政府投资或审批的项目的投标、承包等活动，即不准参与相关单位的招投标活动；四是为该单位直接管辖的案件和具体事项提供有偿社会中介和法律服务活动，即不能参与税务案件查办、涉税事项审批、税务行政复议等。

2.离职或退（离）休后违规从业。党员领导干部离职或者退（离）休后，其原有的职权还会在一定范围、一定时期内产生影响或者发挥作用，因此，从防止利益冲突的角度，有必要对其离职或者退（离）休后的从业行为作出限制。此类违纪的主体是离职或退（离）休的公职人员。“离职”

的界定，既包括调离，也包括辞职。客体是从业行为。主观条件没有强调主观故意。客观条件的表现形式包括：离职或者退（离）休后违反有关规定接受原任职务管辖的地区和业务范围内的企业和中介机构的聘任；个人从事与原任职务管辖业务相关的营利活动；违反有关规定担任上市公司、基金管理公司独立董事、独立监事等职务。违反有关规定，主要是指违反2008年中央纪委、中央组织部印发的《关于退出现职、接近或者达到退休年龄的党政领导干部在企业兼职、任职有关问题的意见》《关于规范中管干部辞去公职或者退（离）休后担任上市公司、基金管理公司独立董事、独立监事的通知》和2017年中央组织部、人力资源社会保障部、国家工商行政管理总局、国家公务员局印发的《关于规范公务员辞去公职后从业行为的意见》。

三、税务干部违反廉洁纪律的表现及危害

党的十八大以来，以习近平同志为核心的党中央以“四风”问题为抓手，坚定不移推进党风廉政建设和反腐败斗争，积累了丰富的经验，取得了显著成效。将党的十八大以来反对“四风”所取得的经验以纪律规矩的形式加以巩固，是新时代党的纪律建设的显著特征。其中，反对享乐主义和奢靡之风的纪律要求集中体现在廉洁纪律规矩之中。新时代税务干部应时时刻刻加以警惕，自觉形成良好的工作作风和生活习惯。

以克服享乐主义和奢靡之风为目标的纪律规矩，既有禁止性的规定，也有限定性的规定。禁止性规定主要体现在违规收送礼品礼金、大办婚丧喜庆事宜等方面，这部分的规定在前述“严格禁止以权谋私”部分中已有较为全面的介绍。关于享乐主义和奢靡之风的表现主要有：

（一）违反厉行节约反对浪费的规定

2025年5月2日，中共中央、国务院发布修订后的《党政机关厉行节约反对浪费条例》对党政机关经费管理、国内差旅和因公临时出国（境）、

公务接待、公务用车、会议活动、办公用房、资源节约等做出全面规范。2023 年修订的《中国共产党纪律处分条例》，对相关行为作出了针对性的处分规定。税务部门干部队伍庞大，更要大力引导广大税务干部增强节约意识。此类违纪行为的具体表现如下：

1. 违规取得、持有、实际使用消费卡，或者违规出入私人会所。主体是指公职人员。客体是消费卡或私人会所。“消费卡”，主要是指能够用于消费的各种形式的购物卡、消费券、礼券等代币卡，如运动健身卡、会所和俱乐部会员卡、高尔夫球卡等。主观条件上是故意的。客观条件限定了违规取得、持有、实际使用消费卡或违规出入私人会所。此处的违规主要是指违反《关于在党的群众路线教育实践活动中严肃整治“会所中的歪风”的通知》《关于进一步整治“会所中的歪风”的通知》等相关制度规定。

腐化变质、违法犯罪多数是从小的生活问题、违反中央八项规定精神开始的。党中央之所以下大力气狠抓私人会所歪风，关键就在于私人会所容易滋生各类腐败问题，比如公款吃喝、权钱交易等。按照党中央关于全面从严治党和落实中央八项规定精神的要求，组织上严禁党员干部违规持有消费卡和出入私人会所行为。如果有规定要求不能取得、持有，即使是正常礼尚往来收到的消费卡，也属于违反规定。

2. 违规占用公物。《中国共产党纪律处分条例》第一百一十二条规定，利用职权或者职务上的影响，违反有关规定占用公物归个人使用，时间超过六个月，构成违纪行为。占用公物进行营利活动或将公物借给他人进行营利活动的，同样属于违规占用。违规占用的主体是公职人员本人。客体是公物，比如单位提供的周转房，房间内所配备的家具、电器及生活用品都属于公物。主观条件是故意。客观条件上限定的“违反有关规定”，主要是指违反关于公物管理和使用方面的规定，如 2025 年 5 月《党政机关厉行节约反对浪费条例》等。“归个人使用”，包括供自己、家人或者朋友等个人使用。需要注意的是，占用公物，主要是侵犯公物的使用权，公物的所有权未发生变化。若经公家催要而不退还，使用价值已尽或者将尽而无法退还的，性质就变成侵占公物。

3. 违规组织、参加用公款支付的宴请、高消费娱乐、健身活动以及违规用公款购买赠送、发放礼品。此处“违反有关规定”，主要是指违反党中央、国务院和中央纪委、中央有关部门制定出台的一系列厉行节约反对浪费相关规定。比如中央纪委、中央党的群众路线教育实践活动领导小组于2013年9月印发的《关于落实中央八项规定精神 坚决刹住中秋国庆期间公款送礼等不正之风的通知》，中央纪委于2013年11月印发的《关于严禁元旦春节期间公款购买赠送烟花爆竹等年货节礼的通知》，特别是中央八项规定精神及其实施细则和相关配套规定。

违规组织、参与上述行为的主体是税务人员本人。客体是用公款支付的宴请、高消费娱乐、健身活动或相关礼品。高消费娱乐、健身活动，是指明显超出我国目前经济发展整体水平和广大人民群众生活水平以及干部薪金收入水平的活动。鉴于我国各地经济发展并不平衡，可结合各地实际情况执行。主观条件不需要故意的动机，因此，参与违规组织的宴请等活动，即使不知情，也可能构成违纪行为。客观条件规定，不管是组织还是参与用公款支付的上述活动都属于违规行为，责任人员既包括组织者、也包括参加者，无论是批准的人还是单纯参加的人，都应视情况给予一定的处分。

4. 违规自定薪酬以及违规滥发津贴补贴、奖金等行为。违规自定薪酬的主体或者滥发津贴、补贴、奖金的主体一般不是个人，往往是由党组织集体决定。进行责任认定时，对于以集体会议研究决定的方式进行集体决策的都属于责任人员。但在决策过程中明确表明反对意见的人不受追究。客体是薪酬、津贴补贴、奖金等。主观条件是故意。客观条件中的“违反相关规定”，是指工资发放的具体规定及发放津贴补贴的相关规定。自定薪酬以及违规滥发津贴补贴、奖金的表现形式包括：通过巧立名目滥发钱物，以值班费、工作表彰为名发放普惠性质的补助或奖励，以办公用品、会议费等名义虚列开支套取费用滥发财物，通过私设“小金库”滥发财物，擅自扩大发放范围、提高发放标准等。

5. 违规公款旅游或者变相用公款旅游。公款旅游的主体是指公职人员本人。客体是旅游。主观条件是故意。客观条件是违反《党政机关厉行节约反对浪费条例》及关于国内差旅和因公临时出国（境）等方面的规定，用公款旅游或通过更加隐蔽的方式，实质上实现了用公款旅游。比如打着单位集体活动、职工疗养休养等幌子公款旅游；擅自变更行程、绕道绕远借公务之机游山玩水；以学习培训、考察调研为名公款旅游；参加所管理企业、下属单位组织的考察活动，借机旅游等。在出国境管理方面，借延长公务行程出境旅游，通过虚报住宿天数和费用方式报销，参加论坛活动主办方安排的以文化交流为名的出境旅游等，都属于违规行为。

6. 违规接待、借机大吃大喝。违规接待的主体是组织有关接待活动的直接责任者和领导责任者。客体是接待。主观条件没有要求是故意，因而被动参与违规组织的接待也可能构成违纪。客观条件的表现包括违反公务接待管理规定，超标准、超范围接待或者借机大吃大喝。“违规”主要指违反公务接待管理规定，包括《党政机关厉行节约反对浪费条例》《党政机关国内公务接待管理规定》《关于厉行节约反对浪费的意见》及其他关于公款接待的规定。“超标准、超范围接待或者借机大吃大喝”，主要是指公务接待安排的迎送方式、陪同人数、活动场所、活动项目和活动方式、住宿、用餐以及出行活动的标准和范围等，超过了相关规定，或者在公务接待活动中，接待单位在安排用餐时多次宴请，或者陪餐人数过多，或者超过用餐标准，提供高档菜肴或者野生保护动物制作的菜肴，提供香烟和高档酒水，目前税务系统的公务接待一律不得饮酒，包括个人自带酒、含酒精的饮料，或者使用私人会所、高消费餐饮场所接待等奢侈浪费行为。

7. 违反公务用车管理规定。违反公车管理规定的主体可以是直接责任者和领导责任者，也可以是党政机关单位，客体是公务用车。有关管理规定主要包括《党政机关公务用车管理办法》《党政机关厉行节约反对浪费条例》《关于全面推进公务用车制度改革的指导意见》等。从主观条件来看是故意，客观条件指违规配备、购买、更换、装饰、使用公务交通工具等违反公车管理规定的行为。具体表现形式包括：领导干部购买和更换超过规定标准的小轿车；以特殊用途等理由变相超编制、超标准配备公务用车；换用、借用、占用下属单位或其他单位和个人的车辆；接受企事业单位和个人赠送的车辆；违反用途使用或固定给个人使用执法执勤、机要通信等公务用车；以公务交通补贴名义变相发放福利；乘坐火车、飞机违反规定用公款超标准购买座位、舱位；等等。

8. 违反会议活动管理规定以及违规举行评比达标表彰活动。违反会议活动管理规定的主体可以是直接责任者和领导责任者，也可以是党政机关单位。客体是会议活动或评比达标表彰活动。主观条件是故意。客观条件中的“会议活动管理规定”，主要是指《党政机关厉行节约反对浪费条例》《关于严禁党政机关到风景名胜区开会的通知》《中央和国家机关会议费管理办法》等规定。《关于严禁党政机关到风景名胜区开会的通知》规定：“各级党政机关一律不得到八达岭—十三陵、承德避暑山庄外八庙、五台山、太湖、普陀山、黄山、九华山、武夷山、庐山、泰山、嵩山、武当山、武陵源（张家界）、白云山、桂林漓江、三亚热带海滨、峨眉山—乐山大佛、九寨沟—黄龙、黄果树、西双版纳、华山 21 个风景名胜区召开会议，禁止召开会议的区域范围以风景名胜区总体规划确定的核心景区地域范围为准”。“违规举办各类节会、庆典活动”，主要是指违反中共中央办公厅、国务院办公厅 2012 年颁布的《节庆活动管理办法（试行）》及实施细则的规定，未按规定的审批权限、原则和程序，决定或者批准举办节会、庆典活动的行为。

9. 违反办公用房管理规定。违反办公用房管理规定的主体可以是直接责任者和领导责任者，也可以是党政机关单位。客体是办公用房。主观条件是故意。客观条件包括违反办公用房管理规定。具体表现有：决定或者批准兴建、装修办公楼、培训中心等楼堂馆所的；超标准配备、使用办公用房，即配备使用超过规定面积、装修标准的办公用房；违反规定用公款为个人购房、装修房屋的行为；用公款包租、占用客房或者其他场所供个人使用。“占用”，一般是指无偿或者支付明显低于市场价格的费用，包括占有和使用宾馆、饭店、私人会所或者其他场所的房间供个人使用的行为。“供个人使用”，既包括供个人办公使用，也包括供个人住宿使用、堆放杂物等。“用公款包租”，主要是指用公款将宾馆、饭店、私人会所或是其他场所的一个或者多个房间租下来，无论是否使用，该房间或者场所的使用权都归某特定人。

（二）违反工作生活待遇规定

1. 违反工作、生活保障制度谋求特殊待遇。谋求特殊待遇的主体一般指领导干部。客体主要是指按照规定不应享受的待遇，或者超过规定标准的待遇。主观条件是故意。“谋求”，一般是指党员领导干部利用职权或者职务上的影响主动要求并获得。客观条件是违反工作、生活保障制度，主要是指党员领导干部待遇方面的法规制度，包括党员领导干部住房、办公用房、用车、工作人员配备、医疗、休假休息、交通、安全警卫等方面的法规制度和相关具体规定。党的十八届三中全会要求“规范并严格执行领导干部工作生活保障制度”。党和国家对党员领导干部的生活待遇标准是有明确规定的，党员领导干部一律不得搞特殊化。

2. 在分配、购买住房中侵犯国家、集体利益。此类违纪的主体是公职人员本人，客体是房改房、经济适用房、廉租住房等保障性住房。主观条件是故意，客观条件是违反国家住房分配、购买有关规定。具体表现有：借房改之机超过现职级面积标准多占住房；重复享受福利分房政策多买房改房；违反规定买卖经济适用房、廉租住房等保障性住房，侵犯国家、集体利益等。

第四节 树立正确的权力观和利益观：恪守廉洁纪律的保障

在长期执政的条件下党要实践立党为公、执政为民的宗旨就必须要求党员领导干部树立正确的权力观和利益观。党员干部的权力观、利益观正确与否会直接影响党和人民群众的关系，关系党的领导作用正确发挥，决定党的执政地位巩固。邓小平在谈到权力观的问题时曾指出，我们拿到这个权以后就要谨慎。不要以为有了权就好办事，有了权就可以为所欲为，那样就非弄坏事情不可。在谈到权力观和利益观时，邓小平提出了“领导就是服务”的观点。江泽民针对当前领导干部存在的突出问题，明确提出了领导干部要树立正确的权力观、地位观、利益观，切实解决好为谁当官、为谁掌权、为谁服务的问题。胡锦涛则更加明确地指出，领导干部不树立正确的世界观、人生观、价值观，不解决好权力观、地位观、利益观的问题，就不可能领导好改造客观世界的工作。习近平总书记在 2019 年春季学期中央党校（国家行政学院）中青年干部培训班开班式上进一步强调，要牢记清廉是福、贪欲是祸的道理，树立正确的权力观、地位观、利益观，任何时候都要稳得住心神、管得住行为、守得住清白。正风肃纪反腐实践表明，这权力观、利益观对税务系统党员领导干部具有特殊意义，是一道必答题。能够树立正确的权力观、利益观，成长进步，大道直行；否则，蜕化变质，枉道速祸。

一、树立正确的权力观

权力观旨在回答“权力从何而来、权力为谁而用”的问题。马克思主义权力观，概括起来就是要做到权为民所赋、权为民所用。立党为公、执政为民是我们党的执政理念。

（一）增强依法用权的法治意识

“勇于自我革命是中国共产党区别于其他政党的显著标志”。[①] 中国共产党自成立以来，始终不渝地坚持党要管党、全面从严治党，教育和引导广大党员领导干部正确对待和运用好党和人民赋予的权力，自觉接受人民监督，不断进行自我革命，使党的事业充满蓬勃生机和活力。党的十八大

① 习近平 . 习近平著作选读：第一卷［M］. 北京：人民出版社，2023.

以来，以习近平同志为核心的党中央从不断推进自我革命、确保党长期执政的战略高度，要求各级领导干部解决好世界观、人生观、价值观这个“总开关”问题，珍惜权力、管好权力、慎用权力，自觉接受各方面监督，牢固树立正确的权力观，切实提高拒腐防变和抵御风险能力，时刻保持共产党人的政治本色，因而党的自我净化、自我完善、自我革新、自我提高能力显著增强。

树立正确的权力观，是推进党的自我革命、跳出治乱兴衰历史周期率的必然要求。中国共产党作为执政党，如何跳出“其兴也勃焉，其亡也忽焉”的历史周期率？对此，中国共产党人对加强公权力监督进行了不懈的探索和实践。习近平总书记指出：“我们党历史这么长、规模这么大、执政这么久，如何跳出治乱兴衰的历史周期率？毛泽东同志在延安的窑洞里给出了第一个答案，这就是‘只有让人民来监督政府，政府才不敢松懈’。经过百年奋斗特别是党的十八大以来新的实践，我们党又给出了第二个答案，这就是自我革命。”[①]教育引导广大领导干部牢固树立正确的权力观，构建起一套行之有效的权力监督制度和执纪执法体系，这是推进党的自我革命、跳出历史周期率的应有之义。

树立正确的权力观，是发展社会主义民主政治的必然要求。在社会主义社会，人民是国家和社会的主人，国家的一切权力属于人民。因此，为了保障人民民主，就必须确保党和人民赋予的权力不被滥用。诚如习近平总书记所指出的，“马克思强调，社会主义国家的一切权力属于人民，一切公职人员必须‘在公众监督之下进行工作’”[②]。广大领导干部只有牢固树立正确的权力观，行使好党和人民赋予的权力，才能体现社会主义民主政治发展的内在要求，也才能彰显社会主义国家的基本性质。

树立正确的权力观，是推进中国式现代化的必然要求。现代化是一个世界性的历史进程，在不同国度和不同社会条件下，必然形成不同的现代

① 习近平．以史为鉴、开创未来，埋头苦干、勇毅前行［J］．求是，2022（1）．

② 习近平．在新的起点上深化国家监察体制改革［J］．求是，2019（5）．

化类型。中国式现代化，是中国共产党领导的社会主义现代化，既有各国现代化的共同特征，更有基于自己国情的中国特色。中国式现代化离不开法治的保障，必须在法治轨道上全面建设和推进。在法治轨道上全面建设社会主义现代化国家，就必须处理好法治与人治的关系，将公权力的行使建立在法治的基础之上。这就要求广大领导干部树立正确的权力观，不断增强依法用权的法治意识，努力养成珍惜权力、管好权力、慎用权力的法治习惯。因此，习近平总书记强调，各级领导干部都要牢记，任何人都没有法律之外的绝对权力。①

（二）坚持为人民掌好权用好权

人民性是中国式现代化的本质属性。习近平总书记指出："我们要坚守人民至上理念，突出现代化方向的人民性。"②教育引导党的各级领导干部牢固树立正确的权力观，坚持为人民掌好权用好权，这是我们党领导中国式现代化建设的根本立足点。法治的根基在人民，坚持人民至上，是树立正确的权力观的精髓要义，也是坚定不移在法治轨道上全面建设社会主义现代化国家的根本立场。

一是要坚持"权为民所赋、权为民所用"的历史唯物主义权力观。人民是历史的创造者，是推动社会变革的决定性力量。这是马克思主义唯物史观的基本原理。习近平总书记强调，人民是我们党执政的最大底气，是我们共和国的坚实根基，是我们强党兴国的根本所在。"马克思主义权力观概括起来就是两句话：权为民所赋，权为民所用"。③前一句话指明了权力的根本来源和基础，后一句话指明了权力的根本性质和归宿。全心全意为人民服务是我们党的唯一宗旨，也是马克思主义权力观同资本主义权力观的根本区别。坚持历史唯物主义权力观，就必须始终牢记社会主义国家

---

① 2013 年 1 月 22 日，习近平总书记在十八届中央纪委二次全会上的讲话。

② 2023 年 3 月 15 日，习近平总书记在中国共产党与世界政党高层对话会上的主旨讲话。

③ 2010年9月1日，时任中共中央政治局常委、中央书记处书记.中央党校校长的习近平在中央党校 2010 年秋季学期开学典礼上的讲话。

的一切权力都是属于人民的，始终牢记作为在全国执掌政权的执政党，广大党员领导干部手中的权力都是人民赋予的，始终牢记党员领导干部手中的权力只能用来为人民谋利益。

二是要把握好以人民为中心的权力行使准则。维护人民根本利益，增进民生福祉，不断实现发展为了人民、发展依靠人民、发展成果由人民共享，让现代化建设成果更多更公平惠及全体人民。坚持以人民为中心的发展思想，要体现在经济社会发展各领域各方面各环节。要行使好人民赋予的权力，着力解决好人民最关心最直接最现实的利益问题，使人民获得感、幸福感、安全感更加充实、更有保障、更可持续。要确立问题导向，坚持有权必有责，把权力的行使与责任的担当内在地联结在一起，强化行使权力的责任感，将人民群众满意作为行使权力的根本标准。

三是要让人民监督权力的运行。人民是我们党领导和执政的力量源泉。树立正确的权力观，就必须自觉接受人民监督。人民群众中蕴藏着治国理政、管党治党的智慧和力量，从严治党必须依靠人民。各级领导干部在行使权力的过程中，要积极畅通人民群众建言献策和批评监督的渠道，充分发挥人民群众对于权力行使的监督作用。要用好现行宪法赋予人大的监督权，支持和保证人民通过人民代表大会行使包括监督权在内的国家权力。正如习近平总书记所强调的，人民代表大会制度的重要原则和制度设计的基本要求，就是任何国家机关及其工作人员的权力都要受到制约和监督。①

（三）推进公权力运行法治化

在现代社会，法治的基本特点是：国家和社会生活的统治形式和统治手段主要是法律；国家机关及其公职人员不仅仅运用法律，而且其本身也要受到法律的约束；法律是衡量国家、组织及个人行为的基本标准。在法治轨道上全面建设社会主义现代化国家的时代进程中，树立正确的权力观，就必须运用法律形式为国家公权力的行使设定必要的原则和程序，通

① 2019年9月，习近平总书记在庆祝全国人民代表大会成立六十周年大会上的讲话。

过法律明确规定公权力的内容、行使范围、运作方式等，超越法律规定而行使的权力是非法的、无效的。因此，税务系统各级党组织和党员领导干部要带头厉行法治，坚持“有权必有责，用权受监督，失职要问责，违法要追究，保证人民赋予的权力始终用来为人民谋利益”，从而不断提高依法执政的能力和水平，不断推进各项治国理政活动的制度化、法律化。

第一，要提高领导干部依法用权的法治思维和依法办事能力。习近平总书记强调，“领导干部提高法治思维和依法办事能力，关键是要做到以下几点。一是要守法律、重程序，这是法治的第一位要求。二是要牢记职权法定，明白权力来自哪里、界线划在哪里，做到法定职责必须为、法无授权不可为。三是要保护人民权益，这是法治的根本目的。四是要受监督，这既是对领导干部行使权力的监督，也是对领导干部正确行使权力的制度保护”[①]。各级领导干部只有对宪法和法律保持敬畏之心，牢固确立法律底线不能逾越的法治观念，不搞以言代法、以权压法、徇私枉法，正确的权力观才能真正地确立起来。

第二，在法治轨道上行使权力。在当代中国，各级领导干部树立正确的权力观，就必须切实解决好权大还是法大的问题。习近平总书记指出：“对各级党政组织、各级领导干部来说，权大还是法大则是一个真命题。纵观人类政治文明史，权力是一把双刃剑，在法治轨道上行使可以造福人民，在法律之外行使则必然祸害国家和人民。”[②]因此，在法治轨道上行使权力，必须把厉行法治作为治本之策，运用法治方式确立权力运行的基本规矩，做到依法设定权力、规范权力、制约权力、监督权力，从而为正确行使权力打下坚实的法治基础。

第三，要切实增强依法用权的执法司法公信力。执法司法公信力是衡量公权力公正行使的重要社会评价尺度。树立正确的权力观，切实增强执法司法的社会公信力，已经成为坚持党的自我革命、推进中国式现代化亟

---

①② 2015年2月，习近平总书记在省部级主要领导干部学习贯彻党的十八届四中全会精神全面推进依法治国专题研讨班上的讲话。

待解决的突出问题。习近平总书记强调：“公生明，廉生威。执法司法是否具有公信力，主要看两点，一是公正不公正，二是廉洁不廉洁。”[①]因此，树立正确的权力观，必须扭住职业良知、坚守法治、制度约束、公开运行等环节，坚持不懈地加强提升执法司法公信力的体制、制度和机制建设，最大限度地减少权力出轨、个人寻租的机会，让执法司法工作更加为人民群众所接受和认同。

（四）权力必须有制约和监督

法治的对立面是使用不确定的权力。要约束这种不确定的权力，就必须通过法律加强对权力运行的制约和监督。在社会主义国家，加强对权力的制约和监督，就是为了使国家权力真正按照人民的意志去行使，防止和反对权力的滥用。因此，教育引导广大党员领导干部树立正确的权力观，就必须高度重视权力的制约和监督问题，从而确保人民赋予的权力始终用来为人民谋幸福。

要让权力在阳光下运行。现在，人人都有摄像机，人人都是麦克风，人人都可发消息。国家公职人员行使权力的活动时刻处在公众视野里，并且常常处于媒体聚光灯下。种种情形，都给加强权力运行的制约和监督带来了新的课题。对此，习近平总书记强调，“马克思、恩格斯说过：一切公职人员必须‘在公众监督之下进行工作’，这样‘能可靠地防止人们去追求升官发财’和‘追求自己的特殊利益’”。[②]因此，广大领导干部树立正确的权力观，就必须进一步强化政务公开理念，让权力在阳光下运行，坚持以公开促公正、以透明保廉洁，增强主动公开、主动接受监督的意识，完善机制，提高权力行使的透明度，让暗箱操作没有空间。

要强化对公权力的监督制约。权力运行的制约和监督的目的是保证公权力正确行使，更好促进干部履职尽责、干事创业。习近平总书记强调，

---

① 2014 年 1 月，习近平总书记在中央政法工作会议上的讲话。

② 2014 年 1 月，习近平总书记在十八届中央纪律检查委员会第三次全体会议上的讲话。

国家监察是对公权力最直接最有效的监督，国家之权乃是“神器”，是个神圣的东西。公权力姓公，也必须为公。只要公权力存在，就必须有制约和监督。不关进笼子，公权力就会被滥用。因此，要强化对公权力的监督制约，合理分解公权力部门、组织的权力，科学配置权力，严格职责权限，完善权责清单制度，加快推进机构、职能、权限、程序、责任法定化，从而严格按照法定权限和程序行使权力。

要加强反腐倡廉法规制度建设。反腐倡廉法规制度建设的核心是制约和监督权力。腐败的本质是权力出轨、越轨。在党风廉政建设中，反腐倡廉法规制度体现了标本兼治的要求，为教育引导各级领导干部树立正确的权力观、构筑起遏制腐败现象滋生蔓延的“堤坝”，形成有效的激励约束机制。因此，习近平总书记强调，反腐倡廉法规制度建设，关键是制约和监督权力。要围绕授权、用权、制权等环节，合理确定权力归属，划清权力边界，厘清权力清单，强化权力流程控制，压缩自由裁量空间，杜绝各种暗箱操作，把权力运行置于党组织和人民群众监督之下，最大限度减少权力寻租空间。法规制度的生命力在于执行。反腐倡廉法规制度一经建立，就要认真抓好贯彻落实，切实提高法规制度的执行力，形成权力运行制约和监督的强大推动力，从而让铁规发力、让禁令生威，确保各项法规制度落地生根。

二、树立正确的利益观

马克思主义认为，利益是社会发展的基础，追求利益是人类一切社会活动的动因。人们奋斗所争取的一切，都同利益有关。利益观，就是对待和处理利害关系的观点和态度。古今中外，不同的社会阶层或社会团体，因为所处的经济、社会地位不同，产生过各种各样的利益观。《中国共产党廉洁自律准则》第一条便是“坚持公私分明，先公后私，克己奉公”。党章同样强调，坚持党和人民的利益高于一切，个人利益服从党和人民的利益，吃苦在前，享受在后，克己奉公，多做贡献，是党员必须履行的义务之一。克己奉公，是党章党规对每名党员提出的具体要求，也是每名党员理应守好的本分。

然而，当下一些党员干部受社会价值观多元化冲击，利益观发生扭曲变形，有的禁不住诱惑，甘于被“围猎”，被“糖衣炮弹”所击倒；有的私心作祟、私欲膨胀，在追名逐利中模糊了公私界限；还有的目无法纪，假公济私、以权谋私，堕入违纪违法的深渊，等等，教训极其深刻。对此，党员干部应当经常自警自省，认清“公私一念间，荣辱两世界”的朴素道理，始终坚持党的事业第一、人民利益第一，持续涵养克己奉公的操守，提高拒腐防变的能力，为纯洁巩固一方良好政治生态作出自己的一份贡献。

（一）按照党员标准严格要求自己

党员干部树立正确的利益观，首先要按照党员标准严格要求自己。要认真学习中国特色社会主义理论体系，认真学习党的二十大及二十届三中全会精神和习近平总书记系列重要讲话精神等党的最新理论创新成果，力求学深学透学细学实，做到真学真懂真信真用，努力提高政治理论素养和道德水平，从主观上树立正确的利益观，坚持人民利益至上的自觉性。当今社会，利益多元、观念多样、思想多变，如何过好“金钱关”、“权力关”，对每一个党员干部都是一场严峻的考验。因此，每名党员干部都应加强党性修养和锻炼，正确处理好在“公与私”、“得与失”、“利与义”的关系。

（二）树立正确的权力观和地位观

党员干部树立正确的利益观，必须树立正确的权力观和地位观。立党为公、执政为民，是中国共产党的本质特征，也是无产阶级政党区别于其他政党的显著标志。毛泽东同志在《论联合政府》中指出，共产党人的一切言论行动，必须以合乎最广大人民群众的最大利益，为最广大人民群众所拥护为最高标准[①]。因此，党员干部必须正确看待和运用手中的权力，始

① 毛泽东．毛泽东选集：第3卷［M］．北京：人民出版社，1991.

终以党和人民的事业为重，为人民掌好权、用好权，用人民赋予的权力服务于人民、造福于人民，绝不以权谋私。必须把人民群众的利益放在首位，始终把实现好、维护好、发展好最广大人民的根本利益作为全部工作的出发点和落脚点，把人民拥护不拥护、人民赞成不赞成、人民高兴不高兴、人民答应不答应作为一切工作的出发点和归宿点，做到权为民所用、情为民所系、利为民所谋。只有这样，党员干部才能在践行社会主义核心价值观中发挥先锋模范带头作用。

（三）加强制度的约束和规范

党员干部树立正确的利益观，还要进一步加强制度的约束和规范。党员干部要成为践行社会主义核心价值观的模范，靠教育，更要靠制度约束和规范。我们应当既注重正确的利益观教育，更要用制度的约束和规范，来增强党员干部践行社会主义核心价值观的意识，纠正党员干部中存在的非正确的利益观，防止一些党员干部为追求个人利益而不惜抛弃社会职责和人格良心，滥用权力、以权谋私。要将约束和规范贯穿于思想、道德教育的过程之中，把教育的成效落实到对约束规范的遵循和执行上，确保党员干部在践行社会主义核心价值观中切实起到先锋模范带头作用。同时，我们要进一步深化干部人事制度改革，按照信念坚定、为民服务、勤政务实、敢于担当、清正廉洁的“好干部”标准，充分发挥选人用人的杠杆和导向作用，努力使党员干部自觉成为践行社会主义核心价值观的先锋模范。

第五节　深刻的教训：违反廉洁纪律典型案例剖析

“作风建设永远在路上，必须常抓不懈。”[①]党的十八大以来，税务系统

① 中共中央党史和文献研究院. 习近平关于加强党的作风建设论述摘编［M］. 北京：中央文献出版社，2025.

严格落实党中央部署、中央纪委国家监委要求，持之以恒落实中央八项规定精神、寸步不让纠治“四风”，不断巩固拓展作风建设成效。但在越往后盯得越紧、执纪越严的高压态势下，税务系统依然有少数人员管不住自己的“手”、管不住自己的“嘴”，顶风违纪背后的原因是什么？需要采取哪些措施来打好违反中央八项规定精神问题的攻坚战、持久战？下面，我们一起来看看两起税务干部违规收受礼金问题案例，一起思考案件所暴露出来的问题，希望通过典型案例的剖析，引导党员干部学纪、知纪、明纪、守纪，进一步筑牢拒腐防变思想防线。

【案例描述】

1. 2017 年 9 月底，某娱乐有限公司工作人员 L 某和会计 T 某到 X 市某区税务局 A 税务所办理业务过程中，给管理员 M 某送了用牛皮纸信封装的现金 1600 元，M 某当场收下，事后未退还或按规定上交。2018 年春节前的一个晚上，M 某联系 T 某，让其帮忙在某娱乐有限公司安排一个唱歌的包房，T 某向该公司股东 Z 某和工作人员 L 某汇报了此事，L 某按照 Z 某的指示给 M 某安排了包房并以拜年的名义给 M 某送了现金 2000 元，还为 M 某免去了当晚全部消费费用 1200 元，M 某收受了礼金并接受了免单，事后未退还或按规定上交，也未向某娱乐有限公司支付消费费用。M 某受到党内警告处分。

2. 2019 年 1 月初，C 市某区税务局 D 税务所所长 F 某与该所副所长 Z 某、管理员 H 某在 C 市一餐厅二楼一个包房接受了某娱乐有限公司股东 W 某、工作人员 L 某和会计 T 某的宴请，餐费约 1300 元，此外还饮用了 1 瓶某娱乐有限公司提供的红酒，席间 3 人分别收受该公司工作人员所送礼金 3000 元，共计 9000 元，事后 F 某未退还或按规定上交。F 某、Z 某、H 某受到党内警告处分。

【纪法分析】

M 某、F 某等 4 名干部身为中共党员，违规接受管理服务对象礼金和娱乐活动安排，其行为违反了中央八项规定精神和廉洁纪律。反映出少数税务干部理想信念动摇，宗旨意识淡化，滋生享乐主义，漠视纪律规矩；对政治理论和党纪法规的学习流于形式，不深刻不透彻，没有入脑入心，存在侥幸心理。

国家税务总局早在2013年9月印发《关于严肃纪律促进廉洁从税的通知》，明确规定税务人员“不得利用职务之便接受纳税人和基层出资的旅游、健身、娱乐、宴请等活动安排，收受纳税人和基层赠送的财务以及会员卡、消费卡”。

《中国共产党纪律处分条例》第九十七条规定：“收受可能影响公正执行公务的礼品、礼金、消费卡（券）和有价证券、股权、其他金融产品等财物，情节较轻的，给予警告或者严重警告处分；情节较重的，给予撤销党内职务或者留党察看处分；情节严重的，给予开除党籍处分。”

第一百零一条规定：“接受、提供可能影响公正执行公务的宴请或者旅游、健身、娱乐等活动安排，情节较重的，给予警告或者严重警告处分；情节严重的，给予撤销党内职务或者留党察看处分。”

第一百零二条规定：“违反有关规定取得、持有、实际使用运动健身卡、会所和俱乐部会员卡、高尔夫球卡等各种消费卡（券），或者违反有关规定出入私人会所，情节较重的，给予警告或者严重警告处分；情节严重的，给予撤销党内职务或者留党察看处分。”

最终，M某、F某四人均受到党内警告处分。

【警示警戒】

本案例中，M某、F某等本应是基层税务所的“领头羊”，他们不仅需要对自己的行为负责，而且他们的行为会直接影响税务所的风气。但由于法纪意识淡薄、自我要求不严、存在侥幸心理，最终导致了接受宴请和收受红包问题的发生。

问题产生的原因主要在于：

一是理想信念动摇，宗旨意识淡化。对政治理论和党纪法规的学习流于形式，特别是对廉洁纪律和中央八项规定精神的学习不深刻不透彻，没有入脑入心。日常工作中没有做到以共产党员的标准严格要求自己，违背了自己的初心，滋生了享乐主义。二是自我要求不严，侥幸心理作祟。M某、F某等面对诱惑未能洁身自好，严格约束自己的行为。究其原因，主要是思想上对党规党纪缺乏敬畏，存在侥幸心理，认为偶尔吃一次饭收一次红包没有人会知道，导致了违纪行为的发生。三是监督管理不到位。特别是八小时以外的监督存在缺位、乏力的现象，对少数党员干部苗头性、倾向性的问题未能及时抓早抓小。

[整改措施]

一是强化党性教育，坚定理想信念。要加强对党员干部的党性教育，增强党员干部宗旨意识，筑牢理想信念堤坝，提高拒腐防变能力。二是以案为鉴，深入开展警示教育。组织全局干部职工认真开展学习和讨论，严格对照自身问题自查自纠，将纪律是“带电的高压线”的观念深植人心，引导党员干部吸取教训、防微杜渐，自觉树立规矩意识，不碰红线、不触底线，不断提高自律意识和法制观念。三是税务干部自身要提高免疫力，克服侥幸心理。在日常工作中，领导干部要带头遵守廉洁纪律规定，自觉抵制不廉洁行为，切实提升自身免疫力，克服“数额小不要紧”的侥幸心理。四是强化监督管理。要切实加强基层党建工作，加强对党员干部“八小时以外”的监督。要督促基层党支部充分运用监督执纪“第一种形态”，让“红脸出汗”“咬耳扯袖”成为常态，同时要加大监督执纪问责力度，始终保持从严执纪的高压态势，对苗头性、倾向性问题坚持抓早抓小抓常，切实推动中央八项规定精神落地生根。

第五章　群众纪律

——为民收税的基石

群众路线彰显了中国共产党的价值之所在、力量之所在、根基之所在。中国共产党自诞生之日起，就把全心全意为人民服务作为根本宗旨。习近平总书记强调：“对一切侵犯群众合法权利的行为，对一切在侵犯群众权益问题上漠然置之、不闻不问的现象，都必须依纪依法严肃查处、坚决追责。”[①] 严明的群众纪律是党的性质宗旨、初心使命和作风形象的具体展现，是我们党区别于其他政党的显著标志。群众纪律建设是推进党的作风建设和纪律建设的重要举措，是夯实党执政的阶级基础和群众基础的坚强保证。我们要以党纪学习教育、中央八项规定精神为契机，推动广大党员干部严守群众纪律，密切党同人民群众的血肉联系，不断巩固党的执政根基。群众纪律是党的各级组织和全体党员坚持以人民为中心的发展思想和处理党群关系时必须遵守的行为规则，充分体现了党的性质和宗旨，是密切党群关系、克服脱离群众危险的重要保证。党的群众纪律建设，一刻都不能放松。

第一节　群众纪律的内涵与特点

一、群众纪律的内涵

群众路线彰显了中国共产党的价值之所在、力量之所在、根基之所

---

① 2022 年 2 月 25 日，习近平总书记在中共中央政治局第三十七次集体学习时强调。

在。中国共产党自诞生之日起，就把全心全意为人民服务作为根本宗旨。习近平总书记在中共中央政治局第三十七次集体学习时强调："对一切侵犯群众合法权利的行为，对一切在侵犯群众权益问题上漠然置之、不闻不问的现象，都必须依纪依法严肃查处、坚决追责。"严明的群众纪律是党的性质宗旨、初心使命和作风形象的具体展现，是我们党区别于其他政党的显著标志。群众纪律建设是推进党的作风建设和纪律建设的重要举措，是夯实党执政的阶级基础和群众基础的坚强保证。我们要以开展党纪学习教育、深入贯彻中央八项规定精神学习教育为契机，推动广大党员干部严守群众纪律，密切党同人民群众血肉联系，不断巩固党的执政根基。群众纪律是党的各级组织和全体党员坚持以人民为中心的发展思想和处理党群关系时必须遵守的行为规则，充分体现了党的性质和宗旨，是密切党同人民群众血肉联系、克服脱离群众危险的重要保证。

二、群众纪律的特点

一是鲜明的阶级性。群众纪律是无产阶级政党区别于其他政党的显著标志，体现了无产阶级政党的阶级属性。例如，中国共产党始终代表工人阶级和最广大人民的根本利益，群众纪律的制定和执行都围绕这一核心展开，坚决反对任何损害人民群众利益的行为。群众纪律的核心是全心全意为人民服务，一切工作以最广大人民的根本利益为出发点和落脚点。例如，党在脱贫攻坚、疫情防控等重大任务中，始终把人民群众的生命安全和身体健康放在首位，体现了群众纪律的人民性特征。

二是严格的规范性。群众纪律以明确的条文形式规定了党组织和党员在处理党群关系时应遵循的行为准则，如不得侵犯群众利益、不得脱离群众等。这些规定为党组织和党员提供了清晰的行为指南。例如，《中国共产党纪律处分条例》中明确规定了侵害群众利益、拖欠群众钱款、克扣群众财物等行为的处分标准，为党员干部划定了不可触碰的红线。群众纪律对党组织和党员具有强制约束力，违反群众纪律的行为将受到党纪的严肃处理。这种约束性确保了群众纪律的有效执行，维护了党的纪律的严肃性和权威性。例如，对于在扶贫领域虚报冒领、优亲厚友等行为，不仅给予党纪处分，情节严重的还将追究刑事责任，体现了纪律的严肃性和权威性。

三是广泛的实践性。群众纪律是在实践中不断形成、发展和完善的。同时，群众纪律的执行也需要通过实践活动来检验和落实。例如，在基层治理中，党员干部通过深入群众、了解民情，制定符合实际的群众纪律要求，如“四议两公开”工作法（党支部提议、两委商议、党员大会审议、村民代表会议决议，决议公开、实施结果公开），确保群众参与决策的权利。群众纪律的制定和执行都紧密围绕群众利益展开，体现了党对群众的尊重和关怀。群众纪律的遵守情况也直接关系到党在群众中的形象和威信。

四是强烈的政治性。群众纪律是党的政治纪律在群众工作中的具体体现，要求党员干部在思想上政治上行动上同党中央保持高度一致，体现了党的政治立场和政治方向。遵守群众纪律就是坚持党的政治路线和政治方向的具体体现。例如，在涉及群众利益的重大问题上，必须坚决贯彻党的路线方针政策，不得搞变通、打折扣。群众纪律要求党员在处理党群关系时坚持原则、不徇私情。它要求党组织和党员在涉及群众利益的问题上必须坚持原则、秉公办事，不得损害群众利益或搞特殊化。例如，在征地拆迁、惠民政策落实等工作中，党员干部必须做到公平公正，不得利用职务之便谋取私利或偏袒亲友，确保群众利益不受侵害。

五是历史传承性。群众纪律是在党的长期革命、建设和改革实践中形成的宝贵经验。例如，延安时期提出的“三大纪律八项注意”中，就有“不拿群众一针一线”等具体要求，这些传统至今仍在延续。针对当前群众反映强烈的突出问题，群众纪律提出了具体要求。例如，针对形式主义、官僚主义问题，明确规定党员干部不得脱离实际、脱离群众，不得搞“形象工程”“政绩工程”，切实解决群众的实际困难。

第二节　群众纪律的具体内容与实践要求

一、群众纪律的具体内容

《中国共产党纪律处分条例》第九章第一百二十二条至第一百二十九条对违反群众纪律行为的处分共八条，为党组织和党员划出群众纪律“红线”，主要划分为四个方面 16 条负面清单。

第一百二十二条　有下列行为之一，对直接责任者和领导责任者，情节较轻的，给予警告或者严重警告处分；情节较重的，给予撤销党内职务或者留党察看处分；情节严重的，给予开除党籍处分：

（一）超标准、超范围向群众筹资筹劳、摊派费用，加重群众负担；

（二）违反有关规定扣留、收缴群众款物或者处罚群众；

（三）克扣群众财物，或者违反有关规定拖欠群众钱款；

（四）在管理、服务活动中违反有关规定收取费用；

（五）在办理涉及群众事务时刁难群众、吃拿卡要；

（六）其他侵害群众利益行为。

在乡村振兴领域有上述行为的，从重或者加重处分。

第一百二十三条　干涉生产经营自主权，致使群众财产遭受较大损失的，对直接责任者和领导责任者，给予警告或者严重警告处分；情节严重的，给予撤销党内职务或者留党察看处分。

第一百二十四条　在社会保障、社会救助、政策扶持、救灾救济款物分配等事项中优亲厚友、明显有失公平的，给予警告或者严重警告处分；情节较重的，给予撤销党内职务或者留党察看处分；情节严重的，给予开除党籍处分。

第一百二十五条　利用宗族或者黑恶势力等欺压群众，或者纵容涉黑涉恶活动、为黑恶势力充当“保护伞”的，给予撤销党内职务或者留党察看处分；情节严重的，给予开除党籍处分。

第一百二十六条 有下列行为之一，对直接责任者和领导责任者，情节较重的，给予警告或者严重警告处分；情节严重的，给予撤销党内职务或者留党察看处分：

（一）对涉及群众生产、生活等切身利益的问题依照政策或者有关规定能解决而不及时解决，庸懒无为、效率低下，造成不良影响；

（二）对符合政策的群众诉求消极应付、推诿扯皮，损害党群、干群关系；

（三）对待群众态度恶劣、简单粗暴，造成不良影响；

（四）弄虚作假，欺上瞒下，损害群众利益；

（五）其他不作为、乱作为、慢作为、假作为等损害群众利益行为。

第一百二十七条 遇到国家财产和群众生命财产受到严重威胁时，能救而不救，情节较重的，给予警告、严重警告或者撤销党内职务处分；情节严重的，给予留党察看或者开除党籍处分。

第一百二十八条 不按照规定公开党务、政务、厂务、村（居）务等，侵犯群众知情权，对直接责任者和领导责任者，情节较重的，给予警告或者严重警告处分；情节严重的，给予撤销党内职务或者留党察看处分。

第一百二十九条 有其他违反群众纪律规定行为的，应当视具体情节给予警告直至开除党籍处分。

二、群众纪律的实践要求

（一）要加强思想教育，增强群众纪律意识

一方面，要加强群众纪律理论探索，将群众纪律建设融入马克思主义中国化时代化的理论探索之中，为群众纪律建设提供科学理论指导。我们

党要坚持和发展群众观点、群众纪律，必须运用和发展马克思主义唯物史观、群众工作理论和群众纪律学说，必须坚持用党的创新理论凝心铸魂，增强为人民服务的政治自觉、思想自觉、行动自觉。另一方面，要加强群众纪律学习教育。在专项研讨、主题教育、整风整党等活动中融入群众纪律学习教育，为群众纪律建设提供良好主体条件。要围绕中心工作，把群众纪律教育当作一项重要政治任务来抓。聚焦中华民族伟大复兴进程中的战略布局、关键问题、中心任务，弄清群众的所思、所想、所盼、所需，有针对性地开展党章、群众纪律等教育，为推进党和国家事业发展提供纪律保障。要开展经常性纪律教育工作。既要通过多种载体、多种方式学习《中国共产党纪律处分条例》的群众纪律条款，又要将学习群众纪律与学习其他五种纪律、党内法规、国家法律贯通起来。要提高工作能力，自觉运用法治思维做好群众工作。党员干部必须将群众纪律要求内化于心、外化于行，要提升解决群众急难愁盼问题的能力，依规依纪依法处理人民内部矛盾，做到把握好群众工作的"情、理、法"。

（二）强化监督管理，形成全方位监督体系

推进对党员干部执行群众纪律的监督与检查，为群众纪律建设提供强大动力机制。"加强纪律性，革命无不胜"，发挥群众监督的作用，强化党内纪律检查工作力度，对照违纪清单揭露"脱离群众的危险"。各级纪检监察机关要加强监督执纪问责，严肃查处贪污侵占、虚报冒领、截留挪用、优亲厚友等行为。要发挥好群众监督作用，按照要求畅通检举控告渠道。"一切行动要以维护群众的利益为出发点"，坚决反对形式主义、官僚主义顽疾，反对漠视侵害群众利益的行为。要对违反群众纪律行为进行严厉惩处，彰显执行群众纪律的刚性约束。"对一切侵犯群众合法权利的行为，对一切在侵犯群众权益问题上漠然置之、不闻不问的现象，都必须依纪依法严肃查处、坚决追责。"还要运用监督执纪"四种形态"，让党员干部切身感受到党的严管和厚爱。在税务系统，加强内部监督，发挥税务系统纪检监察部门的作用，定期开展群众纪律执行情况专项检查和巡察，对

执法和服务过程中的问题及时发现、及时纠正。建立健全干部廉政档案，对干部的日常行为进行动态监管。同时，拓宽外部监督渠道，主动接受纳税人缴费人、社会各界和新闻媒体的监督，通过设立举报电话、举报邮箱、意见箱等方式，广泛收集群众的意见和建议。对群众反映的问题，要认真调查核实，及时反馈处理结果，做到事事有回音、件件有着落。

（三）坚持问题导向，以作风建设提高服务群众水平

作风建设是关系中国共产党长期执政和推进中国式现代化的关键因素，密切联系群众又是党的作风建设的核心问题。系统推进党的作风建设，深化群众路线制度建设必须坚持问题导向。党的十八大以来，党的作风发生了深刻变革，关键就在于抓住了作风建设的问题导向。针对党内存在思想不纯、政治不纯、组织不纯、作风不纯等群众反映的突出问题，推进作风建设常态化、制度化，培养好的党风，整治不良风气都需要依托长期化、稳定化、科学化的制度建设。以党内法规推进党的作风建设，有利于增强作风建设的时代性、实效性和前瞻性，展现党的良好形象。同时，加强税务干部业务培训，制定科学合理的培训计划，针对不同岗位、不同层次的干部开展个性化培训，提高干部的税收业务知识和执法服务能力。通过开展岗位练兵、业务竞赛、师徒结对等活动，营造比学赶超的良好氛围，激发干部的学习热情和工作积极性。此外，加强沟通技巧和群众工作方法的培训，让税务干部学会与纳税人缴费人沟通交流，善于倾听纳税人缴费人的诉求，及时解决纳税人缴费人的问题，提高处理复杂问题和应对突发事件的能力，以实际行动赢得纳税人缴费人的信任和支持。

（四）建立长效机制，巩固风险防范成果

根据各个时期和阶段的实际情况制定相应的规章制度和纪律规矩，为群众纪律建设提供有力制度保证。在新民主主义革命时期，我们党明确自身是“为无产群众奋斗的政党”，提出要“到群众中去”“争取群众”“为群众谋利益”等观点，在革命实践中逐渐形成了“三大纪律八项注意”，

并使之从适用于军队扩大到适用于全党；在改革开放与社会主义现代化建设时期，我们党开展“三反”“五反”“四清”等整风和整党运动，有效纠正了党内存在的脱离群众的倾向；在改革时期，我们党先后通过关于加强党同人民群众联系、加强和改进党的作风建设、加强党的执政能力建设等决定，阐述了密切党群关系的重大举措；进入新时代以后，我们党先后制定颁布中央八项规定及其实施细则，2015 年修订的《中国共产党纪律处分条例》将群众纪律系统化地单独成章，还制定廉洁自律准则、问责条例等规定，不断完善党的群众纪律制度体系。将群众纪律风险防范工作纳入税务部门的日常管理，建立长效机制，常抓不懈。定期对风险防范工作进行总结评估，分析存在的问题和不足，及时调整完善防范措施。加强部门之间的协作配合，形成工作合力，共同做好群众纪律建设工作。通过持续不断地努力，使税务干部自觉遵守党的纪律，不断提升服务群众的水平和质量，营造风清气正的税收环境，为税收事业的健康发展提供坚实保障。

第三节　违反群众纪律的表现及危害

税务干部作为国家税收征管和纳税服务的重要力量，其行为规范与纪律作风直接关系到税收工作的质量、纳税人的切身利益以及税务部门乃至政府的形象与公信力。在日常工作中，部分税务干部可能因个人素质、外部环境或制度机制等因素影响，面临各种违纪风险。这些风险不仅侵蚀着税务系统的内部肌体，更可能引发群众不满，损害干群关系，甚至破坏社会公平正义。因此，深入剖析税务干部在群众纪律方面存在的潜在风险点，并研究有效的防范措施，对于规范税务干部行为、提升税收治理效能、构建和谐征纳关系具有至关重要的意义。

一、执法过程中滥用权力

在税务执法环节，部分税务干部可能存在的滥用职权问题，如在税务检查、行政处罚等过程中，不依据法律法规的明确规定，而是凭借个人主观意愿行事，对不同的纳税人采取不同的执法标准，存在选择性执法的现象。有的干部可能因与纳税人存在私人关系或受到外界因素干扰，对一些明显的税收违法行为从轻处罚甚至不予处罚，损害了税收执法的公正性和严肃性。同时，执法程序不规范也是常见风险，如在实施税务检查时，未按规定出示执法证件、未履行告知义务，或者在处理税务案件时，简化法定程序，导致纳税人的合法权益受到侵害。此外，执法态度生硬、粗暴，缺乏耐心和沟通技巧，容易引发纳税人的不满和抵触情绪，影响税务部门与群众的关系。

二、服务群众时作风不正

在纳税服务过程中，部分税务干部的服务意识仍显淡薄。有的税务干部没有将为纳税人服务的理念贯穿于工作始终，对待纳税人态度冷漠、敷衍了事，对纳税人的咨询和诉求不能及时、准确地回应，甚至出现推诿扯皮的现象。例如，在办税服务厅，对纳税人提交的资料不一次性告知缺失内容，导致纳税人多次往返；在处理涉税事项时，拖延办理时间，效率低下，影响纳税人的正常生产经营。还有的干部在服务过程中，缺乏主动服务的意识，不能根据纳税人的实际需求提供个性化、差异化的服务，服务方式单一，难以满足纳税人日益多样化的需求。

三、利用职务之便谋取私利

在与纳税人的利益交往中，个别税务干部可能存在利用职务之便谋取私利的行为。如接受纳税人的宴请、礼品、礼金或有价证券，为纳税人在税收优惠政策申请、税款核定、纳税评估等方面提供便利；或者与税务中介机构、涉税企业存在利益输送关系，通过介绍业务、入股分红等方式获取不正当利益。这种行为不仅违反了群众纪律，还可能触犯廉洁纪律和法律法规，严重损害税务部门的形象和公信力。

四、政策执行“变形走样”

在税收政策执行过程中，存在对政策理解不准确、执行不到位的问题。部分税务干部由于业务能力不足或学习不及时，对新出台的税收政策掌握不全面，在向纳税人宣传和解释政策时出现偏差，导致纳税人误解政策，影响政策的落实效果。同时，在政策执行过程中，存在搞“上有政策、下有对策”的现象，对上级规定的税收优惠政策和便民措施选择性执行，或者擅自增设附加条件，增加纳税人的负担，损害了纳税人的合法权益。考核体系偏差，过度强调收入任务指标，诱发“收过头税”或违规减免税等短视行为。

第四节　坚持人民至上，以人民为中心

群众纪律的生命力在于执行，其核心要义和最终落脚点在于“全心全意为人民服务”。前面我们探讨了群众纪律的内涵、风险点以及必要的监督与惩处机制，这些都是确保服务宗旨得以实现的重要保障。然而，纪律的刚性约束最终需要转化为干部队伍服务群众的自觉行动和实际成效。本节将聚焦于如何将“全心全意为人民服务”这一根本宗旨内化于心、外化于行，探讨税务干部应如何在日常工作中践行群众路线，以更饱满的热情、更专业的素养、更贴心的服务，切实解决纳税人缴费人的实际困难，不断提升他们的满意度和获得感，真正做到权为民所用、情为民所系、利为民所谋。

一、始终践行党的群众路线

一是树牢以人民为中心的根本立场。税务部门作为直接服务市场主体

和广大纳税人缴费人的“窗口单位”，必须把群众路线作为生命线和根本工作路线，将“为国聚财、为民收税”的使命贯穿于税收工作全过程。要深刻认识到税收本质是“取之于民、用之于民”，主动把税收工作置于党和国家事业发展大局中谋划，聚焦群众“急难愁盼”问题，在落实税费政策、优化办税流程、解决涉税难题等方面精准发力，让纳税人缴费人切实感受到政策温度和服务力度。例如，通过开展“便民办税春风行动”，每年推出系列利民举措，从“最多跑一次”到“非接触式办税”，从线下窗口服务到线上智能办理，持续提升群众办税缴费的获得感和满意度。二是坚持深入群众问需问计。践行群众路线必须坚持“从群众中来，到群众中去”。税务干部要主动走出机关、走进企业、走近群众，通过实地调研、召开座谈会、线上征求意见等多种方式，深入了解纳税人缴费人的实际需求和痛点堵点。建立常态化的需求收集分析机制，对群众反映的发票领用不便、政策理解困难、跨境办税复杂等问题，进行分类梳理和专题研究，形成“需求收集—分析研判—整改落实—反馈评价”的闭环管理。比如，针对小微企业融资难问题，税务部门联合银保监部门推出“银税互动”服务，利用纳税信用为企业增信，帮助数以百万计的小微企业获得银行贷款，切实将群众需求转化为服务升级的具体行动。三是强化团队协作，凝聚服务合力。在税收工作中，许多任务需要多个部门、多个岗位的协同配合才能完成。税务干部要在“强基工程”的推动下，不断强化团队协作意识，凝聚服务人民的强大合力。通过建立跨部门的工作协调机制，加强不同业务部门之间的沟通与交流，打破信息壁垒，实现资源共享。在面对复杂的税收征管问题或重大的税收服务任务时，各部门能够迅速组成联合工作小组，共同研究解决方案，协同开展工作。例如，在开展专项税收检查工作时，征管、法规、稽查等部门会密切配合，形成工作合力。征管部门提供纳税人的基础信息和征管数据，法规部门提供政策支持和法律指导，稽查部门负责具体的检查和执法工作。通过各部门的协同作战，能够更加高效、准确地完成税收检查任务，维护税收秩序，保障国家税收利益，同时也为纳税人营造了公平公正的税收环境。又如，在日常的纳税服务工作中，办税服务厅、税源管理、纳税服务等部门也会加强协作。办税服务厅作为直接面对纳税人的窗口，会及时将纳税人的需求和问题反馈给相关部门；税源管理部门会深入了解纳税人的生产经营情况，为纳税服务提供精准的信息支持；纳税服务部门则会根据纳税人的需求和税源管理部门提供的信息，不断优化服务内容和方式。通过这种团队协作的方式，能够为纳税人提供更加全面、优质、高效的服务。

二、切实提升服务效能

一是以流程再造优化办税体验。聚焦“减环节、减资料、减时间、减成本”，持续推进办税缴费流程优化再造。全面落实税收征管规范和纳税服务规范，统一服务标准和操作流程，实现全国税务系统服务“一个尺度、一个标准”。推行“一窗通办”“一事不二问”，整合关联事项，打造“套餐式”服务，让纳税人缴费人办事更便捷。例如，将企业开办涉税事项整合为“一表申请、一套资料、一次提交、一次办结”，平均办理时间压缩至 1 个工作日以内；针对注销业务，推出“承诺制”容缺办理，符合条件的纳税人无须等待资料补正即可快速完成注销，切实解决群众办事“多头跑、反复跑”问题。二是以科技赋能提升服务质效。充分运用大数据、人工智能、区块链等现代信息技术，打造智慧税务服务体系。依托电子税务局、手机 App、自助办税终端等多元化渠道，实现 90% 以上的涉税事项网上办、掌上办，让纳税人缴费人“足不出户”即可办理业务。深化“数据共享”，与市场监管、银行、社保等部门建立信息互通机制，减少纳税人重复报送资料，实现“让数据多跑路，让群众少跑腿”。比如，通过增值税发票电子化为核心的发票电子化改革，纳税人申领、开具、交付发票全流程线上化，大幅降低办税成本；利用智能咨询系统，7 × 24 小时在线解答政策疑问，实现“随时问、即时答”，有效提升服务响应速度。三是以分类服务满足多元需求。针对不同类型纳税人缴费人的特点和需求，提供个性化、差异化服务。对大企业，建立“首席联络员”制度，提供政策定制解读、涉税风险预警等专属服务，助力企业合规经营；对小微企业和个体工商户，通过通俗易懂的“政策大礼包”“办税小贴士”等形式，开展精准辅导，确保税费优惠政策应知尽知、应享尽享；对老年人、残疾人等特殊群体，保留传统服务渠道，提供“一对一”帮办代办服务，配备老花镜、轮椅等便民设施，让服务更有温度。同时，加强对新兴业态、跨境纳税人的研究，针对平台经济、共享经济等新商业模式，及时出台配套服务措施，帮助纳税人适应税收监管要求，营造公平有序的税收环境。

三、构建长效服务机制

一是完善服务考核评价体系。建立以纳税人缴费人为中心的服务质量考核机制，将群众满意度作为衡量工作成效的重要标准。推行“好差评”制度，让纳税人缴费人对服务质量进行实时评价、综合打分，差评事项实行“接单—整改—反馈”全流程跟踪，确保差评问题及时整改到位。开展服务效能第三方评估，引入专业机构对办税服务厅、12366 纳税缴费服务热线等服务载体进行全方位测评，客观反映服务短板和改进方向。将考核结果与干部绩效挂钩，对服务优质、群众认可的单位和个人进行表彰奖励，对服务态度差、效率低的进行约谈问责，倒逼服务水平提升。二是强化干部服务能力建设。打造一支政治过硬、业务精湛、作风优良的税务干部队伍，是提升服务效能的关键。加强服务理念教育，通过开展“纳税人体验日”“换位体验”等活动，让干部切身体会群众办事的难点痛点，增强主动服务的自觉性。开展针对性业务培训，重点加强政策解读、沟通技巧、应急处理等方面的能力培养，提升干部解决实际问题的本领。建立“传帮带”机制，安排经验丰富的业务骨干与年轻干部结对，通过实战锻炼帮助年轻干部快速成长。同时，树立重实干、重实绩的用人导向，在服务一线发现和培养干部，让想干事、能干事、干成事的干部有机会、有舞台，形成全员参与服务提升的良好氛围。三是凝聚协同服务合力。坚持系统观念，加强与政府部门、社会组织、行业协会等各方协作，构建“税务主导、部门联动、社会协同”的大服务格局。与财政、公安、海关等部门建立常态化协作机制，在打击涉税违法犯罪、落实优惠政策等方面形成工作合力；引入涉税专业服务机构、志愿者等社会力量，开展政策宣传辅导、办税指引等服务，延伸服务触角；加强与社区、园区、商圈的合作，设立便民服务点，将办税缴费服务融入基层治理，打造“15 分钟办税服务圈”。通过多方协同、共建共享，形成服务群众的强大合力，让税收改革发展成果更多更公平惠及广大人民群众。

第五节　深刻的教训：违反群众纪律典型案例深度剖析

理论阐释、制度构建与风险提示固然重要，但真实的案例往往更具冲击力和警示意义。税务系统作为直接面对广大市场主体和纳税人的窗口，其干部队伍的纪律作风直接关系到党和国家形象，关系到人民群众的切身感受。近年来，尽管税务系统持续加强纪律建设，但仍有少数干部未能守住底线，在权力寻租、服务缺位、利益输送等方面栽了跟头，甚至触犯了党纪国法。本节选取税务系统内发生的几起典型违纪违法案例进行深度剖析，旨在通过还原事实、分析根源、揭示危害，为税务干部敲响警钟，提供镜鉴，从而更加深刻地认识到严守群众纪律的极端重要性和现实紧迫性，切实做到以案为戒、警钟长鸣。

【案例描述】

1. W 某，国家税务总局 A 市税务局原三级主办。2017 年至 2021 年期间，W 某向管理服务对象借款金额多则几十万元，少则几万元。案发时尚有 7 名纳税人借款未归还，共计 45.5 万元。因借款人均为其管理服务对象，怕他给“穿小鞋”，既不敢拒绝借款要求，也不敢索要欠款。而 W 某“吃人家的嘴短，拿人家的手软”，也利用职权和职务便利，在纳税申报、领购发票等过程中为企业提供帮助。M某，国家税务总局B县税务局原党委书记、局长。2021年9月至2023年3月，M某任国家税务总局B县税务局党委书记、局长期间，多次利用职务或职权影响向辖区内管理和服务对象违规借款，合计金额29.8万元，且长期未归还。W某、M某的行为严重损害了税务干部的整体形象，破坏了税收营商环境，影响了纳税人的获得感和满意度，成为群众身边腐败的“蝇贪”。

2. Z某，国家税务总局C市国税局原党委委员、副局长。Z某无视党的群众纪律，利用职务影响，为其子涉嫌偷税、漏税、非法集资提供帮助，为恶势力团伙充当保护伞。2009年，Z某之子陆续向管理服务对象T某借了多笔20万元到100万元不等的款项，钱到手之后就放贷给他人赚取利息，从中谋取高额回报。钱被挥霍一空后，Z某又将其介绍给管理服务对象X某、S某，非法高息放贷。并将其子介绍与公安机关L某、C某认识，为其子非法拘禁、寻衅滋事、聚众斗殴、组织介绍妇女卖淫等违法活动提供保护。2014年1月和2019年，税务部门发现其子开发的房地产项目未按规定报税登记和缴税，Z某电话联系相关人员，要求对儿子所办企业予以照顾。2020年12月，在儿子恶势力团伙被公安机关查处后，Z某仍执迷不悟，多方打探案情，意图干预司法办案。

3. W某，国家税务总局D市税务局原党委书记、局长。2012年至2020年，W某以借为名，不断向辖区管理服务对象借款，动辄上百万、上千万，共计借款3942万元。案件中发现，W某常常以哥哥公司需要钱周转为由借钱，这些借款会按照要求打入指定账户，大部分还没有利息，借款时间跨度长达七年，有的至今未还。W某坦言，选择“借款”对象时，一方面选择一些经营状况比较好的企业，这些企业有经济实力，之后找他帮忙的可能性比较大。另一方面选择一些主动找他帮忙的企业，容易开口、不会被拒绝。事实上，一些借款是企业老板变相行贿。

【纪法分析】

一是管理服务过程中为税不廉，吃拿卡要。少数干部漠视纳税人缴费人利益，工作中常常以“执法者”自居，表面上借“防范风险”“尽职尽责”之名，实则把手中的权力当作敛财工具，故意刁难群众，以税谋私、吃拿卡要。如某税务干部在办理涉税事项中，工作作风简单粗暴，在电话催缴欠税过程中违规将企业认定为风险纳税人，在纳税人缴清欠税后仍不解除，影响企业后续的正常经营，直到纳税人送上红包后才解除认定。

二是利用职务之便，侵占群众利益。严明的群众纪律是中国共产党的优良传统。早在中国工农红军建军之初，党就制定了“三大纪律六项注意”，体现了党和军队纪律作风和精神风貌，是我们党赢得人民群众爱戴和拥护的根本所在。但是，有的党员干部忘记初心使命，未能继承、发扬党的优良传统，反而利用职务便利谋求利益。如 A 市 W 某，多次向管理服务对象借钱共计 45.5 万元，且长期未归还。B 县 M 某，多次利用职务或职权影响力，向管理服务对象借钱共计 29.8 万元，且长期未归还。

三是纵容涉黑涉恶活动，为黑恶势力充当“保护伞”。黑恶势力是社会毒瘤，严重破坏经济社会秩序，侵蚀党的执政根基。为黑恶势力充当“保护伞”是违反群众纪律的行为，这体现了我们党对该类违纪行为的精准定位以及对人民群众利益和安全的坚决维护。平安是群众解决温饱后的第一民生需求，是最基本的社会经济发展环境。为黑恶势力充当“保护伞”的党员干部不但不与涉黑涉恶行为坚决斗争，反而为黑恶势力提供庇护，严重违背了党的性质和宗旨，严重损害了群众对党的信任。

四是特权思想严重，损害党群关系。税务干部本应是税收法治的践行者和纳税人缴费人合法权益的维护者，代表着税务部门乃至政府的形象和公信力。但个别税务干部却要特权，这主要是“官本位”思想作祟。这些人平日缺少法治意识，习惯于“凭权力办事”，不能严格依照税收法律法规和规章制度办事，在利益面前暴露出乖张本质。部分税务干部的特权思想及特权行为，不仅疏远了与纳税人缴费人的感情，拉开了与他们的距离，甚至可能形成对立，直接损害了人民群众的切身利益，反映出这部分干部对“人民至上”价值理念的理解浮于表面，未能真正内化于心、外化于行。

【警示警戒】

党章规定，党除了工人阶级和最广大人民群众的利益，没有自己的特殊利益，党在任何时候都把群众利益放在第一位，同群众同甘共苦，保持最密切的联系。这是我们党作为马克思主义政党区别于其他政党的显著标志。习近平总书记在庆祝中国共产党成立100周年大会上强调，我们必须紧紧依靠人民创造历史，坚持全心全意为人民服务的根本宗旨，站稳人民立场，贯彻党的群众路线。历史经验表明，什么时候群众纪律执行得好，党群关系就密切，党的事业就会顺利发展，什么时候群众纪律执行得不好，党群关系就受到损害，党的事业就遭受挫折。目前，税务系统内仍有少数党员干部宗旨意识不强、群众观念淡薄，存在利用手中职权吃拿卡要、刁难群众、侵害人民群众利益等问题，必须加以解决。

[整改措施]

一是要引导税务干部树牢以人民为中心的发展思想。要进一步引导广大党员干部牢固树立全心全意为人民服务的宗旨意识，在税收工作中敬畏法纪、公正执法，清正廉洁、坚守底线，不断增强对党忠诚、为民服务、拒腐防变、廉洁从税的思想自觉和行动自觉，以实际行动和过硬作风不断提升纳税人缴费人的满意度和获得感。以人民群众利益为重、以人民群众期盼为念，真诚倾听群众呼声，真实反映群众愿望，真正关心群众疾苦，严守群众纪律，向群众身边的不正之风亮剑。要从影响群众切身利益和实际感受的痛点、难点、堵点入手，解决纳税人缴费人反映强烈的纪律作风问题，提升税费服务和税务执法的精细度、精确度。二是要坚持风腐同查同治。要同时查找和治理腐败问题和不正之风，持续纠治管理服务中吃拿卡要、推诿扯皮、冷硬横推以及税收执法中内外勾结、执法不公、选择性执法、随意性执法等问题，着力营造廉洁用权、廉洁从税的浓厚氛围，以强有力的监督推动纳税人缴费人在反腐“拍蝇”中增强获得感。

第六章　工作纪律
——为国聚财的保障

习近平总书记强调："要教育引导广大党员、干部胸怀'国之大者'，紧紧围绕新时代新征程党的中心任务，真抓实干、务求实效，聚焦问题、知难而进，以'时时放心不下'的责任感、积极担当作为的精气神为党和人民履好职、尽好责，以新气象新作为推动高质量发展取得新成效，依靠顽强斗争打开事业发展新天地。"① 中国共产党成立以来的历史和实践反复证明，严明的工作纪律，是规范党组织和党员干部公正用权、依法用权、为民用权、廉洁用权，积极担当作为的重要保障。党的工作内容丰富，包括宣传工作、教育工作、组织工作、纪律检查工作、群众工作、统一战线工作等。保证党的各项工作顺利进行离不开严明的工作纪律。违反工作纪律行为，侵犯了党的正常工作秩序。党的工作纪律事关党的事业兴衰成败，事关人民群众的根本利益。各级党员干部要牢记职责使命，围绕新时代新征程党的中心任务，严格遵守党的工作纪律，积极履职尽责，勇于担当作为，努力创造经得起历史和人民检验的工作实绩。

第一节　工作纪律的内涵与特点

一、工作纪律的内涵

党的工作纪律是党的各级组织和全体党员在党的各项具体工作中必须

① 2023年4月，习近平总书记在学习贯彻习近平新时代中国特色社会主义思想主题教育工作会议上的讲话。

遵守的行为规则，是党的各项工作正常开展的重要保证，本质要求是履职尽责、担当作为，反映党的工作作风要求。

2023年新修订的《中国共产党纪律处分条例》（以下简称《条例》）第十章“对违反工作纪律行为的处分”，紧紧围绕促进党员干部履职尽责、担当作为，完善工作纪律要求，通过规范权力运行和强化责任意识，维护党的正常工作秩序，推动党的各项事业健康发展，确保党的理论路线方针政策有效落实，为进一步全面深化改革、顺利推进中国式现代化，实现新时代新征程党的使命任务提供坚强纪律保障。党的工作纪律的具体内涵主要包括以下方面：

一是引导党员干部敢于斗争、勇于负责。新时代新征程统筹推进“五位一体”总体布局、协调推进“四个全面”战略布局，需要党员干部发扬斗争精神，锤炼担当作风。《条例》落实党的二十大关于“加强干部斗争精神和斗争本领养成”的要求，在第一百三十一条新增工作中不敢斗争、不愿担当，面对重大矛盾冲突、危机困难临阵退缩行为的处分规定。实践中，有的党员干部满足于做太平官、作“躺平”状，遇到矛盾绕道走、碰到难题往上交、面对危机向后躲，这些都与我们党敢于斗争的鲜明品格背道而驰。《条例》增写上述规定，目的就在于督促广大党员干部在中国式现代化建设中，敢于斗争、勇于担当，用知重负重、攻坚克难的实际行动，诠释为党尽责、为民造福。同时，《条例》在第一百三十条第二款新增规定，党员领导干部对于到任前已经存在且属于其职责范围内的问题，消极回避、推卸责任，造成严重损害或者严重不良影响的，给予相应处分。这一规定的相关情形是对“新官不理旧账”的处理，针对的是有的党员领导干部以岗位调整为借口，对一些历史欠账、遗留问题视而不见、久拖不决甚至“击鼓传花”的现象，其本质是回避矛盾、不负责任。这些问题表面看起来是“旧账”，实际上接手它、解决它本身就是新任党员领导干部的职责。新上任的党员领导干部不仅要接过权力，更要接下责任，一任接着一任干，在直面问题、解决“旧账”中建立“新功”。

二是坚决纠治形式主义、官僚主义。形式主义、官僚主义同我们党的性质宗旨和优良作风格格不入，是我们党的大敌、人民的大敌。习近平总书记指出，一切工作都要往实里做、做出实效，不好高骛远、不脱离实际，力戒形式主义、官僚主义。党的二十大强调，持续深化纠治“四风”，重点纠治形式主义、官僚主义。《条例》与中共中央办公厅印发的关于解决形式主义问题为基层减负的有关文件作了衔接，针对党员群众反映强烈的搞形式主义、官僚主义的典型表现，在第一百三十二条新增规定了三种具体情形，包括：脱离实际，不作深入调查研究，搞随意决策、机械执行；违反精文减会有关规定搞文山会海；在督查检查考核等工作中搞层层加码、过度留痕，增加基层工作负担。《条例》设定这些情形，直指部分党员干部作风漂浮、责任心缺失、官本位思想作祟等突出问题。党员干部要充分认识形式主义、官僚主义的危害，自觉摒弃和抵制形式主义、官僚主义，在各项工作中深入实际、深入基层、深入群众，在出实招、办实事、求实效上下功夫，以求真务实的工作作风取信于民，推进事业发展。

三是促进党员干部履职尽责、规范用权。党的各项工作对于服务经济社会发展、促进国家治理，加强党的长期执政能力和国家政权建设发挥着十分重要的作用。《条例》落实习近平总书记相关重要指示批示精神，着眼服务保障党和国家大局，与《中国共产党机构编制工作条例》、《信访工作条例》以及党中央有关惩治统计造假等制度文件相衔接，有针对性地作出相应规定，以促进党员干部依规依法履职用权。比如，第一百三十四条新增违反机构编制管理规定行为的处分规定，重在纠治擅自超出“三定”规定范围调整职责、设置机构、核定领导职数和配备人员，违规干预地方机构设置等问题，强化机构编制刚性约束。第一百三十五条针对信访事项受理、办理、处置、解决等过程中存在的各类违纪问题，新增不履行或者不正确履行信访工作职责、不履行或者不正确履行职责导致信访事项发生行为的处分规定，促进解决好群众合理合法的利益诉求，同时强化源头治理，有效避免或者减少信访事项发生。第一百三十九条新增进行统计造假、对统计造假失察行为的处分规定，涵盖各类行为主体在统计工作中不履行职责或者不正确履行职责情形，推动防范和惩治“数字上的腐败”，提高统计监督有效性。

四是推动精准问责。党的二十大指出，要落实全面从严治党政治责任，用好问责利器。严肃有效问责有利于促进各级党组织、党的领导干部负责守责尽责、践行忠诚干净担当；问责不力、泛化简单化，则会削弱问责工作的警醒作用，影响干部干事创业积极性。《中国共产党问责条例》要求，对滥用问责或者在问责工作中严重不负责任，造成不良影响的行为应严肃追究责任。《条例》与《中国共产党问责条例》相衔接，新增第一百三十七条明确了对上述行为的处分规定，以推动提高问责工作规范化、精准化水平。党组织和党员领导干部要更好担负起全面从严治党责任，严格执行问责条例，坚持实事求是、权责一致、错责相当的基本原则，准确把握问责对象、责任类型、问责情形和程序要求，分清责任、定准责任，防止出现问责不力或者泛化滥用等问题，力求取得问责一个、警醒一片、促进一方工作的良好效果。

五是加大对违规干预和插手行为的规制力度。《关于新形势下党内政治生活的若干准则》、《中国共产党党内监督条例》和《中共中央关于加强对"一把手"和领导班子监督的意见》等制度文件，都对受请托人向党组织报告违规干预和插手行为作出了规定。《条例》与上述制度文件相衔接，在对违规干预和插手市场经济活动、司法活动、执纪执法活动以及公共管理活动列出负面清单的基础上，在第一百四十三条新增按照有关规定对干预和插手行为负有报告和登记义务的受请托人，不按照规定报告或者登记行为的处分规定，从而推动全链条、体系化纠治违规干预和插手行为，形成促进依规依法行使职权的整体合力。违规干预和插手行为属于超越职权、滥用职权。请托人存在此类行为的，受请托人应当自觉遵守相关规定，做到该抵制的要抵制、该报告的要报告、该登记的要登记。

二、工作纪律的特点

作为党的纪律的重要组成部分，党的工作纪律既具有党的纪律的一般特征，又具有其特殊性。加强党的工作纪律建设是新时代推进全面从严治党和中国式现代化建设的现实要求、紧迫需要。党的工作纪律注重工作的规范性和效率性，要求党员在工作中保持高度的责任感和敬业精神，认真履行工作职责，严格遵守工作程序和工作流程，提高工作效率和质量，确保各项工作的规范化、制度化、有效化，构建起对党员履职行为的全方位全周期全过程约束体系，成为维护党的工作效能和组织纯洁性的重要保障。党的工作纪律的特点主要是以下方面：

一是适用周延性。工作纪律的核心是对党员在具体工作中履职尽责的要求，强调真抓实干、正确履行职责，包括政策执行、任务落实等环节的行为约束。例如，《条例》明确了对形式主义、统计造假等行为的处分规则，直接指向工作效能与责任担当。工作纪律贯穿党的宣传工作、组织工作、纪检工作、统战工作、群众工作等全领域，既约束决策行为（如贯彻落实上级决策部署不力），也规范执行过程（如滥用职权、干预插手市场经济活动和执纪执法司法活动）。其内容涵盖事前决策、事中履职到事后监督全周期。

二是覆盖全面性。工作纪律规范对象包括党的宣传工作、组织工作、纪检工作、统战工作、群众工作等近 20 类具体场景，涉及党政机关、企事业单位等不同组织形态的党员履职行为。《条例》第十章列举的 20 条负面清单涵盖以下行为：包括贯彻落实上级决策部署不力、形式主义官僚主义、不正确履行职责、滥用问责权、违规干预插手、泄露组织秘密等，形成对各类履职风险的精准覆盖。

三是问题导向性。针对新时代党员干部队伍中存在的“不作为”“乱作为”现象，《条例》新增统计造假、不担当不负责、问责泛化等条款，回应数据治理、担当作为、问责工作等领域的新型违纪风险。例如，将“新官不理旧账”纳入问责范围，强化历史责任追究。纪律条款随实践发展调整，增加对违反机构编制管理规定、不履行信访工作职责等行为的处分条款，推动广大党员干部心怀“国之大者”，围绕新时代新征程党的中心任务，正确行使权力、积极促进发展。

四是协同约束性。工作纪律注重与其他纪律互相支撑、相互配合、形成合力，增强党的纪律的整体协同性、约束力。工作纪律的落实以政治纪律为统领，例如“贯彻落实上级决策部署不力”既违反工作纪律，也触犯政治纪律中“两个维护”的底线要求。工作纪律与群众纪律联动，例如漠视、损害群众权益的形式主义、官僚主义行为可能同时违反两类纪律。

第二节 工作纪律的具体内容与实践要求

《条例》分则第十章“对违反工作纪律行为的处分”第一百三十条至第一百四十九条共 20 条，增写 7 条，修改 6 条，列出了违反工作纪律的负面清单。《条例》开列的禁止性规定，详细划出了党员、党员领导干部不能触碰的工作纪律红线，构成了对党员、党员领导干部工作纪律的全方位要求和全周期管理。

一、工作纪律的具体内容

《条例》规定的工作纪律具体内容包括：

第一百三十条 工作中不负责任或者疏于管理，贯彻执行、检查督促落实上级决策部署不力，给党、国家和人民利益以及公共财产造成较大损失的，对直接责任者和领导责任者，给予警告或者严重警告处分；造成重大损失的，给予撤销党内职务、留党察看或者开除党籍处分。

党员领导干部对于到任前已经存在且属于其职责范围内的问题，消极回避、推卸责任，造成严重损害或者严重不良影响的，依照前款规定处理。

第一百三十一条 工作中不敢斗争、不愿担当，面对重大矛盾冲突、危机困难临阵退缩，造成不良影响或者严重后果的，给予警告或者严重警告处分；情节严重的，给予撤销党内职务、留党察看或者开除党籍处分。

第一百三十二条　有下列行为之一，造成严重损害或者严重不良影响的，对直接责任者和领导责任者，给予警告或者严重警告处分；情节较重的，给予撤销党内职务或者留党察看处分；情节严重的，给予开除党籍处分：

（一）热衷于搞舆论造势、浮在表面；

（二）单纯以会议贯彻会议、以文件落实文件，在实际工作中不见诸行动；

（三）脱离实际，不作深入调查研究，搞随意决策、机械执行；

（四）违反精文减会有关规定搞文山会海；

（五）在督查检查考核等工作中搞层层加码、过度留痕，增加基层工作负担；

（六）工作中其他形式主义、官僚主义行为。

第一百三十三条　在公务活动用餐、单位食堂用餐管理工作中不履行或者不正确履行宣传教育、监督管理职责，导致餐饮浪费，造成严重不良影响的，对直接责任者和领导责任者，给予警告或者严重警告处分；情节严重的，给予撤销党内职务处分。

第一百三十四条　在机构编制工作中，有下列行为之一，造成不良影响或者严重后果的，对直接责任者和领导责任者，给予警告或者严重警告处分；情节较重的，给予撤销党内职务或者留党察看处分；情节严重的，给予开除党籍处分：

（一）擅自超出“三定”规定范围调整职责、设置机构、核定领导职数和配备人员；

（二）违规干预地方机构设置；

（三）其他违反机构编制管理规定行为。

第一百三十五条　在信访工作中，有下列行为之一，造成不良影响或者严重后果的，对直接责任者和领导责任者，给予警告或者严重警告处分；情节较重的，给予撤销党内职务或者留党察看处分；情节严重的，给予开除党籍处分：

（一）不按照规定受理、办理信访事项；

（二）对规模性集体访等处置不力，导致事态扩大；

（三）对党委和政府信访部门提出的改进工作、完善政策等建议重视不够、落实不力，导致问题长期得不到解决；

（四）其他不履行或者不正确履行信访工作职责行为。

不履行或者不正确履行职责，导致信访事项发生，造成不良影响或者严重后果的，对直接责任者和领导责任者，依照前款规定处理。

第一百三十六条　党组织有下列行为之一，对直接责任者和领导责任者，情节较重的，给予警告或者严重警告处分；情节严重的，给予撤销党内职务或者留党察看处分：

（一）党员被立案审查期间，擅自批准其出差、出国（境）、辞职，或者对其交流、提拔职务、晋升职级、进一步使用、奖励，或者办理退休手续；

（二）党员被依法追究刑事责任后，不按照规定给予党纪处分，或者对党员违反国家法律法规的行为，应当给予党纪处分而不处分；

（三）党纪处分决定或者申诉复查决定作出后，不按照规定落实决定中关于被处分人党籍、职务、职级、待遇等事项；

（四）党员受到党纪处分后，不按照干部管理权限和组织关系对受处分党员开展日常教育、管理和监督工作。

第一百三十七条　滥用问责，或者在问责工作中严重不负责任，造成不良影响的，对直接责任者和领导责任者，给予警告或者严重警告处分；情节严重的，给予撤销党内职务处分。

第一百三十八条　因工作不负责任致使所管理的人员叛逃的，对直接责任者和领导责任者，给予警告或者严重警告处分；情节严重的，给予撤销党内职务处分。

因工作不负责任致使所管理的人员出逃、出走，对直接责任者和领导责任者，情节较重的，给予警告或者严重警告处分；情节严重的，给予撤销党内职务处分。

第一百三十九条 进行统计造假，对直接责任者和领导责任者，情节较轻的，给予警告或者严重警告处分；情节较重的，给予撤销党内职务或者留党察看处分；情节严重的，给予开除党籍处分。

对统计造假失察，造成严重后果的，对直接责任者和领导责任者，给予警告或者严重警告处分；情节严重的，给予撤销党内职务、留党察看或者开除党籍处分。

第一百四十条 在上级检查、视察工作或者向上级汇报、报告工作时对应当报告的事项不报告或者不如实报告，造成严重损害或者严重不良影响的，对直接责任者和领导责任者，给予警告或者严重警告处分；情节严重的，给予撤销党内职务或者留党察看处分。

在上级检查、视察工作或者向上级汇报、报告工作时纵容、唆使、暗示、强迫下级说假话、报假情的，从重或者加重处分。

第一百四十一条 违反有关规定干预和插手市场经济活动，有下列行为之一，情节较轻的，给予警告或者严重警告处分；情节较重的，给予撤销党内职务或者留党察看处分；情节严重的，给予开除党籍处分：

（一）干预和插手建设工程项目承发包、土地使用权出让、政府采购、房地产开发与经营、矿产资源开发利用、中介机构服务等活动；

（二）干预和插手国有企业重组改制、兼并、破产、产权交易、清产核资、资产评估、资产转让、重大项目投资以及其他重大经营活动等事项；

（三）干预和插手批办各类行政许可和资金借贷等事项；

（四）干预和插手经济纠纷；

（五）干预和插手集体资金、资产和资源的使用、分配、承包、租赁等事项。

第一百四十二条 违反有关规定干预和插手司法活动、执纪执法活动，向有关地方或者部门打听案情、打招呼、说情，或者以其他方式对司法活动、执纪执法活动施加影响，情节较轻的，给予严重警告处分；情节较重的，给予撤销党内职务或者留党察看处分；情节严重的，给予开除党籍处分。

违反有关规定干预和插手公共财政资金分配、项目立项评审、功勋荣誉表彰奖励等活动，造成重大损失或者不良影响的，依照前款规定处理。

第一百四十三条　按照有关规定对干预和插手行为负有报告和登记义务的受请托人，不按照规定报告或者登记，情节较重的，给予警告或者严重警告处分；情节严重的，给予撤销党内职务处分。

第一百四十四条　泄露、扩散或者打探、窃取党组织关于干部选拔任用、纪律审查、巡视巡察等尚未公开事项或者其他应当保密的内容的，给予警告或者严重警告处分；情节较重的，给予撤销党内职务或者留党察看处分；情节严重的，给予开除党籍处分。

私自留存涉及党组织关于干部选拔任用、纪律审查、巡视巡察等方面资料，情节较重的，给予警告或者严重警告处分；情节严重的，给予撤销党内职务处分。

第一百四十五条　在考试、录取工作中，有泄露试题、考场舞弊、涂改考卷、违规录取等违反有关规定行为的，给予警告或者严重警告处分；情节较重的，给予撤销党内职务或者留党察看处分；情节严重的，给予开除党籍处分。

第一百四十六条　以不正当方式谋求本人或者其他人用公款出国（境），情节较轻的，给予警告处分；情节较重的，给予严重警告处分；情节严重的，给予撤销党内职务处分。

第一百四十七条　临时出国（境）团（组）或者人员中的党员，擅自延长在国（境）外期限，或者擅自变更路线的，对直接责任者和领导责任者，给予警告或者严重警告处分；情节严重的，给予撤销党内职务处分。

第一百四十八条　驻外机构或者临时出国（境）团（组）中的党员，触犯驻在国家、地区的法律、法令或者不尊重驻在国家、地区的宗教习俗，情节较重的，给予警告或者严重警告处分；情节严重的，给予撤销党内职务、留党察看或者开除党籍处分。

第一百四十九条　在党的纪律检查、组织、宣传、统一战线工作以及机关工作等其他工作中，不履行或者不正确履行职责，造成损失或者不良影响的，应当视具体情节给予警告直至开除党籍处分。

二、工作纪律的实践要求

《条例》立足党的十八大以来深入推进全面从严治党和全面加强党的纪律建设的新形势新实践新问题，着眼以中国式现代化全面推进强国建设、民族复兴的战略全局，对相关工作纪律的条款进行了修订、补充、完善、加强和升级，具体规定更加细致、现实针对性更强，体现了全面从严治党越来越严、一严到底的鲜明导向，体现了党在新时代对工作纪律的系统性升级和全方位完善，增强了工作纪律的执行力。工作纪律聚焦规范用权、压实责任、防控风险三大维度，通过教育引导、制度约束、严查实纠并举，促进党员干部知责尽责、担当作为、善作善成，维护正常的工作秩序，提升工作质效。

一是注重压实责任，强化履职尽责与担当导向。能否担当尽责最能检验一名党员干部的党性，有多大担当才能成就多大事业。党和人民的事业发展要求党员干部勇于担当、积极作为、创造佳绩。工作纪律的主要目的是为党员干部明晰在具体工作中哪些行为不能为、哪些行为必须为，划出履职尽责的负面清单和正面清单，使党员干部行有所依、行有所止。例如，工作纪律新增对“工作中不敢斗争、不愿担当”行为的处分规定，明确要求党员干部在重大矛盾冲突、危机困难中主动作为，禁止临阵退缩或推诿责任。针对“新官不理旧账”问题，工作纪律要求党员领导干部必须解决到任前遗留的职责范围内问题，杜绝消极回避或“击鼓传花”现象。这些纪律规定紧盯当前党员干部履职尽责不到位、不担当、不作为、不敢斗争、敷衍塞责、推诿扯皮等突出问题，加强纪律的刚性约束力度，推动构建严管思想、严管工作、严管纪律、严管作风的从严管理体系。这有助于教育引导党员干部扛牢主体责任，增强斗争精神，锤炼斗争本领，知责于心、明责于身、履责于行，以对事业的高度责任感、使命感，履行应尽的职责，担起应负的责任，善于斗争、破解难题，在各自分管领域、工作岗位上干出一番业绩，不负党和人民的期待。

二是注重依法用权，强化权力制约与风险防控。工作纪律服务党和国家监督体系建设，重点加强对行政管理权、执纪执法权等权力运行的监督制约，扎紧权力运行的制度“笼子”，着力防控违规用权的风险，完善针对性的内控机制和管理措施，确保权力在正确轨道上运行，防止权力滥用、权力寻租、权力失控，推动依法用权、为民用权、公正用权、廉洁用权。例如，工作纪律加强对党员领导干部违规干预插手市场经济活动、执纪执法活动等高风险行为的规制力度，通过逐项开列违规用权的禁止性领域、情形，划清权力边界，使党员领导干部正确认识权力、依规依纪行使权力、防止滥用职权。这有利于铲除容易滋生腐败的土壤和条件，建立健全权力运行监督制约制度机制，促进党员领导干部依法用权、廉洁从政、规范履职，打好反腐败斗争攻坚战持久战总体战。工作纪律还新增对统计造假、问责泛化、违反机构编制管理规定、不履行信访工作职责等不正确行使权力、滥用职权行为的处分条款。这些纪律规定具体细致明确，现实指向性和可操作性都非常强，通过划出纪律红线，有效防控权力虚置、权力越界、权力滥用的风险，推动党员干部依规依纪依法履职用权，更好担负起党组织赋予的职能责任，守好岗位“责任田”，提高推进经济社会高质量发展的治理能力和治理水平。

三是注重求真务实，强化整治形式主义、官僚主义。形式主义、官僚主义是当前“四风”中的突出问题，是党规党纪规制和整治的重点对象。工作纪律总结和提炼党的十八大以来我们党整治形式主义、官僚主义的有效做法和成功经验，上升为具有权威性、约束力的党规党纪条款，充分彰显了我们党一以贯之整治形式主义、官僚主义的坚定决心和鲜明态度。例如，工作纪律在保留既往有关条款的基础上，新增规定了脱离实际、随意决策、搞文山会海、督查检查考核层层加码、过度留痕、增加基层工作负担等当前形式主义、官僚主义的典型表现，切中了纠风治弊的要害，体现了破除顽瘴痼疾的力度。这些纪律规定传承和发扬我们党注重实事求是、求真务实的优良作风，反对搞花拳绣腿、凌空蹈虚，既深化整治形式主义为基层减负、降低行政成本提升治理效能，又践行新时代党的群众路线，密切党群干群关系，保障了经济社会持续健康发展，厚植了党执政的群众基础。这些纪律规定要求广大党员干部积极践行党的根本宗旨，大兴求真务实之风，深入基层抓好调查研究，在高质量发展主战场、服务群众第一线，访民意、寻良策、解难题，讲实干、做实事、求实效，以扎扎实实的担当作为，以兢兢业业的履职尽责，干出实实在在的业绩，为党和人民的事业贡献更多智慧和力量。

第三节　违反工作纪律的表现及危害

结合税务系统实际，税务干部违反工作纪律的风险主要包括：工作失职，形式主义、官僚主义问题，征管、执法、服务工作中不履行或者不正确履行职责，滥用问责或者问责工作中严重不负责任，统计造假、不如实报告工作，违规干预和插手市场经济活动、执纪执法司法活动，泄露组织秘密、考试录取工作中违反规定，涉外工作违规等。

一、工作失职

工作失职是指党员在履行职责过程中不负责任，未能达到预期的工作效果或者造成工作失误，导致不良后果和损害的行为。对于此类行为，《条例》制定了详尽的负面清单，明确规定相应的处分措施，旨在严肃处理工作失职问题，确保党的各项工作能够得到有效执行。这些措施的出台，既是对党员行为的进一步规范，也是对工作纪律严肃性的有力彰显，目的是督促干部勇于担当、积极作为。

（一）对上级决策部署贯彻落实不力

党中央和上级党组织作出决策部署后由下级党组织和党员严格贯彻执

行是党的领导、党的建设、党的事业推进落实中一项十分重要的工作纪律，要求下级党组织和党员在思想上足够重视、在行动上认真落实上级决策部署，要求党组织和党员领导干部对相关义务主体贯彻执行上级决策部署的情况进行检查督促。党员干部在各自岗位上承担着重要职责，这是其基本职责所在，在执行党中央决策部署时搞“选择性落实”“象征性执行”，没有有效落实上级决策部署或者贯彻执行不力，甚至阳奉阴违，导致较大、重大损失的，将受到纪律处分。《条例》第一百三十条明确指出，工作中不负责任或者疏于管理，贯彻执行、检查督促落实上级决策部署不力，给党、国家和人民利益以及公共财产造成较大、重大损失的，直接责任者和领导责任者将受到相应纪律处分。现行本条第一款的规制重点更加集中，强调“不负责任”“疏于管理”之主观要件，突出“贯彻执行、检查督促落实上级决策部署不力”之内容要件，并以“给党、国家和人民利益以及公共财产”造成较大、重大损失作为引发责任追究的后果要件。“不负责任”描述行为主体对可能会产生的不良后果“有意识”而依然放任不管，“疏于管理”侧重刻画行为主体对造成不良后果“无意识”的主观态度，前者包括主观过失和间接故意，后者强调主观过失。税务部门是重要经济管理部门和行政执法机关，是贯彻落实党中央重大决策部署、执行党和国家税收政策的责任主体，必须结合税收工作实际，当好党中央权威和集中统一领导的坚定捍卫者，当好党中央重大决策部署的坚决执行者。税务干部特别是党员领导干部要清醒认识到有权必有责、责任必担当，以对党的税收事业高度负责的态度，坚决贯彻落实上级决策部署，加强管理监督、督促检查，确保落到实处、取得实效，做到守土有责、守土担责、守土尽责。

（二）“新官不理旧账”问题

党员干部接手工作时需积极解决历史遗留问题，推诿逃避则会受到纪律处分。在现实中，某些党员领导干部以岗位变动为理由，对历史遗留问题选择忽视、拖延甚至逃避。旨在推动解决“新官不理旧账”的问题，《条例》第一百三十条第二款是新增内容，规定党员领导干部对于到任前已经存在且属于其职责范围内的问题，消极回避、推卸责任，造成严重损害或者严重不良影响的，将受到相应处理。这一规定是解决“新官不理旧账”问题的法规化表述。现实中，一些党员干部宗旨意识不牢、政治观偏差、责任心不强，有的怕事不敢理，对前任遗留下来的“老大难”问题，认为劳心劳力不讨好，事不关己高高挂起；有的懒政不愿理，对存在的问题视而不见，导致国家利益、群众利益遭受损失；有的“另起炉灶”不想理，认为干得好是前任的政绩，干不好则显得自己没能力。“新官不理旧账”不仅会损害国家和群众利益，而且会降低政府公信力、恶化营商环境。《条例》针对实践中的问题，增加对“新官不理旧账”行为的处分条款，要求党员领导干部对于到任前已经存在且属于其职责范围内的问题切实负责，不得消极回避、推卸责任，有利于完善责任链条，推动党员领导干部始终牢记初心使命，积极负责、担当作为。税务党员领导干部要认真学习领会《条例》相关规定精神，切不可因岗位变动而对职责范围内的历史遗留问题敷衍塞责、消极推诿，否则将受到纪律处分。

（三）缺乏斗争精神、临阵退缩

党员干部在面对困难和危机时表现退缩将受到严惩。执纪监督中发现，一些党员干部遇到矛盾就绕道走，碰到难题就往上交。为落实党的二十大报告关于“加强干部斗争精神和斗争本领养成”[①]的要求，《条例》新增第一百三十一条，明确对工作中不敢斗争、不愿担当，面对重大矛盾冲突、危机困难临阵退缩，造成不良影响或者严重后果的，给予警告或严重警告处分的规定。新时代新征程统筹推进“五位一体”总体布局、协调推进“四个全面”战略布局，贯彻落实新发展理念，都需要党员干部勇于担当任事，发扬斗争精神，增强斗争本领。党员干部的精神状态，事关党内政治生态、发展环境。一些地方、行业对党员干部管理监督不严，致

① 2022年10月，习近平总书记在中国共产党第二十次全国代表大会上的报告。

使一些党员干部产生“多干不如少干，干得越多错得越多”“干的不如看的”“躺平”等认识误区和行为偏差。习近平总书记强调：“要坚持严管和厚爱结合、激励和约束并重，坚持‘三个区分开来’，更好激发广大党员、干部的积极性、主动性、创造性，形成奋进新征程、建功新时代的浓厚氛围和生动局面。”① 新征程上，增强党员干部在工作中的斗争本领、激励担当作为，刻不容缓、迫在眉睫，这对营造风清气正的党内政治生态、心齐劲足的干事创业氛围，推进中国式现代化建设具有重要的时代意义和实践意义。本条针对一些党员干部甘愿做太平官，遇到矛盾绕着走、碰到难题往上交等突出问题，强化纪律约束和惩处，激励广大党员干部知重负重、迎难而上，以担当作为的实际行动，做到忠诚于党、为党分忧、为党尽责、为民造福。税务干部要增强斗争精神，锤炼斗争本领，强化担当意识，对工作中的矛盾问题、危机困难，敢于担当、勇于任事，做到平常时候看得出来、关键时刻站得出来、危难关头豁得出来。

二、搞形式主义、官僚主义

党的十八大以来，以习近平同志为核心的党中央高度重视纠治形式主义、官僚主义突出问题。习近平总书记在许多场合多次指出形式主义、官僚主义这一当前党内存在的突出矛盾和问题，强调了形式主义、官僚主义的思想根源、本质特征、具体表现、严重危害、破解之策。制定执行党内法规、制度文件是纠治形式主义、官僚主义的重要途径和有效方法。例如，2019 年 3 月中共中央办公厅印发《关于解决形式主义突出问题为基层减负的通知》，2024 年 8 月中共中央办公厅、国务院办公厅印发《整治形式主义为基层减负若干规定》等。《条例》第一百三十二条从整体上将禁止形式主义、官僚主义行为的具体要求作为规范性党纪纳入党内法规体系，彰显出党中央持之以恒纠治“四风”、防止“四风”问题反弹回潮、

---

① 2023 年 1 月，习近平总书记在二十届中央纪委二次全会上的讲话。

隐形变异的坚定决心和坚强意志。针对党员干部反映强烈的形式主义、官僚主义顽瘴痼疾，新修订的《条例》增加了对“脱离实际，不作深入调查研究，搞随意决策、机械执行”“违反精文减会有关规定搞文山会海”“在督查检查考核等工作中搞层层加码、过度留痕，增加基层工作负担”等的处分规定，并将原本条第一项的“贯彻党中央决策部署只表态不落实”的行为规定在了第五十六条中。本条以列举式规定与兜底性规定组合的方式禁止党的领导、党的建设、党的事业实践中存在的形式主义、官僚主义问题。列举式规定是形式主义、官僚主义的具体表现、典型形态，兜底性规定涵盖形式主义、官僚主义的其他表现。税务总局党委认真落实党中央部署要求，采取一系列得力措施反对和制止形式主义、官僚主义问题。2025年结合开展深入贯彻中央八项规定精神学习教育，制发了税务系统为基层减负集中整治工作方案和学习教育集中整治台账，通过开展集中整治、靶向施治、建章立制，推动整治形式主义为基层减负取得更大成效。税务干部要清醒认识形式主义、官僚主义的具体表现和严重危害，树立正确的权力观、政绩观、事业观，弘扬实事求是、求真务实、真抓实干的工作作风，在税收工作中干实事、务实功、求实效。

三、相关工作中不履行或者不正确履行职责

为促进党员履职尽责、规范用权，《条例》与《中国共产党机构编制工作条例》《信访工作条例》《党政机关厉行节约反对浪费条例》等法规相衔接，新增对在公务活动用餐、单位食堂用餐管理、机构编制、信访、执行党的纪律等工作中不履行或者不正确履行职责行为的处分规定。

党的十八大以来，习近平总书记多次对反对食品浪费作出重要指示批示，要求党政机关在坚持“过紧日子”、反对浪费中走在前、带好头。2025年5月党中央印发了修订后的《党政机关厉行节约反对浪费条例》，坚持从严标准、从严管理、从严监督，对公务活动中厉行节约反对浪费作出具体规定和要求，对于深入贯彻中央八项规定精神、持续深化纠治“四

风”具有重要意义。科学设定责任，以刚性的制度约束，严格的纪律执行，坚决制止浪费行为。《条例》第一百三十三条是新增条款，与其他法规制度互相支撑、相互配合，以严明的纪律要求督促党员干部在公务活动用餐、单位食堂用餐管理中正确履行宣传教育、监督管理职责，防止餐饮浪费。

机构编制工作关系国计民生，服务经济社会发展大局，在国家治理体系和治理能力中发挥着重要作用。我们党历来高度重视机构编制工作，建立了严格的机构编制管理法规制度，对于精简机构、提升工作效能，发挥了重要作用。新修订的《条例》增加对违反机构编制管理规定等行为的处分条款，推动广大党员干部围绕中心、服务大局，聚焦新时代新征程党和国家的中心任务，正确行使权力，用好机构编制资源，积极推动高质量发展。

《条例》第一百三十五条是新增加内容，主要围绕党员干部不履行或者不正确履行信访工作职责行为给予纪律处分，旨在促进党员干部在信访工作中履职尽责、规范用权。不按照规定受理、办理信访事项包括：对收到的信访事项不按照规定登记；对属于其职权范围的信访事项不予受理；未在规定期限内书面告知信访人是否受理信访事项。其他不履行或者不正确履行信访工作职责行为包括：各级党委和政府信访部门对收到的信访事项应当登记、转送、交办而未按照规定登记、转送、交办，或者应当履行督办职责而未履行。

按照规定执行党纪是依规治党、制度治党的核心要求，是深入推进全面从严治党的重要环节，是维护党纪和党的权威威信的关键之举。如果该处分的不处分，该落实的处分决定不落实，该管理教育的党员不管理教育，党规党纪就会变成“稻草人”，“有规必依、执纪必严”就会沦为一句空话。《条例》第一百三十六条是对不按照规定给予党纪处分、不按照规定落实党纪决定处分事项、不按照规定教育管理监督党员等执行党的纪律失职行为的处分条款。该条第（一）项是2023年修订《条例》时新增的条款，明确了对处于被立案审查期间的党员，党组织要严守纪律要求，不得批准或推动的一些事项。需要指出的是，《条例》第一百四十九条是关于违反工作纪律行为处分的兜底线规定。遵守党的工作纪律是履行党员义务、推进党的事业的要求，其内容十分丰富，不可能逐一列举在《条例》中，因此在“对违反工作纪律行为的处分”章节最后设置兜底性条款。“党的纪律检查、组织、宣传、统一战线工作及机关工作等其他工作”是涵盖工作内容非常广的界定，包括党的工作方方面面，不能理解为狭义上的党务工作。“不履行或者不正确履行职责”包括拒绝履行职责、拖延履行职责、擅离职守和不作为。“造成损失或者不良影响”主要是指经济、财产损失及人员伤亡和负面的政治影响、社会影响等。以上禁止性行为都是在日常岗位工作中容易发生、触碰的违纪风险点。税务干部要认真学习掌握《条例》关于在相关工作中不履行或者不正确履行职责的处分条款，明责于心、恪尽职守、积极履职，自觉学纪知纪明纪守纪，在遵规守纪前提下担当作为、大胆干事、干好工作。

四、滥用问责或者问责工作中严重不负责任

党员干部在问责过程中不得滥用职权或者严重不负责任，若在问责工作中造成不良影响，直接责任者和领导责任者将受到警告或者严重警告处分，情节严重的甚至可能被撤销党内职务。《条例》为推动精准问责，与《中国共产党问责条例》相衔接，新增第一百三十七条，明确对滥用问责或者在问责工作中严重不负责任行为的处分规定，反映出对执纪规范化、法治化、正规化的新要求，同时彰显出党组织对党员干部严管厚爱的鲜明态度。延安时期，毛泽东同志在谈论党的干部政策时就指出：“我们的责任，就在于组织他们，培养他们，爱护他们，并善于使用他们。”[①]在整风运动中，毛泽东同志还提出了“惩前毖后、治病救人”的基本方针，成为以后我们党监督执纪问责的基本原则和重要要求。邓小平同志指出：“对

---

① 毛泽东．毛泽东选集：第二卷［M］．北京：人民出版社，1991.

于犯了错误的人，有的需要有适当的惩处。但不要强调惩处，要强调帮助，满腔热情地帮助他们改正错误，帮助他们进步。”[①]新时代以来，中共中央办公厅印发了《关于进一步激励广大干部新时代新担当新作为的意见》，强调坚持“三个区分开来”的原则，明确规定“坚持有错必纠、有过必改，对苗头性、倾向性问题早发现早纠正，对失误错误及时采取补救措施，帮助干部汲取教训、改进提高”。习近平总书记指出：“严并不是要把大家管死，使人瞻前顾后、畏首畏尾，搞成暮气沉沉、无所作为的一潭死水，而是要通过明方向、立规矩、正风气、强免疫，形成风清气正的党内政治生态，营造有利于干事创业的良好环境，进一步调动全党的积极性、主动性、创造性。”[②]滥用问责或者在问责工作中严重不负责任，对不该问责的党员干部进行问责，侵犯党员干部的合法权益，损害党规党纪的严肃性和权威性，必须受到党纪的处分。从实践看，有的地方、部门确实存在问责泛化、不精准问责、滥用问责的现象。《条例》明确规定了滥用问责或者在问责工作中严重不负责任的处分尺度，为实践中查处、审理此类问题提供了精准的党内法规依据，有利于进一步保护党员干部干事创业的积极性。各级税务局党委和纪检机构特别是相关负责人在监督执纪问责中要严格依据党规党纪，聚焦规定的问责情形、程序、责任、类别，做到问责事实清楚、证据确凿、依据充分、责任明晰、程序合规、处理恰当，实现依规问责、科学问责、精准问责。对问责不精准或者存在其他不应当问责情况的，应当及时予以纠正。必要时，上级党组织和纪检机构可以直接纠正或者责令对作出问责决定的党组织予以纠正。

五、统计造假、不如实报告工作

统计造假是指统计失真、统计失实等统计资料、统计信息、统计数据

---

① 邓小平．邓小平文选：第二卷［M］．北京：人民出版社，1994.

② 2022 年 10 月，习近平总书记在党的二十届一中全会上的讲话。

的造假、弄虚作假，是违反统计法律法规、统计制度，不符合统计原则的行为。统计造假损害统计工作的法治性、客观性、严肃性，会给党和政府推动经济社会发展和国家治理带来严重危害。在《条例》中，对统计造假行为有明确的处分规定。这些规定旨在严肃处理那些通过篡改统计数据、捏造统计资料等手段来掩盖事实、误导决策的行为。违反统计法律法规制度，未严格依法履职，进行统计造假或者对统计造假失察失管，这些行为都违反了《条例》《中国共产党党内监督条例》《中国共产党问责条例》等党内法规有关规定，必须依据党规党纪严格问责追究。对于此类行为，直接责任者和领导责任者将面临警告、严重警告、撤销党内职务乃至留党察看、开除党籍的处分。将"统计造假"纳入《条例》处分范围，充分彰显了以习近平同志为核心的党中央坚持实事求是、反对弄虚作假的鲜明态度和坚定决心以及对统计工作的高度重视和坚强领导。统计部门和统计干部要深入贯彻落实习近平总书记关于统计工作的重要讲话和重要指示批示精神和党中央、国务院关于统计改革发展的决策部署，严格执行《条例》，持续增强统计执法力度和统计督察效能，坚决防范和惩治统计造假、弄虚作假行为，牢牢守住统计数据质量生命线，更好发挥统计监督职能作用，为强国建设、民族复兴伟业提供坚实统计保障。

中国共产党要求全体党员干部坚持实事求是原则，对党忠诚、光明磊落、言行一致，做老实人、讲实话、办实事、求实效。针对实践中一些地方和部门在上级检查、视察工作或者向上级汇报、报告工作时弄虚作假的情况，2015 年修订《条例》时增设了关于不报告、不如实报告工作行为及其适用的党纪处分条款，2018 年修订《条例》时又补充规定了本条第二款，2023 年修订《条例》时本条内容未作修改。"应当报告的事项"不仅包括上级明确要求报告的事项，还包括上级没有明确要求，但从自身职责要求上看属于应当报告的事项。"不报告"指对应当报告的事项，隐瞒全部或者部分客观存在的事实。"不如实报告"指对客观存在的事实不全面、准确地汇报，隐瞒、谎报部分事实。"直接责任者和领导责任者"指的是具体汇报、报告工作的党员和在汇报、报告工作中起决定性作用的党员领导干部。

税务机关作为重要经济管理部门，工作中存在大量涉税涉企统计数据，肩负着为党和政府推进经济社会发展和治理提供科学、准确、及时的税收数据的职责。税务干部特别是党员领导干部要深刻认识税收工作在国家治理中的基础性、支柱性、保障性作用，严守统计法律法规制度，认真履职尽责，切实审核把关，为服务高质量发展、推进中国式现代化建设提供准确的税收领域统计数据、统计信息、统计资料。统计造假或者对统计造假失察将面临党纪处分。税务干部还要坚持实事求是，客观、全面、负责地向上级汇报、报告工作的实际情况，决不能说假话、报假情。

六、违规干预和插手

党员干部干预和插手市场经济活动、执纪执法司法活动，破坏经济秩序、营商环境和纪法权威，严重损害公平公正，为人民群众所深恶痛绝，历来是党纪规范约束惩处的重点问题。《条例》加大对有关干预和插手行为的规制力度，新增第一百四十三条，明确按照有关规定对干预和插手行为负有报告和登记义务的受请托人，不按照规定报告或者登记行为的处分规定，推进体系化纠治违规干预和插手行为。《条例》第一百四十一条规定了对违反有关规定干预和插手市场经济活动的处分情形和档次。党员干部特别是党员领导干部违规使用公权力、违规干预和插手市场经济活动，不仅会扰乱市场经济秩序、破坏公平竞争原则、阻碍经济社会发展，而且会催生权力寻租、腐败等问题。新修订的《条例》第一百四十一条删除了原来的“党员领导干部”，将纪律规范适用主体范围扩大至全体党员；将原来的“造成不良影响”改为“情节较轻”，与后面“情节较重”“情节严重”相对应。理解本条所列举的五项内容，需结合“有关规定”：

1. 关于违规“干预和插手建设工程项目承发包”的具体情形，要结合 2010 年 5 月中央纪委印发的《党员领导干部违反规定插手干预工程建设领域行为适用〈中国共产党纪律处分条例〉若干问题的解释》（以下简称《解释》）第四条理解，包括：要求有关部门对依法应当招标的工程建设项目不招标，或者依法应当公开招标的工程建设项目实行邀请招标的；为招标人指定招标代理机构并办理招标事宜的；影响工程建设项目投标人资格的确定或者评标、中标结果的；等等。

2. 关于违规“干预和插手土地使用权出让”的具体情形，要结合《解释》第五条理解，包括：要求有关部门对应当实行招标拍卖挂牌出让的土地使用权采用划拨、协议方式供地的；影响土地使用权招标拍卖挂牌出让活动中竞买人的确定或者招标拍卖挂牌出让结果的；等等。

3. 关于违规“干预和插手政府采购”的具体情形，要结合政府采购法第七十一条理解，包括应当采用公开招标方式而擅自采用其他方式采购的、擅自提高采购标准的、以不合理的条件对供应商实行差别待遇或者歧视待遇等。

4. 关于违规“干预和插手房地产开发与经营”的具体情形，要结合《解释》第七条理解，包括要求有关部门同意不具备房地产开发资质或者资质等级不相符的企业从事房地产开发与经营活动的、要求有关部门为不符合商品房预售条件的开发项目发放商品房预售许可证的等。

5. 关于违规“干预和插手矿产资源开发利用”的具体情形，要结合《解释》第五条理解，主要是指利用职权或者职务上的影响，要求相关部门违反规定审批或者出让探矿权、采矿权的行为。

6. 关于违规“干预和插手中介机构服务”，主要是指利用职权或者职务上的影响，强令中介机构提供虚假的证明文件等行为。中介机构包括资产评估事务所、审计师事务所、会计师事务所、律师事务所、税务师事务所等。

7. 关于违规“干预和插手国有企业重大经营活动”，列举的九种行为整体上描述的是党员领导干部违反法律法规和其他政策性规定，利用职权或者职务上的影响，采取打招呼、批条子等各种方式，影响国有企业重大经营活动的行为。

8. 关于违规“干预和插手批办各类行政许可和资金借贷等事项”，根据行政许可法第二条，“行政许可”指的是行政机关根据公民、法人或者其他组织的申请，经依法审查，准予其从事特定活动的行为。“资金借贷”指的是金融机构提供的信贷以及企业间发生的资金流转、借用的行为。这些事项可表现为对不符合法定条件的申请人强令行政机关准予行政许可、对不符合贷款条件的人强令金融机构给予贷款等。

9. 关于违规“干预和插手经济纠纷”，包括违规干预和插手平等主体之间的经济纠纷，公民、法人或者其他组织与行政机关之间因行政管理所发生的经济纠纷。

10. 关于违规“干预和插手集体资金、资产和资源的使用、分配、承包、租赁等事项”，指的是违规对属于农村集体经济组织所有的资金、资产和资源的使用、分配、承包、租赁等进行干预和插手。

《条例》第一百四十二条是关于违规干预和插手司法活动、执纪执法活动和资金项目等活动行为的处分规定。党的十八届四中全会通过的《关于全面推进依法治国若干重大问题的决定》强调，加强执法监督，坚决排除对执法活动的干预，防止和克服地方和部门保护主义，惩治执法腐败现象。这一要求的提出一方面回应司法执纪执法实践中一些领导干部为了追求个人利益，以打招呼、批条子、递材料等方式干预和插手司法执纪执法，干预和插手公共财政资金分配、项目立项评审等活动的问题；另一方面，维护司法公正、落实严格执法、确保规范行权是推进国家治理体系和治理能力现代化的内在要求。第一款违规干预和插手司法活动、执纪执法活动主要包括两种情形：一是司法活动、执纪执法活动与党员领导干部直接相关，他们与涉案人员属于利益共同体，一旦这些涉案人员被查办，这些党员领导干部将被牵涉查处。这些党员领导干部就通过违规干预和插手司法活动、执纪执法活动来规避审查、调查和惩处。二是司法活动、执纪执法活动与党员领导干部没有直接关系，他们受人请托，为涉案人员洗脱罪行，干预和插手案件审查调查、审理审判、惩处执行。第二款是关于违规干预和插手公共财政资金分配、项目立项评审、功勋荣誉表彰奖励等公共管理的行为。在公共财政资金分配、项目立项评审、功勋荣誉表彰奖励等方面，我国已初步构建起相关法规制度规则体系，要求党员领导干部严格遵照执行。

《条例》第一百四十三条是关于对干预和插手行为负有报告和登记义务的受请托人，不按照规定报告或者登记行为的处分规定。接受请托，为他人打探消息、说情打招呼，讲到底是利益驱使，拿党的纪律换取个人利益。《中共中央关于加强对“一把手”和领导班子监督的意见》对严格执行领导干部干预插手重大事项记录制度提出明确要求，规定有关受请托人要及时向所在部门和单位党组织报告。《条例》与上述规定相衔接，增写本条处分规定，明确处分依据，使得对违规干预插手行为的治理链条更加完整，推进体系化纠治违规干预插手行为。

税务部门和税务干部是管理服务市场经济活动的重要行为主体，又与广大纳税人缴费人联系紧密，拥有一定的税收执法权、执纪权。违规干预插手市场经济活动、司法活动、执纪执法活动是税务干部特别是党员领导干部易发多发的违纪风险点，税务总局出台了系列制度文件予以规制，并通过开展专项整治防控、查处违纪行为。特别是 2025 年 2 月，税务总局党委、中央纪委国家监委驻国家税务总局纪检监察组结合税务系统实际，印发了税务人员违规插手干预重大事项记录和报告的相关办法，对各级税务局领导班子成员、副处级及以上领导干部违规插手干预重大事项的范围、情形、记录和报告、记录处置、责任追究等作了进一步系统性明确规定，这对严格贯彻执行《条例》等党内法规，严防税务人员违规插手干预重大事项问题发生，纵深推进依法治税、以数治税、从严治税具有重要意义。税务干部特别是党员领导干部要深刻认识违规干预插手市场经济活动、司法活动、执纪执法活动的严重危害性，划清权力边界，加强权力运行制约监督，依规依纪依法履职尽责，做到秉公用权、依法用权、廉洁用权、为民用权，为国聚好财、为民收好税。

七、泄露组织秘密、考试录取工作中违反规定

党员干部泄露党的秘密严重违反党纪国法，根据情节轻重，对于泄

露、扩散或打探、窃取党组织秘密的行为，将给予相应纪律处分。《条例》第一百四十四条是关于泄露、扩散、打探、窃取党组织秘密行为和私自留存党组织相关资料行为的处分规定。党章规定，严格保守党和国家的秘密是全体党员必须遵守的纪律。对此，相关工作条例、制度规则作出了进一步规定，要求严格保守党组织关于干部选拔任用、纪律审查、巡视巡察等方面的未公开或者应当保密的内容。《条例》第一百四十五条是关于违反考试、录取工作有关规定行为的处分规定。考试、录取工作是党和国家机关、企事业单位等培育人才、选拔人才的重要举措，必须始终坚持公平、公开、公正原则，这关系到党和国家事业发展，关系到社会公平正义。为了落实好这些要求，针对实践中泄露试题、考场舞弊、违规录取等乱象，《条例》设置了对违反考试、录取工作有关规定行为的处分条款。本条所称“考试、录取工作”主要包括：国家统一组织的考试和录取工作；各类学校组织的考试；党政机关、企事业单位等组织的招聘选拔考试、业务考试。本条规定的行为人主要有两类：负责和组织考试、录取工作的人员，如出题人、试卷保管人、监考人、评卷人等；参加应试人员中的党员。税务干部要认真学习上述纪律条规，严守党和国家秘密、工作秘密，严格执行考试、录取工作有关规定，不踩纪律禁区、不碰纪律底线，恪守纪律要求。

八、涉外工作违规

党员干部在涉外工作中违反纪律规定，例如：以不正当方式谋求本人或者其他人用公款出国（境），擅自延长在国（境）外期限或者变更路线，触犯驻在国家、地区的法律法令或者不尊重驻在国家、地区的宗教习俗，将受到相应纪律处分。

《条例》第一百四十六条是关于以不正当方式谋求公款出国（境）行为的处分规定。“不正当方式”指的是：虚报出国（境）公务骗取批准的；购买、伪造邀请函或者编造虚假日程骗取批准的；采取伪造个人身份证件、资料等方式，安排与出国（境）公务无关人员出国（境）的；避开主管部门委托非主管部门办理因公出国（境）审核审批手续的；违反规定将一个团组拆分为若干团组报批或者审核审批的；其他以不正当方式谋求本人或者他人用公款出国（境）的。“其他人”包括配偶、子女及其配偶、亲属、朋友以及所有委托其办理出国（境）事宜的人。

《条例》第一百四十七条是关于擅自延长出国（境）期限、变更出国（境）路线行为的处分规定。关于因公出国（境）的任务、目的地、行程安排、停留时间及费用等，相关制度已作出明确规定，要求相关外事活动参与者严格遵守。临时出国（境）团（组）或者人员中的党员要想延长出国（境）期限、变更路线的，需要事先按照规定获得审批，不得未经组织批准而自作主张、擅自变更。否则，就违反了党和国家外事工作制度，破坏了正常外事活动管理秩序，应当受到党纪处分。

外事工作旨在发展我国同世界各国、各地区的友好合作关系，为中国式现代化建设创造有利的外部环境。党员在长期或临时因公出国（境）时，都必须深入了解并严格遵守当地的法律法令，尊重当地的宗教习俗。对此，相关制度已作出明确规定。外事无小事，任何违反纪律的行为都可能损害党和国家的尊严和形象。当今，中国税务的国际影响力和话语权越来越大，国际税收交流合作日益密切，税务系统相关外事活动相应增多。税务干部要严格遵守党和国家外事工作制度规定，明晰《条例》规定的禁止性行为，在外事活动中严格遵守纪律规定，保障外事工作正常有序开展。

第四节　强化责任担当，做履职尽责的表率

习近平总书记强调：“能否敢于负责、勇于担当，最能看出一个干部的党性和作风。”[①] 干事担事，是干部的职责所在，也是价值所在。当干部

① 2019年3月，习近平总书记在中央党校（国家行政学院）中青年干部培训班开班式上的讲话。

就要有担当，有多大担当才能干多大事业，尽多大责任才会有多大成就。党员干部是否担当负责，不仅仅是个人的态度或者能力问题，而且是事关党的性质宗旨、初心使命、事业发展的政治问题。严守党的工作纪律的核心意涵就是强化责任意识、认真履职尽责、提升工作质效，为党和人民的事业担当作为、建功立业。新时代税务干部要铸牢对党忠诚，强化责任意识，锤炼实干本领，争当履职尽责的表率，以昂扬奋进、实干担当的精气神，为党和人民的税收事业立新功、添新彩。

一、铸忠诚强责任，勇于担当作为

敢于负责、勇于担当是中国共产党的政治特质，是我们党性质宗旨的内在要求，是共产党人政治品格的集中体现。忠诚履职尽责，勇于迎难而上，敢于挺身而出，是共产党人先进性和纯洁性的集中体现。从毛泽东同志"无非一念救苍生"的坚韧决绝，到习近平总书记"我将无我，不负人民"的真情告白，无不生动彰显了共产党人为了党和人民的事业，不惜"背负万石之任，肩扛千斤之责"的强烈担当精神，胸怀天下、不负人民、不辱使命的担当情怀。这种高尚品格和可贵素质，正是新时代共产党人政治品格、价值追求、精神风范的集中体现。

党员干部对于党的事业负有重大责任，这就要求必须对党忠诚。对党忠诚，是党章的基本要求，是共产党员是否合格的最基本条件。而做到对党忠诚，最终要落实到敢于负责、勇于担当上。敢于负责、勇于担当是对党忠诚的具体表现、直接反映和检验标尺。对党忠诚不是抽象的概念和符号，而是理论与实践的结合、内在与外在的统一，有着具体可感、实实在在的表现形式。从本质上讲，敢于负责、勇于担当，是党员干部的基本从政准则和职业操守，是服从党的意志要求、落实党的决策部署的具体行动。实践是检验真理的唯一标准。对党忠诚，毫无疑问应落实到实践上，经受实践的检验和印证。从实践中看，党员干部面对岗位责任是恪尽职守还是敷衍塞责，面对大是大非是含糊不清还是敢于亮剑，面对矛盾困难是迎难而上还是退缩不前，面对危机是挺身而出还是保全自己，面对歪风邪气是坚决斗争还是一团和气，都是评判识别对党忠诚的重要标尺。从这个意义讲，敢于负责、勇于担当，是检验党员干部对党忠诚与否的试金石。

党员干部对党忠诚要着重体现在敢于实践、勇于担当上，体现在为工作敢作敢为、锐意进取上。税务干部要提高政治站位，从坚定拥护“两个确立”、坚决做到“两个维护”的政治高度，始终保持对党忠诚的政治品格和为民服务的初心使命，把对党忠诚内化于心、外化于行，树立正确的权力观、政绩观、事业观，以“时时放心不下”的责任感、使命感勤勉工作、正确履职、倾情奉献，坚决杜绝形式主义、官僚主义和不负责任、弄虚作假，在岗位上发光发热、尽心尽力。

二、学理论增本领，实干担当作为

党员干部主动担当作为不会自发形成，要靠坚定理想信念和强化理论武装强基固本。要把系统学习掌握马克思主义理论作为看家本领，重点是用习近平新时代中国特色社会主义思想武装头脑、指导实践、推动工作，坚持读原著、学原文、悟原理，强读强记、常学常新，往深里走、往心里走、往实里走，把自己摆进去、把职责摆进去、把工作摆进去，做到学思用贯通，知信行统一，牢记党的初心宗旨，牢记肩负的历史使命，勇于担当负责，在其位、谋其政，干其事、求其效，以强烈的责任意识、永不懈怠的精神状态诠释为党分忧、为民奉献。

刀在石上磨，人在事上练。要在急难险重工作和重大斗争一线中培养斗争精神、历练实干本领。工作一线是检验党员干部是否勇于担当、敢于斗争的大考场。要拿出“明知山有虎，偏向虎山行”的勇气，知重负重、知难而进，敢于涉险滩、敢于闯难关，在真刀真枪实践中厚植斗争底气、培养担当精神，在大风大浪里丰富斗争阅历、增长实践智慧。特别是当前进一步全面深化改革、推进中国式现代化建设已走到一个船到中流浪更急、人到半山路更陡的时候，是一个愈进愈难、愈进愈险而又不进则退、非进不可的时候。越是在这时候，越需要党员干部敢于走出心理舒适区，练就同问题困难斗争的胆魄，用闯关夺隘披荆斩棘的勇气、挑重担啃硬骨头的担当、逢山开路遇水架桥的干劲，打开事业发展新天地。

要在实践历练中磨砺勇于担当的智慧才干。党员干部要把想干愿干的主观愿望同能干会干的过硬能力结合起来，提高担当能力、实干本领。犯其至难方能图其至远。税务干部要当攻坚克难的奋斗者，不当怕见风雨的泥菩萨，聚焦深化税务领域改革、深入实施数字化转型条件下的税费征管“强基工程”，在啃硬骨头中经受锻炼、积累经验，在矛盾多、困难大的岗位上经风雨、见世面、强素质、长才干，在急难险重任务中学真本领、练真功夫，发扬“钉钉子精神”，对分管和负责领域工作做到心中有数、手中有策、行动有力，用久久为功、善作善成的实际行动，真出业绩、出真业绩，彰显新时代税务人新气象新担当新作为。

三、建制度守纪律，激励担当作为

习近平总书记指出：“要积极营造有利于干事创业的良好环境，敢于为担当者担当、为负责者负责、为干事者撑腰，善于发现、培养、使用敢担当善作为的干部，着力消除妨碍干部担当作为的各种因素，让愿担当、敢担当、善担当蔚然成风。”[①] 敢于负责、勇于担当，既需要党员干部增强党性修养、强化责任意识，也需要完善制度机制、强化正向激励。以中国式现代化全面推进强国建设、民族复兴伟业是新时代新征程党的中心任务，使命更光荣、任务更艰巨。唯有坚持担当作为，才能实现新时代新征程党的目标任务。为此，要建立健全激励党员干部担当作为长效机制，进一步优化有利于担当作为的政治生态。

要鲜明树立重实干重实绩的用人导向，大力选拔敢于负责、勇于担当、善于作为、实绩突出的干部，使有为者有位、吃苦者吃香、实干者实

① 2022 年 12 月，习近平总书记在中共中央政治局民主生活会上的讲话。

惠。要充分发挥干部考核评价机制的激励鞭策作用，切实解决干与不干、干多干少、干好干坏一个样的问题，形成学着干、争着干、比着干的良好氛围。要构建符合本地区本行业实际的担当作为正向激励措施和试错免责机制，认真落实“三个区分开来”的原则，为敢于担当作为者撑腰鼓劲，让广大党员干部既讲规矩守纪律、又能安心安身，切实解除后顾之忧，甩开膀子、鼓足干劲，积极担当作为，在遵规守纪前提下大胆干事、创新创造，推动形成锐意进取、奋勇争先的生动局面。

党的纪律既有教育约束功能，又有保障激励作用。党的纪律和干事创业是内在统一的。纪律既明确了不能触碰的底线和边界，也为党员干部干净干事、大胆干事提供了行动准绳。遵规守纪，就会拥有干事创业的充分自由和广阔空间。党的工作纪律为党员干部正确行使权力、防止失职失责划出了底线、设置了禁区，是党员干部保持履职尽责的安全防护栏。新时代新征程强国建设、民族复兴伟业对税收改革发展提出新要求新任务。高质量推进中国式现代化税务实践任务艰巨、使命光荣。税务干部要严守党的工作纪律，牢记初心使命，弘扬优良工作作风，做遵规守纪、勇于担当、履职尽责、争创一流的表率，以“功成不必在我”的境界和“功成必定有我”的担当书写新时代税收事业高质量发展的合格答卷。

第五节　深刻的教训：违反工作纪律典型案例深度剖析

“为国聚财、为民收税”是各级税务机关的初心使命，是广大税务干部的岗位职责。税务干部履职尽责必须恪守纪律底线，严格遵守党的工作纪律。党的工作纪律强调正确履职、担当尽责，只有每名党员干部严守工作纪律，持之以恒改进工作作风，才能做到求真务实、服务人民，推进新时代税收事业高质量发展。当前，税务系统个别党员干部在遵守和执行工作纪律方面还存在一些不容忽视的问题。下面，我们选取税务干部违反工作纪律的 4 个典型案例，共同剖析违纪行为的具体表现、问题根源，探讨防控违纪风险、做到正确履职的应对之策，以教育引导全体党员干部守纪律、讲规矩、正作风，把干好税务岗位工作作为实现自我价值的最好体现，勤勉敬业、埋头苦干、恪尽职守，切实做到知责于心、担责于身、履责于行，为党和人民的税收事业添砖加瓦、增光添彩。

【案例描述】

1. J 某，国家税务总局某县税务局分局副局长。2020 年 7 月～12 月，J 某在负责房产交易涉税事宜复核审批期间，对同一综合楼内 2 户纳税人的房屋买卖税款征收工作存在审核把关不严的问题，直接依据其分别自主选择的评估公司评定的价格，未进行深入调查，也未进行价格比对，导致多征 H 某代缴个人所得税 3187.74 元，少征 Z 某应缴契税、印花税合计 13350.07 元，在社会上造成不良影响。J 某受到党内警告、行政记过处分。上述问题在全市税务系统通报。

2. L 某，国家税务总局某市税务局二级主办。2018 年 8 月～2019 年 8 月，时任原该市地税局税务所所长、该市税务局税务所副所长的 L 某，在缺少房产证原件的情况下，通过打招呼干预涉税业务办理的方式，先后 4 次安排办税服务厅人员为 Z 某、Y 某违规办理代开发票业务 5 笔，造成税收流失共计 53.8 万元。L 某受到党内严重警告处分。

3. Y 某，国家税务总局某市税务局分局二级主办。2019 年 8 月～10 月，Y 某负责对群众实名举报的涉税案件进行税务稽查。在检查期间，Y 某违反税务稽查工作纪律，多次私自与被举报企业实际控制人联系，泄露案件进展、稽查情况等工作秘密。Y 某受到党内严重警告、行政记大过处分，并被调离稽查工作岗位。

4. W 某，国家税务总局某市税务局党委委员、副局长。2018 年 7 月～12 月，因该局纪检组组长到自治区纪委监委跟班学习，W 某代管该局纪检组工作。2018 年 9 月 22 日，W 某同意对某问题线索开展初核，并担任初核组长。在初核过程中，W 某作为核查组谈话人，发现该局干部 D 某涉嫌接受管理服务对象宴请等问题（后经查实）。11 月 21 日，W 某未实事求是评价 D 某廉洁情况，同意该局纪检组在 D 某任职试用期满转正考核的《廉政意见回复表》上出具“到目前为止，没有接到针对该同志本人的投诉、举报和信访”的廉政意见。12 月 6 日，该局党委召开会议讨论 D 某等人任职试用期满转正议题。在 D 某涉嫌违纪问题没有查清、疑点没有排除的情况下，W 某不如实报告有关情况，导致该局党委会议研究同意 D 某试用期满予以正式任用。W 某受到党内严重警告处分。

【纪法分析】

从上述选取的典型案例来分析，违反党的工作纪律主要表现在以下四个方面：

一是工作中不负责任或者疏于管理，贯彻执行上级决策部署不力。为党和国家干事业、做工作，不能一味追求“数字”或者“速度”，更不能敷衍塞责、失职失责，而是要做到求真务实、真抓实干，办实事、务实功、求实效，守好党和人民交予的一片“责任田”。有的党员干部政治意识不强、纪律观念淡薄、责任落实不力，工作不扎实、不深入、贯彻执行不到位，造成不良后果和恶劣社会影响。如 J 某，审核把关不严，致使同一栋楼的两户房产计税价格差异较大。《条例》第一百三十条规定：“工作中不负责任或者疏于管理，贯彻执行、检查督促落实上级决策部署不力，给党、国家和人民利益以及公共财产造成较大损失的，对直接责任者和领导责任者，给予警告或者严重警告处分；造成重大损失的，给予撤销党内职务、留党察看或者开除党籍处分。”因此，J 某受到党内警告处分。

二是违反有关规定干预和插手税收执法活动。党员干部干预和插手市场经济活动和执法行为，不仅会扰乱市场经济秩序，破坏公平竞争原则，阻碍经济社会发展，而且会滋生不正之风和贪腐问题，一直为人民群众所深恶痛绝。少数党员干部以言代法、以权压法、干预插手执法，严重妨碍正常的依法行政、公务执法。如 L 某，为他人办理涉税业务打招呼，影响涉税业务的办理，造成税收流失。《条例》第一百四十二条规定：“违反有关规定干预和插手司法活动、执纪执法活动，向有关地方或者部门打听案情、打招呼、说情，或者以其他方式对司法活动、执纪执法活动施加影响，情节较轻的，给予严重警告处分；情节较重的，给予撤销党内职务或者留党察看处分；情节严重的，给予开除党籍处分。”因此，L 某受到党内严重警告处分。

三是违反保密工作纪律，泄露、扩散应当保密的内容和信息。党章规定党员要严格保守党和国家的秘密，党员干部泄露国家秘密、工作秘密的，要给予相应处分。税务干部特别是税收征管、税务稽查、纳税服务等一线执法人员往往掌握着许多税务工作秘密，是重点岗位保密人员，理应遵守工作纪律，严守工作秘密，严格执法守法，恪守职业道德。但现实中个别税务干部如 Y 某，向稽查对象通风报信、泄露案情，造成严重不良影响。《条例》第一百四十四条规定：“泄露、扩散或者打探、窃取党组织关于干部选拔任用、纪律审查、巡视巡察等尚未公开事项或者其他应当保密的内容的，给予警告或者严重警告处分；情节较重的，给予撤销党内职务或者留党察看处分；情节严重的，给予开除党籍处分。”因此，Y 某受到党内严重警告处分。

四是不正确履行职责，造成损失或者不良影响。任何工作职权的行使都是有规范、有约束的，党员干部要熟知和落实相关规定和要求，自觉遵守工作纪律。但是有的党员干部在工作岗位上玩忽职守、徇私舞弊、消极应付，实质上是责任意识缺失、纪律意识淡漠的表现。如 W 某代管纪检工作期间，不如实报告拟任人选廉政情况，导致相关人员试用期满得以“带病”转正。《条例》第一百四十九条规定：“在党的纪律检查、组织、宣传、统一战线工作以及机关工作等其他工作中，不履行或者不正确履行职责，造成损失或者不良影响的，应当视具体情节给予警告直至开除党籍处分。”因此，W 某受到党内严重警告处分。

【警示警戒】

上述案例中，J 某、L 某、Y 某、W 某作为税务干部，本应严守党的工作纪律，在各自岗位上敢于担当、积极尽责、正确履职，为税收事业和人民群众倾情奉献、用心服务。但他们由于理想信念不坚定、纪法意识不强、责任担当缺失，甚至权力观错位、事业观偏差，对工作不负责任、疏于管理，工作作风不严谨认真，任性用权、违规干预插手执法活动，泄露工作秘密，不正确履行职责，最终违反工作纪律，受到党纪处分。

问题产生的原因主要在于：

一是理想信念背离，初心使命不牢。上述案例中的税务干部理想信念不坚定，初心使命树得不牢，宗旨意识不强，对党的创新理论的学习不重视、不认真，没有内化于心、外化于行。在日常税务工作中没有坚持以人民为中心的发展思想，责任心不强、担当精神不足，造成工作上的不良后果和影响，给党和人民的利益带来损害。二是纪法意识淡薄，依法履职不严。对党纪国法、税收工作法规规章制度的学习不上心、不知道、不在乎，特别是对依法用权、依法治税的纪律法规学习不深刻、不到位，没有做到遵规守纪、依法履职，甚至执纪违纪、执法犯法，在税务执法、纪检工作、扶贫工作中乱作为、不作为。三是管理监督缺位，权力运行失控。相关税务机关党组织全面从严治党、全面从严治税责任压得不实，对所属党员干部的日常教育管理监督不严，仍存在“宽松软”现象，开展工作风险、廉政风险教育提醒防控不到位。推进依法治税、以数治税、从严治税不力，对税收执法权、监督执纪权的运行监督制约机制不健全，导致一些税务干部的自由裁量权过大，存在违规用权、任性执法的制度漏洞、监督盲区。

【整改措施】

一是强化党性教育，拧紧思想“总开关”。各级税务局党组织要加强对所属党员干部的理论教育、党性教育，教育引导广大税务干部筑牢理想信念根基，牢记为国聚财、为民收税的初心使命，增强用心用情服务纳税人缴费人的宗旨意识，树立正确的权力观、政绩观、事业观，以“时时放心不下”的高度责任感履职尽责。二是强化纪法教育，切实做到依法履职。巩固拓展党纪学习教育成果，通过开展深入贯彻中央八项规定精神学习教育，加强常态化党规党纪、法律法规教育培训，加强警示教育，深化以案促改促治，使全体党员干部增强纪律意识、法治意识，严格依法履职、依法从税，做到知敬畏、存戒惧、守底线。三是强化管理监督，加强权力制约防控。切实增强基层党组织政治功能和组织功能，压实压紧全面从严治党、全面从严治税责任，加强对所属党员干部的日常教育管理监督，用好监督执纪“四种形态”，抓早抓小、防微杜渐，加大监督执纪问责力度，严肃查处违规违纪问题。加强税务系统一体化综合监督体系建设，建立健全税收执法权、行政管理权监督制约制度机制，发挥“智慧监督”效能，使监督无处不在、如影随形、穿透基层，确保各项税收权力在正确轨道上运行。

第七章　生活纪律

——八小时之外的坚守

中国共产党的先进性不仅体现在党的理论上、制度上、本领上，还体现在每名共产党员的日常言行上，它要求每个党员既应在生产、工作和学习上起先锋模范作用，也应当在日常生活和社会交往中以身作则，严以修身，严以律己。党的十八大以来，以习近平同志为核心的党中央高度重视党的生活作风和生活纪律问题，围绕大兴艰苦奋斗之风、带头厉行节约、反对铺张浪费等作出一系列规定和要求。整治享乐主义和奢靡之风，也是专门针对生活纪律存在的突出问题提出的。2015 年修订的《中国共产党纪律处分条例》首次提出生活纪律，并用专门一章对违反生活纪律的行为作出规定，这体现了全面从严治党的要求，为广大党员在“八小时之外”生活中的行为划出了明确的底线。

税务系统绝大多数党员干部在生活中都能严于律己，保持共产党人的本色，但也有少数意志不够坚定的税务干部，受到社会上不良风气的侵蚀，违反生活纪律的问题仍时有发生。习近平总书记指出：“一名领导干部的蜕化变质往往就是从生活作风不检点、生活情趣不健康开始的，往往都是从吃喝玩乐这些看似小事的地方起步的。”[①] 放松了对生活纪律的严格要求，追求低级趣味和不健康的生活方式，导致思想滑坡和道德堕落，就会为违纪违法和不廉行为留出缺口、埋下伏笔。因此，税务部门的党员干部必须遵守党的生活纪律，坚决反对享乐主义和奢靡之风，坚决反对一切庸俗的、腐朽的和违背理想信念宗旨的思想和行为，自觉弘扬家庭美德，

① 习近平 .《之江新语》[M]. 杭州：浙江人民出版社，2007.

维护社会公序良俗，把自己锻造成一个生活健康、情趣高雅的人，为身边的群众起到先锋模范带头作用，成为群众生活中的榜样和表率。

第一节 生活纪律的内涵与特点

党员形象代表党的形象，党员的生活并不是个人私事，而是要在党规党纪允许的范围内行事，不能以个人好恶而无节制、无底线地生活。党章将“发扬社会主义新风尚，带头实践社会主义核心价值观和社会主义荣辱观，提倡共产主义道德，弘扬中华民族传统美德”作为党员义务，就是对党的生活纪律的规定。

一、生活纪律的内涵

生活纪律是党员在日常生活和社会交往中应当遵守的行为规则，涉及党员个人品德、家庭美德、社会公德等各个方面，其本质要求是践行社会主义核心价值观，明大德、守公德、严私德。生活纪律看似涉及“私事”，实则是公权力的延伸。党员干部私德不修，极易滋生腐败温床。生活纪律的规定，是对全体党员生活作风的戒令，通过规范日常生活，旨在从源头防范“由风及腐”，维护党的形象和公信力。它体现了新时代全面从严治党的必然要求，有利于从源头上促进党风廉政建设和反腐败斗争，加快形成以优良党风带政风促民风的良好局面。

党员的生活作风是党员在日常生活和社会交往中所表现出的一种态度和行为，反映着党员的世界观、人生观和价值观，反映着党员的思想品质、道德修养和文化素养，并且在一定程度上代表着党的形象，关系到党风廉政建设，关系到社会风气与和谐社会建设。党员不仅在生产、工作和学习上，在社会生活和家庭生活方面也应起到先锋模范作用。党员选择入党，就应把自己的一切都奉献给党和人民的事业，时刻以党员的标准严格要求自己，在“八小时之外”同样不能懈怠。特别是党员领导干部的生活作风，由于其所处的位置和担负的职责，决定了其生活作风不能仅仅是生活情趣问题，更关系到党员领导干部的自身形象和拒腐防变能力的大问题，直接影响到从政之德和权力的公正行使。所以，党员领导干部在生活中要把握住自己的爱好，守住拒腐防变关口，严格遵守生活纪律的各项要求。

二、生活纪律的特点

党员生活纪律是全面从严治党向纵深发展、向基层延伸、向党员日常生活渗透的重要体现，是保持党的肌体健康、密切党群关系、巩固党的执政地位的必然要求。它要求党员不仅在政治上、工作上过硬，在生活作风和道德品行上也要过硬，做到“台上台下一个样，人前人后一个样”，真正做到心有所畏、言有所戒、行有所止。

一是鲜明的政治导向性。党员的生活作风、社会交往、家庭关系等，直接关系到党的形象和威信。生活纪律要求党员在私德领域也必须体现党的先进性和纯洁性，践行全心全意为人民服务的宗旨。党员的生活纪律状况也是党内政治生态的重要反映。严格约束生活纪律，防止生活作风问题侵蚀党的健康肌体、败坏政治风气，是净化政治生态的内在要求。

二是更高的道德约束性。党员不仅要模范遵守国家法律法规和社会公德，更要自觉践行社会主义核心价值观，弘扬中华民族传统美德，在道德操守上标准更高、要求更严。生活纪律还要求党员注重培养高尚道德情操和健康生活情趣，自觉抵制各种诱惑和低级趣味，保持艰苦朴素、勤俭节约的优良作风，体现共产党人的精神境界和人格力量。生活纪律特别强调对党员“八小时之外”生活圈、社交圈、休闲圈的监督约束，要求党员在任何时间、任何场合都应以党员标准要求自己。

三是明确的示范引领性。党员遵守生活纪律，保持高尚情操和良好作风，本身就是对广大群众的一种示范和引领，有助于带动社会风气向上向善。每个党员都是党的“形象代言人”。严格遵守生活纪律，维护个人良好形象，就是在维护党的整体形象和公信力。在生活上严于律己、品行端正，是党员先进性的具体体现和内在要求。

第二节 生活纪律的具体内容与实践要求

违反生活纪律表面看虽然不像违反政治纪律、组织纪律那样容易引起关注，但是生活纪律却在党的各项纪律中起着非常重要的作用。很多党员干部违纪违法行为，不少权力越界、行为失范问题都是发生在“八小时之外”。有的在社交圈称兄道弟，沾染江湖习气；有的生活奢靡、趣味低俗，出入高档会所，沉迷觥筹交错；有的对配偶、子女失管失教，导致家风不正、权力出轨；有的在个人爱好、小事小节上放松警惕、放飞自我，损害了党的形象，影响了社会风气。只有全体党员切实遵守党的生活纪律，党的形象和声誉才能长久树立，干群关系才能和谐，社会才能持久稳定，党风廉政建设和反腐败斗争才能真正取得成效。

一、生活纪律的具体内容

2023 年新修订的《中国共产党纪律处分条例》（以下简称《条例》）第十一章专章规定了“对违反生活纪律行为的处分”，列出了违反生活纪律的负面清单，从第一百五十条至第一百五十四条，共计 5 条，修改 2 条，新增加了对铺张浪费、在网络空间有不当言行的违纪处分规定。

第一百五十条 生活奢靡、铺张浪费、贪图享乐、追求低级趣味，造成不良影响的，给予警告或者严重警告处分；情节严重的，给予撤销党内职务处分。

第一百五十一条 与他人发生不正当性关系，造成不良影响的，给予警告或者严重警告处分；情节较重的，给予撤销党内职务或者留党察看处分；情节严重的，给予开除党籍处分。

利用职权、教养关系、从属关系或者其他相类似关系与他人发生性关系的，从重处分。

第一百五十二条　党员领导干部不重视家风建设，对配偶、子女及其配偶失管失教，造成不良影响或者严重后果的，给予警告或者严重警告处分；情节严重的，给予撤销党内职务处分。

第一百五十三条　违背社会公序良俗，在公共场所、网络空间有不当言行，造成不良影响的，给予警告或者严重警告处分；情节较重的，给予撤销党内职务或者留党察看处分；情节严重的，给予开除党籍处分。

第一百五十四条　有其他严重违反社会公德、家庭美德行为的，应当视具体情节给予警告直至开除党籍处分。

二、生活纪律的实践要求

（一）保持艰苦奋斗的优良作风

“历览前贤国与家，成由勤俭破由奢。”勤俭节约、艰苦奋斗是中华民族的传统美德，也是中国共产党人的优良作风。艰苦奋斗是我们党战胜困难、克敌制胜的重要法宝。1936 年，美国记者斯诺到延安采访，看到毛泽东住在简陋的窑洞，周恩来睡的是土炕，彭德怀穿着用缴获的降落伞改制的背心……从这些细节上，斯诺发现和认识了中国共产党人具有一切为了人民的理想信念和艰苦朴素的生活作风，称之为“东方魔力”，并誉之为古老中国的“兴国之光”。我们党靠艰苦奋斗起家，靠艰苦奋斗发展壮大，靠艰苦奋斗成就伟业，也必然要靠艰苦奋斗开创未来。新中国成立前夕，毛泽东同志向全党提出了“两个务必”的告诫，其中之一就是“务必使同志们继续地保持艰苦奋斗的作风”。党的十八大以来，习近平总书记重申发扬勤俭节约、艰苦奋斗的作风，指出“抓改进工作作风，各项工作都很重要，但最根本的是要坚持和发扬艰苦奋斗精神”。[①] 习近平总书记

---

① 2013 年 3 月 4 日，习近平总书记在中纪委二次全会上的重要讲话。

强调，能不能坚守艰苦奋斗精神，是关系党和人民事业兴衰成败的大事。我们要弘扬这种艰苦奋斗精神，不仅我们这代人要传承，我们的下一代也要弘扬，要一代一代传承下去。

党员干部遵守生活纪律，首先要做到崇俭戒奢、艰苦朴素。党员干部在物质生活上树立艰苦朴素的理念，养成勤俭节约的生活习惯，既是个人身心健康的重要保障，更是形成良好党风、政风和民风、社风的必要条件。毛泽东同志就是艰苦朴素的典范，他穿过的衣服、鞋袜，常常是补丁叠补丁，有一件睡衣他穿了 20 多年，里里外外打了 73 块补丁。党员干部的心灵犹如一块“阵地”，艰苦朴素之风不去占领，享乐主义、奢靡之风就会乘虚而入。那些贪图享乐、虚荣攀比，沉迷于觥筹交错、沉醉于灯红酒绿生活的党员干部，往往会禁不住诱惑与考验，利用职务之便受贿、贪污，用不义之财为自己的奢靡享乐“买单”，最终一步步滑向违法犯罪的深渊。党员干部要坚持把生活纪律挺在前面、落实在生活的方方面面，对照先进典型和身边榜样及时查找自身不足，坚持工作向高标准看齐、生活向低标准看齐，始终保持艰苦朴素、健康向上的生活方式，坚决抵制享乐主义、奢靡之风。

（二）带头践行社会主义道德

党员干部的先进性体现在许多方面，其中一个重要方面就是要具有更高的道德标准和道德操守。党员干部要发扬社会主义新风尚，带头践行社会主义核心价值观。党员的党性修养和道德水准对社会具有示范和引领作用，特别是党员在公共场合的言行直接影响了人民群众对党员个人以及党组织的印象和评价。在现实中发生的一些党员干部违反社会公德的现象，造成了不良社会影响和负面舆论，损害了党的形象。《新时代公民道德建设实施纲要》规定，社会公德是全体公民在社会交往和公共生活中应当遵循的行为准则，涵盖了人与人、人与社会、人与自然的之间的关系，其主要内核要求为：文明礼貌、助人为乐、爱护公物、保护环境、遵纪守法。党员干部作为社会各阶层中的先进分子，理应带头模范遵守社会公德。

2018年3月10日，习近平总书记参加十三届全国人大一次会议重庆代表团审议时明确提出，领导干部要讲政德，政德是整个社会道德建设的风向标。立政德，就要明大德、守公德、严私德。明大德，就是要铸牢理想信念，锤炼坚强党性，在大是大非面前旗帜鲜明，在风浪考验面前无所畏惧，在各种诱惑面前立场坚定，这是领导干部首先要修好的“大德”。守公德，就是要强化宗旨意识，全心全意为人民服务，恪守立党为公、执政为民的理念，自觉践行人民对美好生活的向往是我们的奋斗目标的承诺，做到心底无私天地宽。严私德，就是要严格约束自己的操守和行为。所有党员干部都要戒贪止欲、克己奉公，切实把人民赋予的权力用来造福于人民。

（三）管好自己的兴趣爱好

生活中的爱好，可以反映出一个人的生活情趣、价值观念和品位修养，健康爱好可以陶冶高尚情操，提升生活品位。掌握公权力的党员干部的个人爱好并非完全是私人小事，还关系到能否廉洁公正用权、抵御拉拢腐蚀。党员干部要培养健康的兴趣爱好，自觉抵制各类庸俗，低级，趣味和不良嗜好。个人爱好应“爱”之有道，“好”之有度，不应公开、高调的“秀”爱好，不能被爱好“绑架”，进行权钱交易、权色交易。

现实中，领导干部的爱好已成为一些投机分子瞄准的突破口。一些干部放松警惕，放纵私欲，不善节制，最终为爱好付出沉重代价。“高飞之鸟，死于美食；深泉之鱼，死于芳饵。”党员领导干部在爱好面前一定要保持警醒，自觉抵制拜金主义、享乐主义、极端个人主义的侵蚀，经得住诱惑，管得住小节，不能因为爱好迷失了方向，丧失了原则。党员领导干部要牢记“堤溃蚁孔，气泄针芒”的古训，坚持从小事小节上加强修养，从一点一滴中完善自己，严以修身，正心明道，防微杜渐，时刻保持人民公仆本色。要慎独慎初慎微慎欲，培养和强化自我约束、自我控制的意识和能力，做到“心不动于微利之诱，目不眩于五色之惑”，永葆共产党人本色。

（四）注重家庭、家教、家风

中华民族自古以来就重视家庭、重视家风。在中国人的观念里，“国”与“家”是紧密联系、不可分割的，“修身、齐家、治国、平天下”是层层递进的关系。中国共产党人继承和弘扬了中华民族重视家风建设的优良传统，毛泽东、周恩来、刘少奇、朱德等老一辈无产阶级革命家都带头培育和倡导红色家风，为共产党人树立了典范。党的十八大以来，习近平总书记高度重视党员干部家风问题，多次提出“领导干部的家风，不仅关系自己的家庭，而且关系党风政风”，强调“要重视家庭建设，注重家庭、注重家教、注重家风”。《中国共产党廉洁自律准则》对党员领导干部提出了“廉洁齐家，自觉带头树立良好家风”的要求。《关于新形势下党内政治生活的若干准则》规定，“领导干部特别是高级干部必须注重家庭、家教、家风，教育管理好亲属和身边工作人员”。

“积善之家，必有余庆；积不善之家，必有余殃。”家庭是社会生活的基本单元，家风是家庭成员在长期生产、生活中形成的一种道德文化风气。家风好坏对家庭成员乃至社会风尚都有深刻影响。党员干部的家风不是个人小事、家庭私事，而是党员干部作风的重要体现，是直接影响党风、政风、社会风气的大事，关系着党员干部的命运和党的形象。从各地近年来查处的相关违纪违法典型案例看，家风不正会滋生出诸多腐败乱象。有的党员干部对身边人失管失教，纵容、默许这些人利用其职务影响谋取私利，反过来被身边人“拉下水”；有的党员干部大搞“近亲繁殖”“裙带关系”，上演“家族式腐败”，最终导致亲人们“同堂共审”，等等。党员干部要把家风建设摆在重要位置，继承和弘扬革命前辈的红色家风，以反面典型为戒，经常对照生活纪律标准，从严管好家属子女，教育引导他们安分守己、本分做人，过好家庭关、亲情关。

两性关系既是婚姻、家庭生活中的重要关系，也是生活纪律规范的重点领域。在日常生活中，两性关系是检验党员干部爱情观、婚姻观、家庭观的试金石。对党员干部来说，合法、健康的两性关系受到党纪国法的保护，但权色交易、钱色交易、婚外情以及其他违背道德的两性关系不仅败坏社会风气，损害党的形象，也为党的纪律所不容。“求名者，因好色欲而名必败；求利者，因好色欲而必丧利；居家者，因好色欲而家业必荒；为官者，因好色欲而官业必堕。”“色”字头上一把刀，在被查处的党员干部中，见色起意、因色致贪而身败名裂、家庭破碎、身陷囹圄的并不少见。因此，党员干部要常修为政之德、常怀律己之心、常思贪欲之害、常去非分之想，把两性关系严格限制在道德和婚姻家庭范围内，管好自己、守住道德和法纪底线。

（五）生活纪律要求规范党员干部网络行为

网络作为人际交往的重要媒介，已经成为社会生活的重要组成部分，也是社会公众之间交流、接收信息的重要场所。网络不是法外之地，更不是纪外之地，其本质上属于公共场所。网络行为是党员干部言行的重要组成部分。在网络虚拟世界中，能否严守党的纪律要求，遵守网络行为规范，更能体现一名党员干部的政治忠诚和自律水平。各级党员干部在充分享受现代科技带来的高效便捷的同时，要时刻牢记自身身份，自觉增强纪律规矩意识，严守互联网使用管理各项制度和行为规范，发挥模范带头作用，走好网上群众路线，规范网络行为，促进形成健康向上、风清气正的网络环境。

根据中共中央宣传部、中共中央组织部、中央网信办联合印发的《关于规范党员干部网络行为的意见》和国家税务总局关于进一步规范税务人员网络行为的相关规定，税务干部的网络行为应遵守以下八个方面的要求：

1. 严禁发表违背党的理论和路线方针政策或者其他有严重政治问题的言论；严禁发表偏离“两个确立”“两个维护”的言论，搞任何形式的“低级红”“高级黑”；严禁制造、传播丑化党和国家形象，诋毁、污蔑党和国家领导人，歪曲党史、国史、军史，抹黑革命先烈和英雄模范的言论。

2. 严禁发表、转发、点赞任何妄议党中央大政方针或者破坏党的集中统一的言论、图文、音视频等；严禁制造、散布、传播政治谣言。

3. 严禁组织、参加反对党的理论和路线方针政策的网络论坛、群组、直播等活动；严禁通过网络组党结社，搞小山头、小圈子、小团伙、拉帮结派，或参与和动员不法串联、联署、集会等网上非法组织、非法活动。

4. 严禁制作、复制、发布含有煽动民族仇恨及民族歧视、破坏民族团结、破坏国家宗教政策等内容的违法信息；严禁利用网络制作、下载、传播宣扬邪教的图文、刊物、音视频等，组织、参与或教唆他人参与与邪教有关的网络社交群组及其活动；党员干部严禁信仰宗教，或组织、参与网上宗教活动。

5. 严禁浏览、访问非法和反动网站以及擅自利用网络收听、收看国（境）外反动电台和电视节目等；严禁下载、传播暴力恐怖、封建迷信、淫秽色情等有害信息，或发布、传播违背社会公序良俗的信息。

6. 严禁在网络社交平台编造、发布、传播虚假信息以及来源不明、真假难辨的敏感信息；严禁利用网络捏造事实、编织谎言、诬告陷害他人。

7. 严禁利用网络泄露、扩散党和国家秘密，以及税务工作秘密；严禁非法获取、泄露、倒卖纳税人缴费人信息和税收征管数据；严禁在微博、微信、抖音等网络平台散布不宜对外公开的税务工作文件、信息等。

8. 未经批准，严禁擅自以税务干部职务身份在微博、微信、网络直播、论坛社区等境内外网络平台上注册账号、建立群组。

第三节　违反生活纪律的表现及危害

违反生活纪律表面看虽然不像违反政治纪律、组织纪律那样容易引起关注，但是生活纪律却在党的各项纪律中起着非常重要的作用。很多党员干部违纪违法行为，不少权力越界、行为失范问题都是发生在“八小时之外”。有的在社交圈称兄道弟，沾染江湖习气；有的生活奢靡、趣味低俗，出入高档会所，沉迷觥筹交错；有的对配偶、子女失管失教，导致家风不正、权力出轨；有的在个人爱好、小事小节上放松警惕、放飞自我，损害了党的形象，影响了社会风气。只有全体党员切实遵守党的生活纪律，党的形象和声誉才能长久树立，干群关系才能和谐，社会才能持久稳定，党风廉政建设和反腐败斗争才能真正取得成效。

一、生活奢靡

《条例》第一百五十条规定："生活奢靡、铺张浪费、贪图享乐、追求低级趣味，造成不良影响的，给予警告或者严重警告处分；情节严重的，给予撤销党内职务处分。"

节俭朴素，力戒奢靡，是我们党的传家宝。共产党员要坚持勤俭办一切事业，坚决反对讲排场比阔气，坚决抵制享乐主义和奢靡之风，要提升道德境界，追求高尚情操，自觉远离低级趣味，自觉抵制歪风邪气。党章明确规定，党员有"吃苦在前，享受在后"的义务，要"发扬社会主义新风尚，带头实践社会主义核心价值观和社会主义荣辱观，提倡共产主义道德"。《中国共产党廉洁自律准则》第三条规定："坚持尚俭戒奢，艰苦朴素，勤俭节约。"

2023年新修订的《条例》增写了对铺张浪费造成不良影响行为的处分规定，是落实习近平总书记反复强调的"坚持勤俭节约、反对铺张浪费"重要要求的具体表现。实践中理解把握生活纪律中的"铺张浪费"，首先看党员干部是否在日常生活中有铺张浪费的具体行为表现。主要是党员干部背离了党章规定的"吃苦在前，享受在后"的要求和《中国共产党廉洁自律准则》规定的"尚俭戒奢，艰苦朴素，勤俭节约"要求，如在日常生活中讲究排场、比拼阔气、炫富等。其次看是否造成了不良影响。如党员干部在生活中有铺张浪费行为，引发一定范围的负面议论、媒体和舆论负面评价等，给党员干部自身及所在组织和单位造成了不好的影响，一般可以认为造成了不良影响。

生活作风奢靡，是指党员干部生活奢靡、铺张浪费、贪图享乐、追求低级趣味，造成了不良影响。反对奢靡之风和享乐主义是党的十八大以来全面从严治党重要的实践成果，有必要通过纪律条文的方式制度化。铺张浪费不仅会毁掉有形的物质成果，更可怕的是对人精神的腐蚀。追求低级趣味，是指党员干部在兴趣爱好、业余生活中不履行党章要求必须履行的义务，热衷于庸俗、不高尚、不符合共产党员道德情操的低级趣味。需要注意的是，造成不良影响，应当根据当地经济发展水平、群众生活水平、风俗习惯和群众反映等因素综合考虑。

现实生活中一些党员干部奢靡享乐、追求低级趣味，造成不良影响的情况时有发生。有的认为这些是个人私事，不会触及党的纪律要求。实际上，党员、干部的生活作风和生活情趣，不仅关系着本人的品格和形象，更关系到党在群众中的威信和形象，对大众生活情趣的培养、对社会风气的形成，具有很强的示范、引导和促进作用。党员干部的先进性和纯洁性不仅要体现在工作和学习中，也要体现在日常生活中。广大党员干部要充分认识到小事小节中有党性、有原则、有人格，带头营造和维护社会新风尚，塑造党员队伍良好形象。

从党的十八大以来查处的一些案件来看，一些党员干部贪腐落马，与其铺张浪费、挥霍无度不无关系。党员干部铺张浪费虽然是个别现象，但会严重损害党和政府在人民群众心目中的形象，在一些地方甚至像一堵“无形的墙”把党同人民群众隔离开来。贪图享乐、奢侈浪费，会消磨意志斗志、淡化理想信念、进而助长拜金主义、享乐主义、极端个人主义等腐朽思想。扩散开来，会影响和败坏整个社会风气。

二、与他人发生不正当性关系

《条例》第一百五十一条规定：“与他人发生不正当性关系，造成不良影响的，给予警告或者严重警告处分；情节较重的，给予撤销党内职务或者留党察看处分；情节严重的，给予开除党籍处分。利用职权、教养关系、从属关系或者其他相类似关系与他人发生性关系的，从重处分。”

与他人发生不正当性关系行为，是指有配偶的党员与他人自愿发生性关系或者无配偶的党员与有配偶的他人自愿发生的不正当性关系。该行为的构成须同时具备以下几个条件：①双方必须发生了不正当的性关系。②不正当的性关系必须是双方基于自愿发生的，并且不以金钱、财物为媒介，区别于嫖娼行为和钱色交易行为。③造成了不良影响。一般是指由于行为人发生不正当性关系的行为，给行为人自身名誉、行为人各自的家庭、行为人所在的组织和单位，造成了负面影响。如果双方均无配偶，并且基于一定的感情而自愿发生性关系且不以玩弄对方为目的，如未婚同居，该种行为没有侵犯正常的婚姻家庭关系，一般不构成本违纪行为。

需要注意的是，对利用职权、教养关系、从属关系或者其他类似关系与他人发生性关系的党员干部，应当按照对一般情况下党员干部与他人发生不正当性关系的处理从重处分。利用职权，是指行为人利用自己在职务上或权力上的优势；教养关系，是指师生关系、师徒关系、监护人与被监护人的关系等教育与养育关系；从属关系，是指上下级关系、管理者与被管理者关系等；其他相类似关系，是指与利用职权、教养关系、从属关系在性质上相同或者相近的关系，如雇佣关系等。

三、不重视家风建设

《条例》第一百五十二条规定："党员领导干部不重视家风建设，对配偶、子女及其配偶失管失教，造成不良影响或者严重后果的，给予警告或者严重警告处分；情节严重的，给予撤销党内职务处分。"

家风是一个家庭表现出的道德品质或精神风貌，是全体家庭成员共同认同并遵循的价值观念，是社会风气的重要组成部分。"家风不正"行为所涉人员限于党员领导干部的配偶、子女及其配偶，不包括其他近亲属等特定关系人。"造成不良影响或者严重后果"主要包括党员领导干部配偶、子女及其配偶利用其职权或者职务上的影响谋取私利，利用家庭成员身份插手领导干部职权范围内的工作、人事安排，违反规定从业，违规领取薪酬，违反社会公序良俗以及违法犯罪等造成不良影响和严重后果。

习近平总书记在十八届中央纪委六次全会上强调:“每一位领导干部都要把家风建设摆在重要位置,廉洁修身、廉洁齐家,在管好自己的同时,严格要求配偶、子女和身边工作人员。”家风好,则民风好,国风好。领导干部的家风,不是个人小事、家庭私事,而是领导干部作风的重要表现,对社会风气有着重要影响,在一定程度上起着引导和示范作用。在群众眼中,领导干部的家庭与干部个人是一个整体,领导干部家风好坏、其配偶和子女在社会上的言行举止等,直接决定着干部和干部队伍在群众心中的形象。对领导干部而言,良好家风既是砥砺品行的“磨刀石”,又是抵御贪腐的无形“防火墙”。

从已查处的领导干部违纪违法案件看,一些领导干部对配偶、子女及其配偶不当言行疏于管教、放任纵容,以致养痈为患,在社会上造成不良影响。有的党员领导干部家风败坏,家庭成员见利忘义、沆瀣一气,为家族式腐败推波助澜;有的被击中“亲情不可违”的“软肋”,让居心不良者从家庭成员打开缺口,放弃原则立场在违纪违法道路上越走越远,最后沦为“阶下囚”。因此领导干部的家风绝不是个人小事、家庭私事,而是直接影响党风、政风、民风的大事,如果家风崩坏,不仅祸害家庭,还直接损害党和政府的形象,必须用纪律要求对党员领导干部的家风建设予以规范。

家风建设是党员领导干部的必修课。党员领导干部既要自己以身作则,又要抓好家风建设,继承和弘扬中华优秀传统文化、革命前辈红色家风,管好家属子女,教育他们树立遵纪守法、自食其力的良好观念,从最近身的地方构筑起预防和抵制特权的防护网,真正做到用党风培养家风、用家风促进党风,引领千千万万家庭涵养好家风,支撑起全社会的好风气。

四、违背社会公序良俗

《条例》第一百五十三条规定:“违背社会公序良俗,在公共场所、网络空间有不当言行，造成不良影响的，给予警告或者严重警告处分；情节较重的，给予撤销党内职务或者留党察看处分；情节严重的，给予开除党籍处分。”

在生产、工作、学习和社会生活中起先锋模范作用，发扬社会主义新风尚，带头实践社会主义核心价值观和社会主义荣辱观，提倡共产主义道德，弘扬中华民族传统美德，是党员的基本义务。党员的党性修养和道德水准对社会具有示范引领作用，特别是党员在公共场所的言行，直接影响人民群众对党员以及党组织的评价。因此，有必要对党员违背社会公序良俗，在公共场所的不当行为进行纪律约束，维护党的形象。

公序良俗是“公共秩序”和“善良风俗”的简称，是指维护国家和社会正常健康发展的秩序和道德，整体体现一个社会的一般利益和一般道德观念，对社会公众的行为具有一定的约束作用。公共场所，是相对于特定的私人场所而言的，是指公共的、社会的、不特定人员可以自由进出的场所，用以满足社会公众工作、学习、娱乐等需要或者社会需求。

这里的“造成不良影响”，一般是指由于行为人在公共场所的不当行为，引起广大群众或者社会舆论负面反映，给行为人自身名誉、行为人所在的组织和单位造成了不好的影响，损害了党的形象。《条例》切实规范约束党员网络言行，新增加对在网络空间有不当言行的违纪处分规定，提醒党员干部绷紧网络不是法外之地这根弦，促进党员干部做到网上、线下一个样，走好网上群众路线，促进形成健康向上、风清气正的网络环境。

执纪监督中发现，有的党员干部不注重党员身份和形象，在公共场所言行失德失范，引发社会舆论广泛关注和群众强烈不满；有的在微信群转发不雅图片、视频，成为“热点新闻”；有的公开发布崇洋媚外、炫富斗阔、铺张浪费等网络信息，引发舆论炒作等。党员干部如果存在这些行为，会带来不良示范效应，损害党的形象，应当用严格的纪律加以规制。党员干部在社会交往中应注意自己的言行举止，时常自省自警、修身律己，自觉树立良好作风，带头维护公序良俗。

第四节 培养健康的生活情趣：守住“八小时之外”纪律红线

党的十八大以来，以习近平同志为核心的党中央坚定不移推进全面从严治党，把纪律挺在前面，全面加强党的纪律建设。在党中央的领导下，国家税务总局党委和中央纪委国家监委驻税务总局纪检监察组将“八小时之外”监督工作纳入全面从严治党“两个责任”，对发现苗头性倾向性问题及时咬耳扯袖，注重抓早抓小、防微杜渐。即便如此，仍有个别党员干部纪法意识淡薄，管不住“嘴”和“手”，不仅不以身作则，还带头违纪失德。相关人员既有总局有关处室的领导干部，也有基层税务局的领导干部，由此反映出税务干部“八小时之外”违纪违法行为需要加以高度警醒。

生活纪律虽然在党的六大纪律中篇幅最少，但这绝不意味着生活纪律不重要，甚至可有可无。相较而言，工作纪律重在规范党员干部“八小时之内”的公共职责，生活纪律则重在规范党员干部“八小时之外”的私人生活。“八小时之内”考验的是党员干部的责任心和事业心，“八小时之外”检验的是党员干部的品质和修养。党员干部的党性修养、道德水平，不会随着党龄工龄的增长而自然提升，也不会随着职务的升迁而自然提高。一旦权力出轨、行为出格、道德失范，则必然会导致思想滑坡，防线失守，走上不归之路。新修订的《条例》在生活纪律中充实完善相关条款，对党员干部“八小时之外”的私人生活进行规范，既是党的性质的必然要求，也体现了对广大党员干部的爱护。

一、养成自觉遵守生活纪律的习惯

税务部门是国家重要的经济工作和行政执法部门，既有离党中央最近的“最先一公里”，也有离人民群众最近的“最后一公里”。税务干部首先是党的干部，是中央垂管部门中最大的一支队伍，其中在职党员有50多万人。特别是90%以上的税务干部工作在基层①，处在税费征管、服务和执法一线，经常与纳税人缴费人打交道，说什么话、办什么事，都可能引发广泛的关注，成为公众的“参照”。因此，广大税务干部必须自觉遵守党的生活纪律，保持良好作风，注意言行举止，做到以身作则、率先垂范。

“树贵自直，人贵自律。”有的税务干部认为“八小时之外”的生活是自己的、是自由的、是组织管不着的，赌点小钱、喝点小酒、搞点小聚会没什么大的问题，其实问题很大。小节不守，大事失守。与工作时间相比，党员干部“八小时之外”接触对象广泛，社交圈、生活圈、朋友圈相对比较复杂和隐蔽，监督难度大，如果把“八小时之外”当作“自留地”，极易精神懈怠、放松底线，稍有不慎，腐败的缺口就会从小事小节上打开，日积月累，从量变发展到质变，最终破纪破法。

从近年来查处的违纪违法案件中不难发现，“落马”干部违纪违法问题多发生在“八小时之外”，在所谓没有约束的环境下放松自我要求，最终付出了惨痛代价。少数党员干部侥幸地认为“八小时之外”是监督的“真空地带”，能够暂时抛却党员身份，甚至对于监督存在抵触情绪，不愿去监督也不想被监督。更有甚者在“八小时之外”理想信念缺失、思想防线溃退，打着人情往来的幌子，搭圈子、拉团伙，相互勾结、相互利用，政治危害性极大。

生活作风不是小事，生活纪律不可小视。爱因斯坦有句名言：“人的差异在于业余时间。业余时间生产着人才，也生产着懒汉、酒鬼、牌迷、赌徒，由此不仅使工作业绩有别，也区分出高低优劣的人生境界。”党员干部既是普通之人，也是“特殊”之人。所谓“普通”，是指党员干部来自群众，服务群众，也可以像普通人一样有自己的业余时间、私人生活。所谓“特殊”，是指党员干部在保持先进性方面，具有强大的示范和引导

① 胡静林．高质量推进中国式现代化税务实践［N］．学习时报，2024-7-5（3）．

作用。古人云："凡善怕者，必身有所正，言有所规，行有所止，偶有逾矩，亦不出大格。"党员干部在"八小时之内"兢兢业业、履职尽责，在"八小时之外"丰富一下生活、放松一下身心，无可厚非。但必须时刻牢记自己的身份，对党的生活纪律心存敬畏，保持健康高雅的情趣，自觉抵制不良诱惑，规避纪法风险。

工作有时限，纪律不打烊。《中国共产党章程》《中国共产党纪律处分条例》对生活纪律都作了严格规定。税务干部必须要时刻牢记自己的身份，不仅要严格执行和维护党的纪律，自觉接受党的纪律约束，遵守国家法律法规，还要严格规范自己在"八小时之外"的言行。把"八小时之外"作为修身修己的重要时段，常念纪法"紧箍咒"，树立正确的世界观、人生观、价值观，培养健康的生活情趣。要自重自省自警自励，慎独慎微慎始慎终，自觉净化自己的社交圈、生活圈、朋友圈，不能什么饭都吃、什么酒都喝、什么人都交、什么话都说。要养成遵守生活纪律的习惯，管住自己的手和口、腿和脚，在平凡小事上注意自身形象、严格要求自己，做到人前人后一个样、八小时内外一个样、有无监督一个样，坚持把生活纪律融入日常、抓在经常，防微杜渐，不断增强政治定力、纪律定力、道德定力、抵腐定力，始终老老实实做人、干干净净做事。

二、加强"八小时之外"的行为监督

习近平总书记在党的二十大报告中强调，坚持严管和厚爱相结合，加强对干部全方位管理和经常性监督。强化"八小时之外"的监督管理是落实全面从严治党要求的重要举措，也是加强党员干部廉洁自律和作风建设的迫切需要。

"八小时之外"并非"真空时段"，生活作风问题看似属于个人小节，似乎无伤大雅，却极易助长歪风邪气，不仅会污染政治生态，还会损害党和政府的形象，影响社会风气。古语云："凡善怕者，必身有所正，言有所规，行有所止，偶有逾矩，亦不出大格。"党员干部要始终对纪律规矩保持敬畏之心，筑牢拒腐防变思想防线，无论在“八小时之内”的工作中，还是在“八小时之外”的生活中，都要自觉接受约束和监督，做到慎独、慎微、慎始、慎终。

为纵深推进全国税务系统全面从严治党，进一步做实基层党组织日常监督，引导税务人员在“八小时之外”强化自我约束、自觉规范言行，国家税务总局提出要求，通过对进一步加强对税务人员“八小时之外”监督，清单式明晰监督重点、集成化织密监督网络、全方位压实监督责任、闭环式提升监督实效，引导税务干部做到知敬畏、存戒惧、守底线。

监督的重点是税务干部在“八小时之外”违反党规党纪、法律法规以及违背公序良俗的问题或情形，具体包括七个方面内容：

一是参加非法活动。参加反对党的理论和路线方针政策的集会、游行、示威等活动；搞封建迷信、参与邪教、违反有关规定信仰宗教；擅自收听、收看国（境）外反动电台和电视节目，携带、收藏反动书籍、刊物、音像制品、电子读物等。

二是发表不当言论。散布违背党的理论和路线方针政策的言论；制造、传播丑化党和国家形象的言论；发表偏离“两个确立”“两个维护”的言论，搞任何形式的“低级红”“高级黑”；擅自接受媒体特别是国（境）外媒体采访等。

三是违反组织纪律。违反有关规定组织、参加自发成立的老乡会、校友会、同学会、战友会等；通过组织聚餐、联谊等活动“拜码头”“搭天线”“傍大款”，进行利益输送或者结成利益集团；未经批准擅自出国（境），违反规定办理出国（境）证件、取得外国国籍或者获取国（境）外永久居留资格、长期居留许可等。

四是违反廉洁规定。在婚丧喜庆中大操大办、借机敛财；接受纳税人缴费人、涉税专业服务机构、辞去税务公职人员等管理服务对象安排、支付的宴请、旅游、健身、娱乐等活动及违规收受礼品礼金等财物；向纳税人缴费人、涉税专业服务机构等管理服务对象借款借物、放贷获利；违规经商办企业、投资入股，违规在经济组织、社会组织中兼职或经批准兼职但取酬，从事有偿涉税中介服务，直接开办或者投资入股涉税中介机构，违规插手涉税中介机构经营活动；违规接受辞去税务公职人员请托；组织、参与非法集资、民间违规借贷活动等。

五是侵害群众利益。对纳税人缴费人故意刁难、吃拿卡要，作风粗暴、态度蛮横；参与或纵容涉黑涉恶活动，为黑恶势力充当“保护伞”，或为涉黑涉恶活动提供资金支持等。

六是违背公序良俗。在公共场所恣意妄为，搞特殊、要特权、逞威风；违反社会公德、家庭美德等。

七是触犯法律法规。酒后驾驶机动车或在公共场所酗酒，寻衅滋事；组织、参与“黄赌毒”活动；组织、参与其他非职务违法犯罪活动等。

加强对税务干部“八小时之外”的监督，必须充分发挥基层党组织的政治功能和组织功能，将开展税务干部“八小时之外”监督工作情况纳入税务系统巡视巡察、税收重点工作督查和日常监督检查。具体的监督方式包括：

一是强化教育引导。认真落实“三会一课”等制度，加强税务人员理想信念教育，组织学习《中国共产党廉洁自律准则》《中国共产党党内监督条例》《中国共产党纪律处分条例》《中央和国家机关党员工作时间之外政治言行若干规定（试行）》等有关党内法规制度，提高税务人员遵规守纪自觉性。

二是强化提醒谈话。将“八小时之外”遵规守纪情况作为任职谈话、廉政谈话和经常性谈心谈话的重点内容。在干部提拔、交流、挂职以及法定节假日前等重要时间节点，采取集体谈话、个别提醒谈话等方式，督促税务人员在“八小时之外”加强自我约束、严格遵规守纪。

三是强化以案示警。结合通报曝光的“八小时之外”违纪违法典型案例，开展有针对性的警示教育，引导党员干部以案明纪，从典型案例中深刻汲取教训，对照反躬自省，自觉净化社交圈、朋友圈、生活圈。

四是强化家庭助廉。推进廉洁文化建设，将税务人员“八小时之外”监督与开展家庭助廉活动结合起来，推动税务人员廉洁教育融入家庭日常生活，充分发挥税务人员家属在反腐倡廉中的助推作用，以严格家风家教促进税务人员廉洁自律。

五是强化监督检查。加强对税务人员“八小时之外”遵规守纪情况的监督，发现苗头性、倾向性问题及时运用监督执纪“第一种形态”咬耳扯袖、红脸出汗，抓早抓小、防微杜渐，并按规定将有关结果记入干部政治素质档案。纪检机构要强化对落实“八小时之外”监督责任情况的监督指导，严肃查处基层党组织移交的有关违纪违法问题线索。

第五节　深刻的教训：违反生活纪律典型案例剖析

“将教天下，必定其家，必正其身。”党的先进性要求党员在日常生活和社会交往中以身作则，严以修身、严于律己。党员干部的生活作风、生活情趣、道德品行，不仅关系着个人的品行，而且关系到党在群众中的威信和形象。如果党员干部在生活作风上不检点、不正派，在道德情操上打开了缺口，出现了滑坡，就很难做到清正廉洁。生活纪律作为党的六大纪律之一，主要明确了党员干部在物质生活、两性关系、家风家教、社会交往等方面的限制性和禁止性规定，是党员干部在“八小时之外”日常生活和社会交往中必须遵守的言行规范，关系党的作风和形象。从表面上看，虽然生活纪律规定的都是日常“小事”“小节”，但“千里之堤，溃于蚁穴”，如果生活“小事”把握不好、把持不住、把控不严，就会逐渐演变成大问题、出大事。

【案例描述】

1. H某，国家税务总局某县税务局分局副主任科员。2015年6—12月期间，H某几乎每周都参与网络足球赌博，每次投注50～2000元不等，投注总金额约6万元，赌资来自其本人日常积蓄。2015年12月24日，

H某因参与网络足球赌博，被所在市公安局某分局给予行政拘留15日、罚款1500元的行政处罚，在社会上造成了不良影响。组织调查期间，H某不如实向组织交代违纪违法问题，直到调查组出示由公安机关提供的其本人供述材料和《行政处罚决定书》后，才不得不承认自己曾参与网络赌博的违纪违法事实。2016年6月29日，该县国税局决定，给予H某行政降级处分。10月21日，该县直机关工委决定，给予H某撤销党内职务处分，鉴于H某没有担任党内职务，决定给予H某党内严重警告处分。

2. Y某，男，国家税务总局某市某区税务局税务所党支部书记、所长。2018年12月，Y某通过社交软件认识了女青年W某，双方互生好感。2018年12月至2019年6月，Y某在婚姻存续期间，多次与W某发生不正当关系。2019年6月起，Y某考虑到家庭关系和工作影响，逐渐与W某疏远不再见面。后W某以青春损失费、精神赔偿金为由，多次要求Y某进行巨额赔偿。双方经多次协商无果。随后，W某向Y某单位纪委信箱写信，举报Y某生活作风问题和其他违纪问题。经查，W某反映的情况属实，同时查出Y某还存在其他违纪问题。最终，Y某受到撤销党内职务、行政撤职处分，降为四级主办。

3. F某，国家税务总局某市某区税务局下属分局事业编工作人员。2019年5月，F某在某直播平台公共场合使用不文明语言侮辱、辱骂某文化公司及其员工，给他人名誉造成严重损害。公安机关依法对其作出行政拘留10日的处罚。F某受到党内警告处分。

4. M某，国家税务总局某市税务局副局长。因工作较忙，且对其子一贯溺爱，疏于管教、放任纵容，其子逐渐染上一些恶习。2019年12月至2020年12月，其子多次利用M某的职务影响力，向辖区多名私营企业主索要钱款共计25万余元，在当地造成恶劣影响。经查，M某对上述情况不知情，也未为所涉企业谋取利益。M某因不重视家风建设，违反了生活纪律，受到党内警告处分。

【纪法分析】

案例 1 中的 H 某追求低级趣味进行网络赌球，违反了《条例》第一百五十条。2023 年修订的《条例》第一百五十条规定：“生活奢靡、铺张浪费、贪图享乐、追求低级趣味，造成不良影响的，给予警告或者严重警告处分；情节严重的，给予撤销党内职务处分。”

案例 2 中的 Y 某，在婚姻存续期间与他人发生不正当关系，并最终导致一系列违纪问题，违反了《条例》第一百五十一条。2023 年修订的《条例》第一百五十一条规定：“与他人发生不正当性关系，造成不良影响的，给予警告或者严重警告处分；情节较重的，给予撤销党内职务或者留党察看处分；情节严重的，给予开除党籍处分。”

案例 3 中 F 某的行为违反了《条例》第一百五十三条。2023 年修订的《条例》第一百五十三条规定：“违背社会公序良俗，在公共场所、网络空间有不当言行，造成不良影响的，给予警告或者严重警告处分；情节较重的，给予撤销党内职务或者留党察看处分；情节严重的，给予开除党籍处分。”

案例 4 中税务干部 M 某，忽视家风建设，失管失教，导致其子染上恶习，甚至利用 M 某的职务影响力敛财，在当地造成严重不良影响。这违反了《条例》第一百五十二条。2023 年修订的《条例》第一百五十三条规定：“党员领导干部不重视家风建设，对配偶、子女及其配偶失管失教，造成不良影响或者严重后果的，给予警告或者严重警告处分；情节严重的，给予撤销党内职务处分。”

【警示警戒】

私德纯正，雨润万物；私德一破，污秽尽来。现实生活中，一些领导干部之所以贪污腐化，与其私德不端、作风不正有很大关系。纵观近年来落马的大小官员，“私德有碍”者往往也“公德堪忧”，私生活一旦失守，公权力便开始妄为，腐败随之滋生。合法收入有限，哪来余钱再包养情人，最后不是贪污公款，违反财务管理制度，就是收受贿赂，官商勾结进行权钱交易。正如习近平同志在《之江新语》中所言："一名领导干部的蜕化变质往往就是从生活作风不检点、生活情趣不健康开始的……如果领导干部生活作风上不检点、不正派，在道德情操上打开了缺口，出现了滑坡，那就很难做到清正廉洁。"

透过上述案例不难发现，违反生活纪律的行为，主要是"八小时之外"的失德违纪行为。当事人为之付出了惨重代价，不仅葬送了个人前途、破坏了家庭幸福，也影响了党组织的良好形象。这反映出当前一些税务干部还存在缺乏纪律规矩意识、道德情操不高、社会责任心不强、教育管理监督不足等问题。税务系统各级党组织要开展经常性谈心谈话，了解掌握干部"八小时之外"的生活情况，特别是交往情况，督促其自觉净化社交圈、生活圈、朋友圈，培养健康的生活情趣，在生活上做表率。

【整改措施】

一是加强理想信念和纪律规矩教育。2022 年 3 月 1 日，习近平总书记在中央党校（国家行政学院）中青年干部培训班开班上强调："守住拒腐防变防线，最紧要的是守住内心，从小事小节上守起，正心明道、怀德自重，勤掸'思想尘'、多思'贪欲害'、常破'心中贼'，以内无妄思保证外无妄动。"现实一再表明，思想上松一寸，行动上就会散一尺。正是因为理想信念防线松动，少数税务干部才偏离正轨，最终从"云端"跌入"峡谷"。广大税务干部应以案为鉴，不断增强纪法意识、道德意识、责任意识，真正让自己心有所戒、行有所止，方能成为可堪大用、能担重任的新时代税务铁军。广大税务干部要让自身与家人言行都经得起考验，既要把好廉洁自律的"前门"，培养积极向上的兴趣爱好，带头廉洁修身、廉洁齐家，加强在"八小时之外"的自我监督和约束；又要守好家庭防线的"后门"，发挥在建设家庭文明、树立良好家风方面的重要作用，与家庭成员一道建设好家庭、传承好家教、弘扬好家风。

二是引导税务干部自觉严以修身，养成健康的生活方式。习近平总书记告诫广大党员干部，要下决心减少应酬，保持健康的工作方式和生活方式，多学习充电、消化政策，多下基层调查研究、掌握第一手情况，多系统思考和解决存在的突出问题，自觉远离那些庸俗的东西。“八小时之外”严以修身，遵守中央八项规定精神以及中纪委一系列禁令要求，是税务干部最起码的行为准则。灯红酒绿、黄赌毒等只会让人颓废消沉，而勤读书、读好书是管好、用好“八小时之外”时间的有效路径。在这个飞速发展变化的时代，须牢固树立终身学习的思想。广大税务干部应用好“八小时之外”的宝贵时间，乐于读书、善于学习、勤于思考，把读书学习当成一种生活方式，进而转化为对生活的一种追求。

三是延伸监督触角，强化“八小时之外”的监督。各级党组织要强化“八小时之外”的监督，以维护领导干部的公众形象和防止利益冲突为核心，重点监督党员领导干部的社交圈、生活圈、休闲圈，教育引导广大税务干部增强自律意识，杜绝侥幸心理。如：通过学习检查间接了解、判断党员的思想状况，通过重大事项的备案报告了解情况，如发现倾向性、苗头性问题，及时进行谈话提醒、批评教育等。各级纪检机构要以党纪条规约束党员干部“八小时之外”的行为，实现全面覆盖，不留盲区和死角。充分发挥舆论监督和群众监督的作用，发现苗头性和倾向性的问题，要及时咬耳扯袖、红脸出汗，真正使干部思想上有触动、行为上有改变，防止“小毛病”演变成“大问题”。

第八章　纪律修养

——职业行为的准则

习近平总书记在党的二十大报告中强调："坚持党性党风党纪一起抓，从思想上固本培元，提高党性觉悟。"可见，提高党性修养、纪律修养是全面从严治党的题中之义。税务系统作为国家治理体系的重要组成部分，其工作人员的职业道德和纪律修养直接关系到税收工作的公正、公平和效率。在新时代背景下，加强税务系统工作人员的纪律修养，提高其职业行为准则意识，对于建设忠诚干净担当的税务铁军具有重要意义。本章将从职业道德的核心要义、职业道德与纪律的关系，以及如何做党和人民信赖的好干部三个维度，深入探讨税务系统工作人员应具备的职业素养和行为规范。

第一节　职业道德的核心要义

一、税务职业道德的基本内涵

道德修养是党员干部的行为高线。党员干部加强道德修养，需要手握道德这把标尺，自觉将崇德修身放在做人做事的第一位，将涵养品行操守作为"基准线"。道德的"基准线"一旦被突破，离触犯法律也就不远了。纵观那些出问题的领导干部，问题多数不是出在"才能"上，而是出在"德行"上。因此，党员干部要确保道德高地不塌方，自觉做到明大德、守公德、严私德。

税务职业道德是税务系统工作人员在履行职责过程中必须遵循的道德

规范和行为准则，其核心在于通过诚信、公正、廉洁等价值观，引导税务工作者在复杂环境中坚守职业底线，维护税收秩序，促进社会公平。随着税收职能从单一财政职能向经济调节、社会治理、公共服务等多维职能的扩展，税务职业道德的重要性已超越行业范畴，成为国家治理现代化的有力支撑。

税务职业道德是税务干部在履行职责过程中应遵守的职业行为准则和道德规范。它是税务干部在税收征管、纳税服务、税务稽查等工作中应遵循的行为标准，也是税务干部区别于其他行业工作人员的根本特征。税务职业道德的基本内涵主要包括以下几个方面：

（一）忠诚可靠的职业操守

忠诚是税务干部最基本的职业道德，是对党、对国家、对人民的绝对忠诚。税务干部作为国家公务员，必须坚定不移地执行党的路线方针政策，忠于国家利益，忠实履行岗位职责。在实际工作中，表现为对税收法律法规的严格执行，对税收政策的准确把握，以及对税收工作的尽职尽责。忠诚不仅是一种政治要求，更是一种职业责任，要求税务干部始终把国家利益和人民利益放在首位，做到政治立场坚定，政治方向明确，政治纪律严明。

（二）廉洁自律的职业底线

廉洁是税务干部必须坚守的职业底线。税务工作直接面对纳税人缴费人，涉及纳税人缴费人经济利益，面临诱惑大、围猎多，稍有不慎就可能陷入腐败的泥潭。因此，税务干部必须时刻保持清醒的头脑，严格遵守廉洁自律的规定，自觉抵制各种诱惑，做到清清白白做人，干干净净做事。廉洁自律不仅要求税务干部在经济上保持清廉，更要求在思想上保持纯洁，树立正确的世界观、人生观和价值观。税务干部应当自觉接受组织和群众的监督，主动公开自己的工作和行为，做到阳光作业，透明操作。

（三）公正无私的职业品格

公正无私是税务干部必须具备的职业品格。税收具有法定性和强制性，税务干部在执行税收政策和处理涉税事务时，必须做到一碗水端平，不偏不倚，确保每项税收政策得到公正执行，每个纳税人都在相同的规则下履行纳税义务。公正无私不仅体现在税收执法上，也体现在纳税服务中，要求税务干部对所有纳税人一视同仁，提供平等、公正的服务。在实际工作中，应当建立健全权力制约机制，防止权力滥用和利益输送，确保税收工作的公正性和公信力。

（四）服务为民的职业宗旨

服务为民是税务干部的根本职业宗旨。税务工作本质上是为纳税人缴费人服务的工作，税务干部应当牢固树立服务意识，把纳税人缴费人的需求作为工作的出发点和落脚点，为纳税人缴费人提供高效、便捷、优质的服务。服务为民不仅体现在办税服务厅，也体现在税收征管、税务稽查等各个环节。税务干部应当简化办税流程，减轻办税缴费负担，提高税收征管效率，提升纳税人缴费人获得感和满意度。同时，税务干部还应当积极宣传税收政策，帮助纳税人缴费人准确理解和遵守税收法律法规，促进税法遵从度的提高。

（五）勤勉尽责的职业态度

勤勉尽责是税务干部应当具备的职业态度。税务工作涉及大量复杂的专业知识和技能，要求税务干部不断学习，提高业务水平；要求税务干部认真负责，对待每一项工作都一丝不苟；要求税务干部勇于担当，面对困难不退缩，面对挑战不畏惧。勤勉尽责不仅是对工作的负责，也是对纳税人的负责，更是对自身职业发展的负责。税务干部应当树立终身学习的理念，不断更新知识结构，提高专业素养，以适应税收工作不断发展的需要。

（六）严守纪律的职业要求

严守纪律是税务干部必须遵守的职业要求。税务干部作为国家公务员，必须严格遵守党的纪律和国家的法律法规，做到令行禁止，政令畅通。在实际工作中，税务干部应当自觉接受监督，严格执行工作纪律，保守工作秘密，维护税务机关的形象和声誉。同时，税务干部还应当自觉维护税收秩序，依法依规处理涉税问题，做到执法必严，违法必究。严守纪律不仅是对税务干部的基本要求，也是对税务机关整体形象的维护。

二、税务职业道德的重要意义

（一）税务职业道德是职业行为的指南

在税收征管数字化、国际化背景下，税务干部面临的政策复杂性、利益诱惑性、执法风险性显著增加。税务职业道德通过明确行为边界与价值取向，能够引导税务干部在复杂的工作环境中做出正确的道德判断和决策，为职业决策提供系统性支撑。

一是道德准则化解复杂情境下的决策困境。税务工作常涉及多方利益博弈，面对纳税人缴费人可能通过人际关系、利益输送等方式干扰执法的情况，税务干部需在法治、公平、独立、客观、公正原则下处理利益冲突，在工作中体现职业道德对决策的约束作用。由此可见，职业道德通过“依法治税”“廉洁奉公”等核心原则，为税务干部提供了可操作的决策框架，避免因个人偏好或外部压力导致执法偏差。

二是风险防控机制的道德化嵌入。税务职业道德不仅是正向引导，更是风险防控的前置性屏障。例如，税务干部若违反“保守秘密”原则泄露纳税人信息，可能引发商业竞争失序；若违背“真实报告”要求虚报数据，将直接损害国家税收利益。以上出现的问题正是职业道德缺失导致系统性风险的典型案例。职业道德通过“保密义务”“真实报告”等具体规范，将风险防控转化为日常行为习惯。

三是服务效能提升的伦理驱动。在国务院进一步优化政务服务、提升行政效能改革背景下，税务服务已从“管理型”向“服务型”转型。职业道德中的“文明征税”“热情服务”要求，推动服务标准从制度文本转化为行动自觉。例如，各地通过推行“首问责任制”“限时办结制”“高效办成一件事”等服务举措，推动纳税人满意度提升，关键在于将职业道德内化为“换位思考”“主动服务”等具体行为准则。

（二）税务职业道德是职业形象塑造的重要组成部分

税务职业道德不仅关系到税务干部的个人形象，还直接影响到税务部门的整体形象和公众信任度。税务干部的职业道德素养、专业知识和服务态度等都是塑造职业形象的关键因素。

首先，税务职业道德是税务干部在职业活动中应遵循的行为规范，包括依法行政、文明服务、保守纳税人信息等。这些行为规范不仅能够帮助税务干部在工作中树立良好的形象，还能够增强纳税人缴费人的信任感和满意度。

其次，税务干部的专业知识和技能也是塑造职业形象的重要方面。税务工作是一个专业性很强的领域，税务干部需要不断学习和更新自己的知识，紧跟税收政策的变化。只有不断提升自己的专业素养，提高业务技能，从而提升整体服务水平，才能更好地服务纳税人缴费人，提升服务质量。

最后，税务干部的服务态度和效率也是塑造职业形象的关键。税务干部应当树立创新意识、公仆意识，摆正位置，以良好的职业道德素养赢得纳税人缴费人的信任。通过严格管理和科学的服务方式，提高办税效率，提升服务质量。

（三）税务职业道德是职业发展的核心推动力

税务职业道德建设已超越传统“约束工具”范畴，成为人才成长与组织创新的战略资源。税务职业道德是税务干部职业发展的推动，能够帮助税务干部不断提高自身素质和能力，实现个人价值和社会价值的统一。

一是税务职业道德建设有助于整体素能的提升。如果税务部门的整体职业道德水平良好时，大多数税务干部就能够自觉履行责任和义务。新加入税务队伍的青年干部就能遵循这一道德规范，从而变成一个有责任心和事业心的税务干部，那么整个税务队伍就会呈现一种良性循环，队伍整体素能会相应提升，凝聚力和战斗力也会持续提升。反之，如果某一部门的税务干部违反了职业道德要求没有受到组织的处分，同时自身也没有负罪感和愧疚之心，就会影响整个部门的职业道德建设，会影响税务干部之间的相互信任和分工合作效率，进而影响整体队伍素养提升。

二是税务职业道德建设有助于税务工作取得新成效。税务干部能不能正确行使权力、科学有效地执行公务活动，不仅取决于自身业务能力水平的高低，更取决于其职业道德水平的高低。税务干部如果没有坚定的为人民服务的价值取向，也没有实事求是、忠于职守的道德品质，就不能正确地执行税费法律法规和相关政策；如果没有一种各尽其责的团队信任，就不可能形成一支有凝聚力和战斗力的团队，就不可能形成积极的职业精神；如果没有忠于职守、积极主动、认真负责、团结合作的道德素养，就不能充分发挥自己的工作能力，也不能形成强有力的工作集体，因而也不能高效地开展工作，也就不能高质量推进中国式现代化税务实践行稳致远。

三是税务职业道德建设有助于增强税务部门社会管理职能。公平和效率社会经济工作中的一对基本矛盾，绝对的平等会导致效率的缺失，而过于追求效率则会产生相对的不公平，而适度的平等，即公平则有助于实现效率的稳定。社会经济资源的配置效率是人类经济活动追求的目标，而经济主体在社会生产中的起点、机会、过程和结果的公平，也是人类经济活动追求的目标，而这两大目标之间的内在关联和制度安排，一直是社会经济活动中的重点问题。

我们当下社会经济体制设计的指导原则是效率和公平的有机结合。在这一理念的指导下，每一个公共行政部门都需要在具体的行政过程中探索、推进公平和效率的有机结合。因此，税务部门的行政行为对社会效率和社会公平的有机结合有着深远影响和重大责任。

公平和效率是税收的外部社会性要求，同时也一直是税收的内在原则，当前我国的税收制度就是这一指导思想的具体表现。现行的税收程序法以强化税收征管权的行使，保证国家税收收入为主要目标，在一定程度上强化了税务部门和税务干部的职务权力。另外，税务执法和税费服务过程中，需要依靠税务干部职业道德建设增强税务人员道德修养，帮助税务干部形成正确的权力观，培养勤政廉政、为人民服务的意识和品质，使税务干部能够自觉以内心的道德力量抵制外在的不良诱惑，自觉严格要求自己，行使好自己手中的权力，保障税收公平和效率的实现。

税务部门加强职业道德建设，不仅可以有效保障社会经济发展中效率和公平的有机结合，还能够增强税务部门社会管理的职能。税收涉及千家万户，税务部门是与广大人民群众特别是纳税人联系紧密的部门，也是为群众服务的部门。税收涉及社会生产、分配、交换、消费等各个环节，税务部门与社会各领域联系紧密，掌握着大量社会管理信息，是国家重要的社会管理部门。税务系统点多面广，队伍庞大，税收内部管理也是社会管理的重要组成部分。各级税务机关结合税收工作实际，扎实做好社会管理及其创新各项工作是税务部门肩负的重要职责。做好税务部门的社会管理和创新工作，要求税务部门扎实推进税务职业道德建设。秉持责任担当和廉洁从政理念，大力加强机关作风建设和干部队伍建设，为促进税务实践高质量发展营造和谐有序的环境；秉持公正的理念，推进依法行政，努力营造良好税收法治环境；始终坚持把依法行政作为税收工作的基本准则，严格按照法定权限和程序行使权力、履行职责，使税法得到有效执行和普遍遵从；秉持为人民服务理念，优化纳税服务，切实维护纳税人缴费人合法权益；适应形势发展需要，进一步优化纳税服务工作，更好地为加强和创新社会管理服务。

总之，税务职业道德的重要性已从个体约束升华为国家治理能力的重要组成部分。在数字经济与全球化双重挑战下，唯有将职业道德建设融入国家治理体系现代化进程，才能实现“税收治理现代化”与“税务人员职业化”的良性互动，为构建新发展格局提供坚实保障。

第二节　职业道德与纪律

纪律是管党治党的“戒尺”，也是党员干部约束自身行为的标准和遵循。税务干部要把思想和行动统一到党中央决策部署上来，把开展党纪学习教育作为重要政治任务，通过扎扎实实的学习，让党性修养“更深一层”，让作风建设“更亮一分”，让底线意识“更牢一点”，让赶考成绩“更胜一筹”，增强纪律修养，锤炼坚强党性，推动干事创业，为推进中国式现代化税务实践提供坚强纪律保障。

自律与他律组成了个人在道德品行表现以及道德实践活动当中价值标准的内外因两方面的重要部分。税务系统职业道德建设必须要引导税务干部树立正确的价值观、道德观，以学习和实践相结合的教育形式引导税务干部坚定社会主义理想信念，让社会主义核心价值观贯穿税务干部思想政治工作的全过程，融入广大税务干部的血液。

一、自律与他律的协同

德国哲学家康德最早从伦理学的角度提出道德自律与道德他律。康德认为：“真正品德的产生，是来自人们意志的自愿，不受外界的约束，可以通过自主规范来约束自己，故道德的最高境界是‘自律’。”[①] 马克思说：“既然正确理解的利益是整个道德的基础，那就必须使个别人的私利符合全人类的利益。”[②] 这句话，一方面指出对“利益”的“正确理解”即“利

---

① 康德．道德形而上学原理［M］．北京：商务印书馆，2012.

② 马克思，恩格斯．马克思恩格斯选集［M］．北京：人民出版社，1957.

益”只有尊重并符合人类历史的发展规律才能是“正确理解”的；另一方面要求人们特别是领导人，在追求利益时要严格遵守道德规范。

税务干部的职业道德建设，需要自律与他律的协同配合，共同塑造税务干部的职业操守。自律是指税务干部自觉遵守职业道德规范，不受外部约束而自主行动；他律是指通过外部制度、规定等对税务干部的行为进行约束和监督。自律与他律相辅相成，缺一不可。

（一）自律：内在道德约束

自律是税务干部职业道德建设的基础和前提。税务干部应当树立正确的世界观、人生观和价值观，增强职业荣誉感和责任感，自觉抵制各种诱惑和干扰，做到内心有戒尺，行为有底线。自律不仅要求税务干部在有人监督的情况下能够遵守职业道德，更要求在无人监督的情况下也能够自觉遵守职业道德。只有通过自律，税务干部才能真正将职业道德内化为自己的行为准则，形成良好的职业习惯。

税务干部提高自律能力的具体措施包括：

加强理论学习。深入学习党的理论和路线方针政策，学习税收法律法规和职业道德规范，提高政治素养和业务能力。

强化自我反思。定期进行自我检查和反思，审视自己的思想和行为，发现不足并及时纠正。

培养良好习惯。从点滴做起，从小事做起，培养良好的工作习惯和生活习惯，形成正确的价值取向和行为方式。

树立榜样示范。向身边的先进典型学习，向优秀同行学习，以榜样的力量激励自己不断进步。

（二）他律：外在制度约束

道德他律主要指个人的道德行为受到他人、社会、国家等道德规范的约束，通过外在的制度来约束个人道德行为的行为准则。道德他律有消极与积极两种表现形式。

他律是税务干部职业道德建设的重要保障。通过建立健全的制度体系和监督机制，对税务干部的行为进行规范和约束，确保职业道德得到落实。他律不仅包括组织内部的制度约束，也包括社会外部的监督约束。只有通过他律，才能对税务干部的职业行为形成有效的约束和引导，确保职业道德的落实。

税务系统加强他律的具体措施包括：

完善制度建设。建立健全覆盖税收征管各个环节的制度体系，明确工作流程和标准，规范税务工作人员的行为。

强化监督检查。通过定期检查、随机抽查、专项督察等方式，对税务干部的职业行为进行监督检查，及时发现和纠正问题。

严格责任追究。对违反职业道德的税务干部，依法依规进行处理，做到有错必究，有过必罚，形成有效的震慑。

接受社会监督。主动接受纳税人和社会各界的监督，畅通投诉举报渠道，及时回应社会关切，不断提高工作的透明度和公信力。

（三）自律与他律的辩证关系

道德自律与道德他律辩证统一、相辅相成。一方面，道德自律与他律各自有其相对独立性，不可混为一谈；另一方面，道德自律与他律又相互促进，共同维系社会道德规范。

第一，道德自律意识和相关行为并非个体生而具有，先验自发形成的，并不等同于“人皆有不忍人之心”，而是为了维护社会和他人共同利益及正常的公共秩序而规范自身道德行为客观需要。

第二，道德自律意识的形成并不是一朝一夕就能培养起来的，必须靠道德他律来强化和巩固，作为行为习惯深入骨髓。

第三，道德自律是自觉者的行为，不可否认人本性具有差异性，道德自律对于意志力薄弱的人而言就是空中楼阁，这样就必须靠道德他律来强制约束或惩戒方能起效。

第四，道德他律也离不开道德自律，对于道德主体来说，道德他律是外因，马克思主义哲学道理告诉人们外因必须通过内因才能起作用，要使道德主体自己遵守道德规范，就必须强化道德他律，进而在大氛围大环境下影响个体道德意识。

（四）税务系统自律与他律的协同路径

自律与他律虽然在本质上有所不同，但二者相互补充，共同促进税务干部职业道德的提升。自律为他律提供了思想基础和心理支持，他律为自律提供了制度保障和外部压力。只有将自律与他律有机结合，才能形成强大的道德约束力，确保税务干部始终坚守职业道德底线。

在实际工作中，税务系统可以通过以下方式促进自律与他律的协同：

党建引领。坚持不懈用党的创新理论指导和推进实践，在正确处理守正与创新的关系上明方向、强定力，坚持自律与他律的协同发展，在坚定捍卫“两个确立”、坚决做到“两个维护”中，推动党的税务事业沿着正确道路奋勇前进。

制度引导。通过制定科学合理的制度，引导税务干部自觉遵守职业道德，形成良好的职业行为习惯。

文化熏陶。通过建设积极向上的税务文化，营造崇德向善的氛围，潜移默化地影响税务干部的价值观和行为方式。

教育培养。通过定期开展职业道德教育和培训，提高税务干部的职业道德意识和自律能力。

激励机制。建立科学的激励机制，对遵守职业道德、表现优秀的税务干部给予表彰和奖励，形成良好的示范效应。

二、职业操守的塑造

职业操守是税务干部在长期职业实践中形成的职业信念、职业情感和职业行为习惯的总和。塑造良好的职业操守，是税务干部职业道德建设的重要目标。

（一）职业操守的基本要素

职业信念：对税务工作的热爱和对职业使命的认同，是职业操守的思想基础。

职业情感：对纳税人的尊重和服务热情，对工作的责任感和使命感，是职业操守的情感支持。

职业行为习惯：在长期工作中形成的职业行为模式和工作方式，是职业操守的外在表现。

职业能力：履行岗位职责所需的专业知识和技能，是职业操守的物质基础。

（二）职业操守的基本要求

税务干部要不忘初心、坚守本真，做“讲道德、有品行”的表率。

一是尊“四有”，以心中有党、心中有民、心中有责、心中有戒为标尺。要始终坚守党的信仰和信念，坚决执行党的决策和决定，自觉维护党的权威和形象，强化共产党员、公务员、税务人员“三员”身份意识；要把群众意识观念深植于心，时刻践行为人民服务宗旨，主动接受群众批评和监督，多为纳税人缴费人着想、多为基层打算，多办一些让基层和纳税人缴费人得实惠的好事实事；要坚持职责内的事情自觉干，遇到难题主动干，需要配合的事情认真干；要严格遵守党的纪律和规矩，坚持防微杜渐、择友而交、心存敬畏。

二是重“四自”，倡树自重、自省、自警、自励之风。要重言论、重声誉、重小节，谨言慎行，洁身自好，克己慎行；要在自省上坚持常、深、实，拿出魄力修正，制定措施纠正，采取行动见效；要在思想上筑起一道牢固防线，时刻保持清醒，时时自我告诫，事事自敲警钟；要不断激发履行党章所赋予职责的使命感、责任感、自豪感，自强不息，奋发向上。

三是讲“四德”，做政治品德、社会公德、职业道德、家庭美德守护者。追求洁身自好，追求立身做人，追求淡泊名利，常修为官之德，养成高度自觉的修养风范；深入开展文明行业、文明单位、青年文明号、巾帼文明岗等文明创建活动，面向基层培养和选树一批辐射力与带动力强的示范点和模范人物；坚持依法组织收入原则，做到“应收尽收，应惠尽惠”，把该收的税一分不少上缴国库，把该落实的优惠政策不折不扣落实到位，提升业务能力，优化工作作风；在品德修养上管住自己、管好家人，使家庭成为自己的坚强后盾，促进家庭事业双丰收。

（三）职业操守的培养路径

自我修养。税务干部应当注重自我修养，不断提高自身的道德水平和职业素养。这包括加强理论学习，提高政治觉悟；培养良好习惯，增强自律能力；勇于自我批评，及时纠正错误等。

组织培养。税务系统应当加强对税务干部的培养和管理，通过教育培训、岗位锻炼、考核评价等方式，促进税务干部职业操守的提升。这包括制定培养计划，明确培养目标；提供学习机会，促进能力提升；开展实践锻炼，增强实战能力等。

环境熏陶。良好的工作环境和组织文化，对税务干部职业操守的形成具有潜移默化的作用。税务系统应当努力建设积极向上的组织文化，营造崇德向善的工作氛围，为税务干部的职业操守建设提供良好的环境支持。

制度保障。完善的制度体系和监督机制，是职业操守建设的重要保障。税务系统应当建立健全覆盖各个环节的制度体系，明确工作标准和要求，规范税务干部的行为，确保职业操守的落实。

（四）案例分析

案例 1　某税务机关建立“三位一体”监督机制

某税务机关针对税务干部的职业道德建设，建立了“三位一体”的监督机制，即个人自律、组织他律和社会监督相结合的监督体系。在个人自律方面，要求每位税务干部签订职业道德承诺书，明确自己的职责和底线；在组织他律方面，建立了定期检查、随机抽查和专项督察相结合的监督检查机制，确保制度落实到位；在社会监督方面，开通了纳税服务热线和投诉举报平台，接受纳税人的监督和评价。通过这一机制，该税务机关有效提高了税务干部的职业道德水平，减少了违规违纪行为的发生，得到了纳税人的广泛好评。

案例 2 某税务系统开展"道德讲堂"活动

某税务局针对税务干部的职业道德建设，开展了"道德讲堂"活动。活动以身边的人和事为素材，通过讲故事、谈体会、做点评等方式，生动形象地展现道德力量，引导税务干部树立正确的价值观念和职业操守。同时，该局还建立了"道德模范"评选机制，每年评选一批在职业道德方面表现突出的先进典型，通过表彰先进、宣传典型，形成良好的示范效应。通过这一活动，该局税务干部的职业道德水平显著提高，形成了崇德向善、见贤思齐的良好氛围。

第三节 做党和人民信赖的好干部

一、加强职业道德修炼

任何一个人的道德品质的形成，固然离不开一定外在环境的影响、约束与引导，离不开所在社会风气的熏染，离不开组织单位的培育，但更为关键的还是依靠个人自身在社会实践中的修养。个体自主与环境影响的互动关系是马克思唯物辩证法在道德领域的独特体现。唯物辩证法认为，事物的发展是内外因共同起作用的结果，内因是事物发展的根据，它是第一位的，它决定着事物发展的基本趋向；外因是事物发展的外部条件，它是第二位的，它对事物的发展起着加速或延缓的作用，外因必须通过内因而起作用。也就是说，税务干部职业道德建设不仅仅依赖组织培育，最终还依赖于税务干部个体的自身修养。道德最终是依靠人们的内心信念来维持和发挥作用的。

（一）职业道德修炼的重点

税务干部要围绕“修身”，不断加强党性锻炼、人文培育、道德修养，为高质量推进中国式现代化税务实践夯实思想根基和凝聚人格力量。

一是加强党性修身。党性是立身、立业、立言、立德的基石。加强党性修身要坚持理论武装，认真学习中国特色社会主义理论体系，学好习近平总书记系列重要讲话精神；坚持学以致用，真正把党性要求镌刻在灵魂深处、落实到行动之中。党性修身有着丰富内涵，要坚定理想信念，做到真学真懂真信，切实增强道路自信、理论自信、制度自信、文化自信；要牢记根本宗旨，树立群众观念，时刻想着群众，真正把群众的利益放在心上；要遵守党规党纪，自觉以纪律规矩为准绳约束自己的言行，坚定不移地落实全面从严治党要求。

二是加强人文修身。“观乎人文，以化成天下”，人文素养是以人为对象、以人为中心，珍惜生命、尊重人性的精神。加强人文修身要注重学习文史哲，善于从文学、史学、哲学中汲取智慧与力量，将人文精神融入血液、植入生命，从而提升人文素养、培育高尚人格。要尊重生命，充分认识人的价值具有首要的意义，在感悟生命的伟大中涵养人文精神；要平等待人，真正树立人格平等意识，在相互尊重、相互理解、相互支持中升华人生境界；要同情弱者，始终怀有悲悯之心，在扶危济困、乐于助人中展现人性之美。

三是加强道德修身。人是社会关系的总和，道德与人文密切联系，道德是人文的延伸，人文是道德的基础。加强道德修身要学习传统优秀文化和社会主义核心价值观，经常反躬自省，坚持慎独慎微，在崇德向善中强化道德理念、提高道德修为。要崇尚名节，为国以忠，“留取丹心照汗青”，处世以正，“要留清白在人间”；要心存淡泊，少私寡欲，慎用权力，不为“乱花”迷眼，不为名利所惑；要分清公私，多存公心力戒私心，多谋公利不谋私利，坚决杜绝公权私用、公款私享、公器私授；要守住清廉，常怀律己之心，常思贪欲之害，使廉洁从政、干净做事成为自觉行为。

（二）修炼方法与途径

理论学习。深入学习党的理论和路线方针政策，学习税收法律法规和职业道德规范，提高政治素养和业务能力。理论学习应当坚持学以致用，将理论与实践相结合，用理论指导实践，用实践检验理论。

自我反思。定期进行自我检查和反思，审视自己的思想和行为，发现不足并及时纠正。自我反思应当坚持实事求是，不回避问题，不粉饰太平，勇于面对自己的缺点和错误。

实践锻炼。在实际工作中锤炼自己，提高应对复杂情况和解决实际问题的能力。实践锻炼应当坚持问题导向，针对工作中遇到的问题，认真分析原因，寻找解决办法，不断提高工作能力和水平。

榜样示范。向身边的先进典型学习，向优秀同行学习，以榜样的力量激励自己不断进步。榜样示范应当注重学习先进典型的优秀品质和经验做法，结合自己的实际情况，取长补短，不断提高。

文化熏陶。通过参与各种文化活动，接受优秀文化的熏陶，提高自己的文化素养和道德水平。文化熏陶应当注重传统文化和现代文化的结合，汲取中华优秀传统文化的营养，同时吸收现代文明的成果，形成健康向上的价值观念和生活方式。

（三）职业道德修炼的重要性

习近平总书记指出，培养时代新人，重中之重是要以坚定的理想信念筑牢精神之基。要加强税务干部的正向引导，帮助他们廓清思想迷雾，坚定理想信念。职业道德修炼对于税务工作人员的成长和发展具有重要意义。

一是职业道德修炼是对标党中央、国务院部署的新要求。近年来，党中央、国务院对职业道德建设工作高度重视，习近平总书记作出一系列重要论述，为职业道德建设提供了科学指引和根本遵循。职业道德建设是培育和践行社会主义核心价值观、推进社会主义精神文明建设的重要内容，是提高全民道德素质和社会文明程度的必然要求。税务部门作为国家经济管理的重要组成部分，其职业道德建设对于提高税收工作质量、优化税收营商环境、促进经济社会发展具有重要意义。

二是职业道德修炼是税务干部提高自身素质和能力的重要途径。通过不断学习和实践，税务干部可以不断更新知识结构，提高专业素养，适应税收工作不断发展的需要。税务干部要具备“明德、正直、严谨、忠诚、固本”道德规范，从灵魂深处认识到，个人道德品行如何，修养修为如何，事关税收事业发展，事关税收工作成败，事关个人发展。

三是职业道德修炼是税务干部提升工作质量和效率的重要保障。只有具备良好的职业道德，税务干部才能以高度的责任感和使命感对待工作，确保工作的质量和效率。税务干部只有时刻保持清醒头脑，不断加强自身修为，散发出正能量，才能真正得到领导认可、同事认同，群众服气。

四是职业道德修炼是税务干部实现个人价值和社会价值相统一的重要方式。通过职业道德修炼，税务干部可以不断提高自己的道德水平和职业素养，为社会做出更大的贡献，实现个人价值和社会价值的统一。

二、践行初心使命

初心如磐、使命在肩。习近平总书记指出，中国共产党人的初心和使命，就是为中国人民谋幸福，为中华民族谋复兴。这个初心和使命是激励中国共产党人不断前进的根本动力。税收在国家治理现代化中发挥着基础性、支柱性、保障性作用，税务部门肩负着“为国聚财、为民收税”的重要职责，践行党的初心使命是每名税务党员干部义不容辞的重要责任。守初心、担使命要求我们增强政治定力，激发内生动力，促进税收改革发展，不断提升服务人民群众和经济社会发展的能力与水平。

（一）初心使命的内涵

自世界上第一个无产阶级政党组织——共产主义者同盟成立以来，共产党人便始终把全人类的自由和解放作为共产党人的根本任务，在伟大斗争中满腔热情、坚韧不拔并卓有成效地进行革命与战斗。中国共产党人的根本特质就在于革命性、斗争性和先进性。纵观党的百年奋斗历程，中国共产党人始终将维护无产阶级和人民群众的根本利益作为自己的初心和使命，在百年斗争中同一切旧制度、旧势力和危害人民群众利益的思想行为作坚决斗争，展现出坚定的革命性、斗争性、先进性。

为中国人民谋幸福、为中华民族谋复兴，是中国共产党的初心使命。回溯党百余年奋斗历程，践行初心使命的长期实践使党团结带领中国人民改变了国家前途命运，开辟了实现中华民族伟大复兴的中国式现代化新道路，深刻影响了世界历史进程。立足新时代新征程，深入考察和分析这一初心使命核心意蕴的理论逻辑、历史逻辑与实践逻辑，对于以中国式现代化全面推进中华民族伟大复兴具有极其重大的理论价值和实践意义。做党和人民信赖的好干部，需要践行初心使命，牢记为人民服务的根本宗旨，始终把人民利益放在首位。

初心使命是税务干部对党和人民的庄严承诺，是税务干部职业行为的根本动力。税务干部的初心使命就是为国聚财、为民收税，服务纳税人缴费人、服务经济社会发展。这一初心使命要求税务干部在工作中始终坚持人民立场，把纳税人缴费人的需求作为工作的出发点和落脚点，为纳税人缴费人提供高效、便捷、优质的服务；始终坚持依法征税，确保国家财政收入的安全和完整；始终坚持廉洁自律，维护税务机关的良好形象。

（二）践行初心使命的税务行动

“为中国人民谋幸福，为中华民族谋复兴”作为激励一代代中国共产党人前赴后继、英勇奋斗的根本动力，是中国共产党人所要践行的初心与使命。在伟大斗争精神引领中国共产党人践行“初心使命”的历史实践中，要在把握中国共产党人初心使命与斗争精神内在本质与价值意蕴的基础之上，赓续、传承和弘扬中国共产党人的斗争精神，在践行“初心使命”的实践中体现出我们党在新时代的伟大斗争中时刻拥有破解大党独有难题的清醒和坚定。税务系统践行初心使命主要包括以下几个方面：

1. 坚定政治方向

习近平总书记指出，政治方向是党生存发展第一位的问题，事关党的前途命运和事业兴衰成败。旗帜鲜明讲政治是我们党的根本要求，政治建设位于党的建设的首位，是根本性建设，税务机关首先是政治机关，讲政治是第一要求。践行初心使命，必须将加强党的政治建设的各项要求落实到税收改革发展的各方面、全过程，真正把初心和使命内化为政治自觉。要增强“四个意识”、坚定“四个自信”、做到“两个维护”，更加自觉地同以习近平同志为核心的党中央保持高度一致，坚决维护党中央权威和集中统一领导，坚决贯彻落实党中央的各项决策部署。要深入学习贯彻习近平新时代中国特色社会主义思想和习近平总书记关于税收工作的重要论述及重要指示批示精神，深刻理解其核心要义、精神实质、丰富内涵、实践要求，并将其作为各项税收工作的根本遵循和行动指南，做到时时对照、躬身践行。要严肃认真地开展党内政治生活，营造税务系统风清气正的良好政治生态，培植优良的政治文化，不断提高政治能力，锤炼忠诚干净担当的政治品格，牢牢把握住政治方向、政治立场、政治大局，严明政治纪律，强化政治责任。

2. 坚守人民立场

习近平总书记指出，人民立场是中国共产党的根本政治立场，是马克思主义政党区别于其他政党的显著标志。我们党来自人民、植根人民、服务人民，党的根基在人民、血脉在人民、力量在人民。只有牢记全心全意为人民服务的宗旨，牢记人民对美好生活的向往就是我们的奋斗目标，把群众观点和群众路线深深植根于思想中、具体落实到行动上，顺应民心、尊重民意、关注民情、致力民生，实现人民幸福感的全面提升，才能践行共产党人的初心、完成共产党人的使命。税收取之于民、用之于民、造福于民，税收工作与民生息息相关。税务部门坚守人民立场，集中体现在以纳税人缴费人为中心的发展思想和服务追求上。我们要将“为国聚财、为民收税”贯穿全心全意为纳税人缴费人服务的每一个环节中，始终坚持党的群众路线，把解决好纳税人缴费人最关心、最直接、最现实的问题作为出发点和落脚点，努力以税务人的“辛苦指数”换取纳税人缴费人的“满意指数”。要深入开展“便民办税春风行动”，持续优化税收营商环境，提高办税缴费效率，优化办税缴费体验，努力让政策解读更清晰、业务流程更便捷、办理手续更简明、平台系统更友好。坚持不懈为纳税人缴费人办实事、办好事，维护公平公正的税收秩序，营造良好的税收环境，提升纳税人和缴费人的满意度和获得感。

3. 勇于担当作为

习近平总书记指出，做到不忘初心、牢记使命，并不是一件容易的事情，必须有强烈的自我革命精神。不变的初心和使命是激励我们党接续奋斗的精神密码，推动我们的事业在各种风险和挑战中发展壮大。我们只有把一以贯之的初心和使命与今天要做的事情结合起来，转化为攻坚克难、担当作为的信心与恒心，才能让初心和使命找到现实载体，才能面对外部环境的不确定性，战胜各种风险挑战。近年来，税务部门减税降费、税制改革、加强税收监管等任务艰巨，要以强烈的政治责任感和历史使命感，保持只争朝夕、奋发有为的奋斗姿态和越是艰险越向前的斗争精神，在矛盾和问题面前敢抓敢管、敢于碰硬，在急难险重任务面前豁得出去、顶得上去，全力贯彻落实党中央、国务院的决策部署，努力创造经得起实践、人民、历史检验的实绩。

4. 永葆清正廉洁

习近平总书记指出，保持为民务实清廉的政治本色，自觉同特权思想和特权现象作斗争，坚决预防和反对腐败，清清白白为官、干干净净做事、老老实实做人。清正廉洁是共产党人的鲜明品质，是初心的“本色”、使命的基石。我们党从诞生之日起，就把清正廉洁写在自己的旗帜上，融入共产党人的价值观。践行初心、担当使命，就要将初心使命的理念和要求融入清正廉洁的实际行动之中，筑牢拒腐防变的思想防线，显现初心和定力，履行使命和责任。税收执法权运行主要集中在基层，税务干部直接与纳税人缴费人打交道，直接与钱打交道，廉政风险点较多，防范廉政风险、促进税务干部廉洁办税的责任重大。税务部门践行初心使命，必须进一步加大反腐败工作力度，对落实主体责任和监督责任不力并造成严重后果的严肃问责。要加强对税收执法权的监督，重点围绕发票管理、出口退税、个案批复、税额核定、税务稽查等税收执法领域重点岗位、重点环节，强化税收执法督察，确保税收执法公平公开公正。要着力整治损害纳税人缴费人利益的不正之风，形成强大震慑。要加强对行政管理权的监督，强化预算执行、基本建设、政府采购等管理。要加强对选人用人的监督，把从严监督贯穿于干部选任工作的全过程。要构建税务系统大监督格局，在早、准、严上下功夫，提高监督质量，防范廉政风险。

初心难在常守，使命贵在长担。税务系统不断增强守初心、担使命的思想自觉和行动自觉，扎实做好各项税收工作，努力为经济社会发展作出新的更大贡献。

第四节　学习的榜样：践行初心使命典型案例剖析

用榜样的力量、用“看得见的哲理”教育人、引导人，是我们党的重要工作方法。为深入贯彻落实习近平总书记关于精神文明建设的重要论述，推动税务系统深入贯彻中央八项规定精神学习教育走深走实，高质量推进中国式现代化税务实践，国家税务总局党委于 2025 年 6 月印发决定，号召全国税务系统广大税务干部向陈延军、吕永刚、马丽、韩宇南、赵新玲和国家税务总局塔什库尔干塔吉克自治县税务局青年集体学习，充分发挥先进典型示范引领作用，大力营造崇尚先进、学习先进、争当先进的良好风尚和浓厚氛围，激励引导广大税务干部汲取榜样力量、坚守初心前行，在为纳税人缴费人和人民群众办实事、做好事、解难题中锤炼好作风、展现新作为。

定格在岗位上的生命赞歌——陈延军

陈延军，男，土家族，湖南吉首人，生前系国家税务总局花垣县税务局党委书记、局长，一级主办。

2024 年 9 月 23 日 18 时，陈延军同志因过度劳累在办公室突发疾病，不幸因公殉职，时年 49 岁。他克服家庭困难，毅然挑起花垣县税务局党委书记、局长的重担，用 3 年多时间，带领这个当时的“后进局”扛牢主责主业，推动各项工作取得明显成效，跻身先进行列，创下税收增幅全州第一、纳税人缴费人满意度跃升至全省前列的佳绩，所辖单位获评“全国青年文明号”“全省税务系统五星级办税服务厅”“湘西州文明标兵单位”等多项荣誉。2025 年 2 月，陈延军被湖南省湘西土家族苗族自治州追授为“全州优秀共产党员”，他的事迹被人民网等主流媒体宣传推介。

海岛税月映丹心——吕永刚

吕永刚，男，汉族，辽宁庄河人，国家税务总局长海县税务局小长山税务所党支部书记、所长。

在 2003 年接受肝、肾双移植手术后，吕永刚仍然坚守碧波间，将第二次生命毫无保留地献给税收事业，如同长海县那座屹立不倒的“黄海前哨”。在创造生命奇迹的同时，他以对党的一片丹心，留下税务人的忠诚印记。20 余年间，吕永刚坚持扎根海岛，每年往返全县大大小小的岛屿上百次，行程 2000 多海里，为海岛纳税人缴费人送政策、送服务；持续建强党支部战斗堡垒，夯实税费征管基础，让海岛税务所成为“强基固本”的坚实阵地。2021 年吕永刚获评“全国税务系统百佳税务所长（书记）”，2023 年获得“中国好人”称号，2024 年获得“辽宁省优秀共产党员”称号，并在全省“两优一先”表彰大会上作为代表发言，被辽宁省委作为《共产党员》杂志封面人物在全省进行重点宣传，2025 年被中共中央、国务院授予“全国先进工作者”荣誉称号。

为民服务永远向前的“超级马丽”——马丽

马丽，女，回族，宁夏灵武人，国家税务总局银川市金凤区税务局第一税务分局党支部书记、银川市税务局纳税服务中心副主任。

从退伍军人到税费业务专家，从基层干部到全国先进工作者，从办税服务厅的小窗口到全国两会的大舞台，变的是身份、是角色、是平台，但不变的是马丽紧跟需求的服务创新、扎根基层的责任担当与为民服务的初心使命。从税 18 年来，她一直扎根基层办税服务厅，聚焦纳税人缴费人所思所盼持续优化服务。以她名字命名建立的“马丽劳模创新工作室”，已在全国带动成立 24 家分室、64 个命名窗口，共同推动税费服务提质增效。马丽曾获评全国先进工作者、全国税务系统先进工作者、“最美税务人”等多项荣誉称号，并于 2023 年当选第十四届全国人大代表，中国工会第十八次全国代表大会代表、执委，中国妇女第十三次全国代表大会代表，第二届国家监委特约监察员。

驻守乡村描画最美风景——韩宇南

韩宇南，男，汉族，河南商丘人，国家税务总局周口市税务局一级主办、驻太康县马厂镇前何村第一书记。

“前何不富，不回税务！好日子，我们一起干！好日子，我们一起过。”2015 年，韩宇南主动请缨到前何村担任第一书记。夫妻一起驻村，妻子去世后，他仍留在村里。驻村 10 年来，韩宇南始终把解决村民最期盼的出行难、增收难、环境差等问题作为突破口，加强基础设施建设，大力发展扶贫产业，使前何村由国家级深度贫困村变成了小康村。韩宇南 2021 年 2 月被党中央、国务院授予“全国脱贫攻坚先进个人”荣誉称号，2021 年 6 月被党中央授予“全国优秀共产党员”荣誉称号，并当选为河南省第十四届人民代表大会代表，被聘任为河南省监委特约监察员。村民为挽留他而写的、按满鲜红手印的挽留信，被中国共产党历史展览馆收藏；韩宇南本人则两次受到习近平总书记亲切接见。

银发续写人生华章——赵新玲

赵新玲，女，汉族，河北乐亭人，国家税务总局贵阳市税务局退休干部。

赵新玲致力于孤独症儿童、青少年志愿服务22载。2003年，她创办贵州省第一个针对孤独症患儿开展特殊教育的民办公益机构——“爱心家园”。2016年，退休后的赵新珍又创办了慧灵社会工作服务中心，弥补了贵州省成年孤独症患者居家托养、康复训练及辅助就业教育领域的空白，被誉为“贵州省孤独症公益第一人”。2023年9月在中国残联第八次全国代表大会上，她被推举为中国精神残疾人及亲友协会主席，成为中国孤独症群体的最高代表；2024年，赵新玲荣获“全国离退休干部先进个人”。她本人曾4次受到习近平总书记亲切接见。

让青春绽放在祖国最需要的地方——国家税务总局塔什库尔干塔吉克自治县税务局青年集体

信仰如磐，他们在雪域边境上践行青春誓言；初心不改，他们在税费服务中贡献青春力量；强国有我，他们在富民兴边中展现青春担当。国家税务总局塔什库尔干塔吉克自治县税务局共有税务干部46人，其中35岁以下青年38人，占比76%。该集体曾获“全国巾帼建功先进集体”“全国文明单位”。2025年获评“中国青年五四奖章集体”，这是税务系统首次获评这一中国青年的最高荣誉。当同龄人追逐都市繁华时，这群年轻人选择了与雪山为伴，驻守在我国最西端的塔什库尔干塔吉克自治县。这里平均海拔4000米，含氧量只有平原地区50%，“一县连三国，两口通两亚”，是国门红其拉甫口岸所在地。该集体把习近平总书记关于青年工作的重要思想和关于新疆工作的重要指示批示精神融入血脉，坚持党旗所指就是团旗所向，在卫国守边、富民兴边中挺膺担当、冲锋在前，让税务蓝在被称为“生命禁区”的帕米尔高原上绽放光彩。

全国税务系统广大税务干部要学习他们对党忠诚、信念坚定的政治品格，用实际行动践行税务人的使命担当、诠释共产党员的初心和忠诚；学习他们扎根基层、心系群众的为民情怀，树立起税务部门在人民群众心中的良好形象；学习他们勤勉尽责、克难奋进的过硬作风，践行许党报国从税的信仰信念；学习他们廉洁自律、克己奉公的高尚情操，彰显共产党人的政治本色。

全国税务系统各级党组织要坚持以习近平新时代中国特色社会主义思想为指导，充分发挥先进典型示范引领作用，把学习先进典型事迹与深入贯彻中央八项规定精神学习教育结合起来，与推进税费征管“强基工程”、建设效能税务等税务重点工作任务结合起来，扎实开展好先进典型事迹宣传交流活动，大力营造崇尚先进、学习先进、争当先进的浓厚氛围，激励引导广大税务干部扛牢职责使命、奋勇担当奉献，在为纳税人缴费人和人民群众办实事、做好事、解难事中锤炼好作风、展现新作为，为高质量推进中国式现代化税务实践作出更大贡献。

第九章　纪律监督
——纪律执行的保障

纪律是管党治党的“戒尺”。习近平总书记指出，我们这么大一个政党，靠什么来管好自己的队伍？靠什么来战胜风险挑战？除了正确理论和路线方针政策外，必须靠严明规范和纪律。我们提出那么多要求，要多管齐下、标本兼治来落实，光靠觉悟不够，必须有刚性约束、强制推动，这就是纪律。[①] 从税务部门来看，纪律监督是践行“两个维护”的第一防线，是新时代推进税收治理现代化的政治基石。

纪律监督的核心价值主要体现在三个方面：一是捍卫政治属性的根本要求。税务部门首先是政治机关，作为重要的经济管理部门、服务高质量发展的“生力军”，其执法行为直接关系党中央决策部署落地成效。强化纪律监督，本质是确保党对税收工作的绝对领导，防范税收工作落实中的政治偏差。二是服务国家战略的关键支撑。在共同富裕、绿色税制等重大改革中，纪律监督通过规范执法权运行，保障税费政策刚性兑现，以“监督闭环”筑牢国家治理的财政根基。三是净化政治生态的治本之策。面对出口退税、税务稽查、风险应对等重点领域廉洁风险，纪律监督既是“政治体检”更是“制度疫苗”，通过构建“纪税联动”监督体系，推动全面从严治党向基层税务末梢延伸，锻造忠诚干净担当的税务铁军。

新时代税务纪律监督必须锚定“国之大者”，以刀刃向内的政治勇气发挥内外结合的监督合力，乘势而上推进智慧监督，不断强化监督结果应

---

① 中共中央纪律检查委员会，中共中央文献研究室．习近平关于严明党的纪律和规矩论述摘编［M］．北京：中央文献出版社、中国方正出版社，2016.

用，确保税收现代化始终沿着正确政治方向破浪前行，更好发挥税收在国家治理中的基础性、支柱性、保障性作用，为强国建设、民族复兴伟业贡献更多更大税务力量。

第一节 内部监督与外部监督相结合：构建全方位监督体系，强化监督合力

《中国共产党党内监督条例》明确要求，“坚持党内监督和人民群众监督相结合”“党内监督和外部监督相结合”。党的二十大报告提出：“健全党统一领导、全面覆盖、权威高效的监督体系，完善权力监督制约机制，以党内监督为主导，促进各类监督贯通协调，让权力在阳光下运行。”这一系列部署要求，本质上都是在捍卫党和人民的根本利益。

党内监督具有根本性、首位性，源于党的执政地位和领导核心作用，既是政治自觉，更是制度优势。但全面从严治党不能“自说自话”，必须构建监督体系“同心圆”，既保持监督刚性又激活监督张力。

2025 年全国税务系统全面从严治党工作会议提出：“健全完善一体化综合监督体系，着力推进监督全面覆盖、如影随形。”唯有贯通内外监督的“任督二脉”，才能实现监督体系从物理叠加到化学融合的质变，形成监督全覆盖、治理全链条的制度优势，进而为高水平建设效能税务、高质量推进中国式现代化税务实践提供坚强保障。

一、内部监督：刀刃向内的自我革命

内部行政监督是行政监督体系的第一道防线，也是最直接、最迅速的监督。就税务部门而言，加强内部监督是贯彻全面从严治党战略部署的政治要求，更是保障国家治理体系现代化的关键举措。从政治维度看，内部监督是确保党中央重大决策部署在税务领域落地见效的核心保障，通过构

建权责清晰、制约有效的监督体系，能够防范税收政策执行中的政治偏差。从治理维度看，依托“金税四期”等数字化监督手段，将税收执法中的廉政风险纳入全景式监控，既是防范“微权力”滋生“微腐败”的制度创新，更是提升税收治理效能的技术革命。从价值维度看，刀刃向内的自我革命彰显税务部门“打铁必须自身硬”的政治担当，通过建立“信用+风险”动态监管模型、推行说理式执法等制度设计，既压缩权力任性空间，又增强执法公信力，为优化营商环境提供纪律支撑，切实将监督效能转化为国家治理效能。

（一）健全监督机制

习近平总书记强调：“堵塞制度漏洞，健全监督机制，提升党的长期执政能力。就像人一样，身子弱了就要补，免疫力下降就要加强。”[①] 加强内部监督，首先要从制度机制抓起。回望历史，在延安窑洞的煤油灯下，边区税务员将税款分装在三个口袋：税款、伙食费、备用金，用最原始的方式实现“钱账分离”。这一“三个铜板”精神，既是红色税收的廉洁基因，更揭示了纪律监督的本质——用制度管权、管钱、管人。

近年来，税务总局以习近平新时代中国特色社会主义思想为指导，深入贯彻落实习近平总书记“要把党委（党组）全面监督、纪委监委专责监督、党的工作部门职能监督、党的基层组织日常监督、党员民主监督等结合起来、融为一体”的重要论述，深刻领悟“两个确立”的决定性意义，增强“四个意识”、坚定“四个自信”、做到“两个维护”，坚持和加强党对税收工作的全面领导，发扬自我革命精神，积极构建税务系统纵向到底、横向到边的一体化综合监督体系，先后制发《全面深化税务系统纪检监察体制改革实施方案》及7项配套制度、《关于构建完善税务系统一体化综合监督体系的意见》及《进一步加强税务系统党委全面监督实施办法》《税务系统接受地方党政机关监督实施办法》《进一步加强税务系统部

---

① 习近平．牢记初心使命，推进自我革命［J］．求是，2019（15）：4-9.

门职能监督实施办法》《进一步加强税务系统党的基层组织日常监督实施办法》《进一步加强税务系统党员和群众民主监督实施办法》《税务系统接受社会监督实施办法》等6项配套文件，实现县级税务局制度全面覆盖和改革在各级税务局全面实施，推动税务系统全面从严治党向纵深发展、向基层延伸。制定进一步加强派出机构监督、特派办监督工作的制度措施，优化派出机构党组织体系和监督力量配备。试行督察内审发现揭示重大问题积分机制，逐步升级智慧监督并在全系统扩围上线，有力推动监督如影随形、贯通增效。[①]

（二）明确监督重点

一是各级税务局党委层面，监督的重点对象为同级领导班子成员，内设机构、派出机构、直属事业单位负责同志以及下一级税务局领导班子成员，特别是将"一把手"作为开展日常监督、专项督查等的重点，让"一把手"用权受监督，推动其做到严于律己、严负其责、严管所辖、严促执行。

监督的重点内容为：学习贯彻习近平新时代中国特色社会主义思想，对党忠诚，践行党的性质宗旨；贯彻落实党的理论和路线方针政策以及党中央、国务院决策部署，践行"两个维护"；切实发挥税收职能作用，立足新发展阶段、贯彻新发展理念、构建新发展格局、推进高质量发展；加强税务系统党的建设，落实全面从严治党主体责任和监督责任；贯彻执行民主集中制、依规依纪依法履职用权、担当作为、廉洁自律等情况。

二是各级税务局党委纪检组层面，根据《中国共产党章程》和《中国共产党纪律检查委员会工作条例》《纪检监察机关派驻机构工作规则》等党内法规制度履行职责，切实发挥监督保障执行，促进完善发展作用。按照全面深化税务系统纪检监察体制改革的部署要求，落实执纪审查、提

① 胡静林.纵深推进税务系统全面从严治党　引领保障中国式现代化税务实践行稳致远［J］.机关党建研究，2025（3）：11-15.

名考察、履职考核、请示报告等有关制度，充分发挥纪检机构专责监督作用。

监督的重点内容为：紧紧围绕贯彻落实党的理论和路线方针政策以及党中央决策部署，坚决做到“两个维护”、压实主体责任、营造良好政治生态等方面强化政治监督。强化对同级党委、领导班子成员和下级党委、领导班子成员特别是“一把手”履职用权、担当作为、廉洁自律情况的监督。立足“监督的再监督”职能定位，加强对各职能部门履行部门职能监督职责、基层党组织履行日常监督职责的再监督。加强对本单位本系统税务人员尤其是“关键少数”“两权”行使情况的监督，坚决清除一切损害党的先进性和纯洁性的因素，清除一切侵蚀党的健康肌体的病毒。加强对构建完善一体化综合监督体系落实情况的监督，以强有力的监督推动制度落地见效。

三是各级税务局职能部门层面，按照“职责所在、监督所向”原则，严格执行各项监督制度，突出政治监督，聚焦贯彻落实党中央、国务院决策部署，落实税务总局党委工作要求，紧盯本部门本系统职责范围内的重点领域、重点对象、关键环节，每年梳理监督事项，明确监督重点，细化监督措施，强化对权力运行的制约和监督。

比如，组织人事部门协助党委监督贯彻落实新时代党的组织路线，干部选拔任用、执行干部人事政策和遵守组织人事纪律情况；监督党员干部特别是领导干部履职尽责、担当作为情况；监督领导干部个人有关事项报告制度落实情况；监督机构编制事项落实和干部人事档案审核情况；监督干部任职回避，因私出国（境），在社团兼职，配偶、子女及其配偶经商办企业和移居国（境）外等情况。

党建工作部门协助党委监督学习贯彻习近平新时代中国特色社会主义思想，加强理论武装情况；监督加强党的建设和履行管党治党责任，落实“纵合横通强党建”机制制度体系情况；监督意识形态工作责任制和思想政治工作落实情况；组织开展政治巡察、政治生态分析评价；会同党委办公室和纪检机构监督党建引领作用发挥、党建工作与业务工作深度融合等情况。

四是税务系统党的基层组织层面，日常监督的对象是其所教育、管理、服务的全体党员、干部和其他工作人员，重点是党员领导干部。

各级税务局机关党委加强对所属各党支部工作的领导。督促指导党支部深入学习贯彻习近平新时代中国特色社会主义思想，提高党支部建设质量、增强基层党组织政治功能，对党支部和党员、干部贯彻落实党中央和上级党组织决策部署、严格党的组织生活、推进落实全面从严治党制度措施、发挥党支部战斗堡垒作用和党员先锋模范作用等情况进行监督。

党小组协助党支部加强对党员、干部的日常教育管理监督，发挥近距离监督优势，及时了解党员、干部的思想、工作、学习、生活等情况，重点监督其学习贯彻习近平新时代中国特色社会主义思想、加强政治理论学习、遵守政治纪律和中央八项规定及其实施细则精神、完成党组织交办的工作任务以及“八小时之外”严格自律等情况。党小组组长每月主持召开1次党小组会，与党员开展经常性谈心谈话，及时向党支部反映党员干部群众的思想状况、意见建议和实际困难。

（三）压实监督责任

监督不是找麻烦，而是防风险；不是束缚手脚，而是保驾护航。加强内部监督是一项综合性工程，人人有责。各级党委（领导班子）、各职能部门乃至全体税务干部都应认识到，自身就是内部监督机制建设的责任主体，对各自管辖范围或承担职责范围内的监督工作负有不可推卸的责任。

各级党委（领导班子）应扛牢组织和统筹的主体责任。各级党委（领导班子）应加强对内部监督工作的领导，成立领导小组，切实发挥把方向、管大局、保落实的重要作用，对高风险的领域、部门进行审慎分析、妥善处置。其中，一把手作为第一责任人，应把责任记在心上、扛在肩上、抓在手上，敢板“包公脸”，不当“老好人”，应眼里容不得沙子，勇于直面风险、揭露矛盾、动真碰硬；其他班子成员应履行好“一岗双责”，抓好分管领域内的内部监督工作。各级税务局党委将监督工作作为述责述廉、党委书记抓党建述职评议考核、政治生态分析评价、绩效考评等重要内容，围绕落实各项监督制度和重点任务，层层压实责任，推动税务系统全面从严治党向纵深发展、向基层延伸。

各职能部门应承担实施和执行的直接责任。每个部门都是内部监督工作的重要一环，内部监督工作是每个部门不可放弃的职责、义务，但不是特权，督审、法规、税政、稽查、纪检部门在履行监督职责上应体现差异，做到依法、依规、依等级监督：业务部门负责业务管理，对政策落实、制度执行情况提出监督意见；督审部门负责对各个部门提出的意见进行分析，运用信息化手段梳理执法风险、廉政风险，对涉嫌违纪违法的，移交纪检机构按规定处置；纪检机构应依法依规处理涉嫌违纪违法线索。

全体税务干部应履行遵从和落实的具体责任。成熟的内部监督机制必然是“全员覆盖”的体系，监督着每一位干部，同样也需要每一位干部共同遵从和维护。所有干部应强化“严管就是厚爱”的理念，理解内部监督促履职、防风险、保廉政的作用，把接受监督、互相监督变成思想自觉和行为习惯，实现“应我控”到“我应控”的思想转变，管好自己、管好身边人，营造良好内部监督文化氛围，成为忠诚、干净、担当的“文明之师”。

二、外部监督：借力破局的开放格局

内部监督是基础，外部监督是延伸。只有内外联动，才能构建“无死角”的监督体系。

组织内的外部监督作为党内监督的一个原则，其基本概念是，在中国共产党中央委员会的领导下，对党的地方组织、党的基层组织、党组及其成员实施监督，由这个党组织之外负有监督责任的党的组织、机构和人员进行。[①]

税务总局《税务系统接受社会监督实施办法》明确提出，各级税务局

---

① 崔晗.组织内的外部监督应成为党内监督重要原则［J］.党政干部参考，2016（20）：32-33.

应自觉接受、主动配合社会监督，用好社会监督资源，充分发挥社会监督作用，推动税务机关不断改进自身工作、持续提升治理效能。全面推进政务公开工作，依规依法公开税收法律法规、权力责任清单、纳税服务举措、税收征管流程等，加强政务公开平台建设，优化政务公开服务，保障纳税人缴费人、新闻媒体和社会公众对税收工作的知情权。

（一）群众监督

习近平总书记指出，增强党自我净化能力，根本靠强化党的自我监督和群众监督。[①]

税收工作与人民群众切身利益直接相关。税务总局要求，各级税务局应自觉接受纳税人缴费人监督，畅通监督渠道，广泛征求意见建议。具体包括：

1. 在办税缴费场所合理设置意见箱，指派专人进行管理，每周至少收集整理问题和意见建议 1 次。通过 12366 纳税缴费服务平台、税务系统门户网站、电子税务局，及时了解掌握纳税人缴费人在办税缴费过程中反映的问题和意见建议。

2. 每年至少开展 1 次纳税人缴费人集中调研走访，通过便民办税春风行动、税务部门政务服务“好差评”等工作，收集意见建议、查找问题不足。

3. 健全完善特约监督员工作机制，聘请一定数量人大代表、政协委员、纳税人缴费人、行业协会、社会中介组织代表和新闻媒体为税收工作特约监督员，组织特约监督员围绕贯彻落实税收政策、税收执法、税务管理、税风税纪等重点开展工作调研、明察暗访，查找问题隐患，督促整改落实。各级税务局纪检机构会同纳税服务部门加强与特约监督员的沟通联系，每年至少召开 1 次特约监督员座谈会，通报税收工作情况，常态化征求意见建议。

---

① 中共中央党史和文献研究院. 习近平关于全面从严治党论述摘编（2021 年版）[M]. 北京：中央文献出版社，2021.

（二）媒体监督

各级税务局自觉接受新闻媒体的监督，第一时间响应和处置，妥善应对涉税舆情，及时反馈办理情况。

1. 建立和完善新闻发言人制度，通过新闻发布会、通气会等，主动接受记者采访，积极回应社会关切。

2. 畅通新媒体、自媒体监督渠道，实时收集研判微信、微博和新闻客户端等反映的各类涉税问题，了解税情民意、发现矛盾问题，实现快速响应。

3. 妥善处置涉税舆情，通过舆情监督反映的问题，分析查找税收工作中存在的薄弱环节，防范化解税收风险，持续改进税收工作。

（三）社会协同

税务总局印发的《税务系统接受地方党政机关监督实施办法》提出，各级税务局党委要充分发挥“纵合横通强党建”机制制度体系作用，引进和用好地方党政机关监督资源，构建系统内部监督与地方党政机关监督优势互补、运行顺畅、落实有力的监督工作格局，完善新发展阶段税收现代化治理体系，提升税收治理能力。

在“横”向上，各级税务局党委要抓好七个方面的协同。

一是自觉接受地方党委的领导指导和监督检查。认真落实地方党委的工作部署和要求，每半年至少向地方党委报告 1 次税收工作。各级税务局主动加强与地方党委及其党的工作机关的联系，每半年至少向地方党委组织部、宣传部、机关工委征求 1 次对税务部门党的建设和全面从严治党工作的意见建议；税务总局以及省、市级税务局党委班子成员、党的工作部门及时走访征求下一级税务局所在地党委及其党的工作机关的意见建议。

二是自觉接受地方人大的法律监督。主动配合人大常委会及其专门委员会或人大代表的调研、视察、质询，每年至少走访听取 1 次人大代表的意见建议，对人大常委会及人大代表的涉税议案、建议、调查报告等及时研究办理，对其提出的有关工作意见建议认真研究吸纳，对其指出的有关问题及时整改纠正。

三是自觉接受地方政府的领导指导和监督检查。认真落实地方政府工作部署和要求，每半年至少向地方政府报告 1 次税收工作。推动将下级税务局纳入地方政府绩效考核、行风评议、社会评价等范围，自觉接受地方政府相关部门及具有公共事务管理职能事业单位的监督检查。主动与发改、工信、财政、统计、生态环境、住建、商务、市场监管等部门联系，加强税收共治体系建设，及时堵塞税收管理漏洞。积极配合依法治省（市、县）委员会办公室对有关涉税法律法规执行情况的监督检查。

四是自觉接受地方政协的民主监督。主动加强与地方政协及各民主党派、人民团体、无党派人士的联络沟通，每年至少走访听取 1 次政协委员的意见建议，接受人民政协及其专门委员会和政协委员对税收工作、税收法律法规实施情况、税务机关和税务干部作风纪律的调研视察和意见建议，对人民政协的涉税提案、建议等及时办理和回复，并积极研究改进税收工作。

五是主动加强与公安机关、检察机关、审判机关的沟通联系。及时了解本系统税务机关和税务人员涉嫌违规违纪违法情况，依据行政处罚和司法判决结果依规依纪依法对相关税务机关及其工作人员进行处置。依法参与行政诉讼，积极做好涉税行政应诉工作。

六是主动向地方党委、政府汇报接受监督工作情况。各职能部门主动加强与地方党委、政府对口工作部门的沟通联系，综合运用工作会商、联合检查、信息互通等方式，了解掌握税务机关及其工作人员履职尽责和税风税纪等方面的情况，对提出的意见建议按照有关规定及时办理。在开展绩效考评、数字人事管理、巡视巡察时，听取地方党委、政府分管或者联系领导、相关职能部门的意见。

七是加强对接受地方党政机关监督的调查研究。有关职能部门及时梳理意见办理、问题整改情况并向办公室（党委办公室）反馈。办公室（党委办公室）汇总梳理后，及时向党委报告。各级税务局党委每年进行 1 次集中分析，总结推广经验、研究解决问题，不断完善措施办法，提升税收治理能力。

在“纵”向上，各级税务局党委要抓好三个方面的统筹。

一是指导和推动本单位本系统群团组织认真落实地方总工会、共青团、妇联等部署的工作任务，省、市级税务局群团组织主动加强与地方群团组织的沟通汇报，自觉接受其对税务系统工青妇组织建设、作用发挥、权益保障等工作的领导和监督。

二是加强对本单位本系统接受地方党政机关监督工作的内部统筹，指导和推动机关各部门做好接受地方党政机关监督的依规处置、结果反馈、分析评估等工作。各级税务局办公室（党委办公室）牵头负责归口管理，建立台账，统筹安排落实地方党政机关部署的监督工作任务。政府督查、外部审计、税收执法和营商环境检查等专项工作发现的问题和意见建议由牵头职能部门归口管理，涉及税务机关及其工作人员涉嫌违纪违法的问题线索由纪检机构归口管理。

三是加强对本系统接受地方党政机关监督的督促指导，党委班子成员指导基层联系单位、各职能部门指导下一级税务局对口部门做好接受监督工作，下一级税务局党委及时报告接受监督工作中的重要情况和问题，形成以上率下、以下促上的工作体系。

三、监督合力：1+1>2 的叠加效应

监督的最终目标是形成合力、推动治理，而非简单叠加。习近平总书记指出，要把党内监督同国家监察、群众监督结合起来，同法律监督、民主监督、审计监督、司法监督、舆论监督等协调起来，形成监督合力，推进国家治理体系和治理能力现代化。[①] 这一重要论述为凝聚监督合力、强化监督治理指明了前进方向。

① 中共中央党史和文献研究院.习近平关于全面从严治党论述摘编（2021年版）[M].北京：中央文献出版社，2021.

国家税务总局党委书记、局长胡静林提出，健全完善一体化综合监督体系，着力推进监督全面覆盖、如影随形。推动纪检专责监督与督审监督、巡视监督、职能监督贯通联动、协同发力，促进各类监督贯通协同。[①]一体深化依法治税、以数治税、从严治税，紧盯税费业务工作中存在的执行缺位点、管理薄弱点、廉政风险点以及背后暴露出的税务干部思想政治、作风纪律、能力素质等方面问题，强化监督治理。特别是针对日常基础管理的薄弱环节，深入实施税费征管“强基工程”，把全面从严的要求落在日常、抓在基础，着力提升税收治理效能。[②]为推动监督制度优势不断转化为治理效能提出了具体要求。

从现实来看，坚持内部监督与外部监督相贯通是推进税收治理现代化的重要保障，需要以系统思维推动监督理念革新、制度重构和技术突破。通过构建政治引领、制度保障、科技支撑“三位一体”的监督体系，形成要素齐全、结构合理、功能完备的监督生态系统。唯有如此，才能真正实现各类监督的协同共振，在推进税收治理现代化进程中彰显纪律监督的保障作用，为新时代税收事业发展提供坚强政治保证。

“内部监督织密防护网，外部监督架起探照灯，协同监督打出组合拳。”这种监督合力的形成，本质上是对国家治理体系和治理能力现代化要求的积极回应，更是税务系统全面从严治党向纵深发展的必然选择。

第二节 持续推进智慧监督：运用科技手段，提升监督效能

在数字化浪潮席卷全球的今天，大数据技术正深刻重塑国家治理的底

① 胡静林. 纵深推进税务系统全面从严治党 引领保障中国式现代化税务实践行稳致远［J］. 机关党建研究，2025（3）：11-15.

② 胡静林. 为深化税务领域改革服务中国式现代化提供坚强保证［J］. 旗帜，2024（11）：33-35.

层逻辑。

习近平总书记强调，把数字技术广泛应用于政府管理服务，推动政府数字化、智能化运行，为推进国家治理体系和治理能力现代化提供有力支撑。① 二十届中央纪委三次全会指出，推动数字技术深度融入纪检监察各项业务，促进全要素覆盖、全流程贯通、全领域标准、全系统共享。二十届中央纪委四次全会提出，以大数据信息化赋能正风反腐；提高监督穿透力，依靠大数据分析精准发现不正之风和腐败问题线索，加强预警纠治。

构建贯通全流程、全要素的智慧监督体系，既是贯彻落实习近平总书记重要指示、党中央决策部署深入推进纪律监督的应有之义，也是破解现实监督难题、提升纪律监督效能的必然要求。国家税务总局党委书记、局长胡静林提出，强化智慧监督赋能增效。积极推进智慧（大数据）监督建设，一体防治税收风险、执法风险、廉政风险，以科技手段着力破解基层“熟人社会”监督难题。② 税务总局《关于构建完善税务系统一体化综合监督体系的意见》要求，充分利用信息化手段和大数据资源，加强智慧监督建设，推动机关和系统纵向联动、各类监督横向贯通，形成内部控制、风险预警、问题处置、以案示警、专项整治、完善制度的工作闭环，切实做到“四个有人管”，即风险该发现没发现有人管、发现后没及时推送有人管、推送后没及时处置有人管、处置后没及时改进有人管。为推进智慧监督，运用科技手段提升监督效能指明了现实路径。

一、大数据画像：让监督长出“火眼金睛”

通过构建“纳税人特征库＋税务人员行为库＋行政管理要素库”三位一体数据体系，税务部门能够将海量数据资源转化为精准监督效能，推动

---

① 习近平主持召开中央全面深化改革委员会第二十五次会议［N］. 人民日报，2022-04-20（1）.

② 胡静林. 纵深推进税务系统全面从严治党　引领保障中国式现代化税务实践行稳致远［J］. 机关党建研究，2025（3）：11-15.

纪律监督从经验判断向数据驱动转型，从被动查处向主动预防跃升，为纪律监督装上了“显微镜”和“望远镜”，进而为全面从严治党向纵深发展提供坚实支撑。

（一）构建全域覆盖的监督资源池

以“一数一源、一源多用”为原则，建立标准统一的数据治理体系。通过对接政务、民生、社会数据，建成覆盖数百项涉税业务的“智慧税务数据中台”，提升风险筛查准确率，在此基础上可进一步引入外部数据（如银行流水、不动产登记等），增强对“微腐败”的穿透力。例如，国家税务总局佛冈县税务局紧盯税务人员利用职务便利索取、收受礼品、礼金，接受纳税人缴费人宴请、旅游，或以借用名义占用纳税人缴费人财物等廉政风险点，推广应用进户“码上问廉”。走访企业时，纪检干部携带“广东税务系统廉政监督码”，主动“亮码”，由纳税人缴费人扫码反馈，再由上级纪检机关后续跟踪了解税务人员是否存在“吃、拿、卡、要”等行为，做到“凡进户必审批、凡进户必发码”，对进户行为全事项覆盖、全闭环监管。通过“码上问廉”平台关联企业扫码反馈数据与税务人员行为数据，发现异常关联线索严肃处理。

（二）多维数据融合实现精准识别

数据整合是精准监督的基石。传统监督模式因数据分散、标准不一而难以形成合力，通过多维数据融合成为提升监督效能的关键。

税务系统依托金税工程长期积淀，构建起覆盖全税种、全流程、全要素的数据生态系统。增值税发票全票面信息、电子底账系统、个人所得税申报记录等 18 类核心数据，汇聚形成包含 1.9 亿市场主体、15 万亿税收流水的全景数据池。这种数据集成并非简单堆砌，而是通过构建“人员—事项—资金”三维关联网络，实现监督要素的有机联结。

一方面，内外部数据协同共享。整合内部征管系统、风险防控平台、执法记录仪等数据源，并与公安、市场监管、银行等外部机构建立数据共享机制。例如，国家税务总局江苏省税务局通过取消税管员“管片”模式，重构权力运行机制，同时依托跨部门数据共享，实现对纳税人交易行为的穿透式分析，有效压缩权力寻租空间。国家税务总局深圳市税务局则联合纪委监委、公安部门建立涉税案件协作机制，通过数据交叉验证锁定违纪线索，2024 年成功查处多起内外勾结骗取出口退税案件。

另一方面，拓展数据应用场景。建立大数据分析机制，围绕重点领域、重点岗位，通过“指标扫描＋线索初筛＋人工研判”的模式，筛查问题突出、疑点集中的业务。例如，国家税务总局浙江省税务局积极拓展数据应用场景，结合税费优惠政策落实、违规风险应对专项整治等，对照税务总局通报案例和全省典型案件，开展数据筛查和比对分析，筛选出一批具有可查性的案源线索，为提高线索质量提供了支撑。通过比对增值税代开发票数据信息，发现某基层局大厅工作人员违规为企业代开成品油发票的疑点。经实地核查，查实上述问题，并发现该局风险应对人员未正确履职，在发票协查中应对、复核不到位，未发现企业进项税额应转未转等问题。最终，处分 1 人，诫勉 2 人，其他组织处理 2 人，查补追缴税款 110 余万元。①

二、平台化集成：打造监督“最强大脑”

当前，税务系统内部监督面临三大挑战：一是监督数据分散于各业务系统，形成“信息孤岛”；二是传统监督依赖人工经验，难以精准识别隐蔽性、新型化廉政风险；三是基层监督易受“熟人社会”干扰，穿透力不足。而平台化集成正是破解监督效能瓶颈的必然选择。

平台化集成不仅是技术升级，更是监督范式的革命性变革。通过横向集成党务、政务、业务等系统数据，纵向贯通省市县三级税务机构数据仓

① 各地税务部门强化风险防控推进以案促改［EB/OL］.（2024-12-27）［2025-05-26］.https://www.chinatax.gov.cn/chinatax/n810219/n810724/c5237390/content.html.

库，构建覆盖“人、财、事、权”的全要素监督平台数据库，打造税务系统纪律监督的“最强大脑”，可实现三个跃升：从“人工抽查”到“智能监测”、从“被动响应”到“主动防御”、从“单点突破”到“系统治理”。未来，随着5G、量子计算等技术的普及，税务智慧监督将向“全息感知、自主决策”方向演进，为高质量推进中国式现代化税务实践提供坚实保障。

（一）开发多维协同的监督模型

一是固定模型。针对税收执法、财务管理等高频廉政风险领域，固定模型通过预设标准化分析规则，实现风险识别的自动化与规模化。例如，国家税务总局云南省税务局构建起“公车运维费支出异常”和“食堂费用支出异常”两个智慧监督模型，通过对以往查办的个案深度剖析、类案共性分析，把握公车平均运维费、每公里油耗等关键数据和用车审批、加油、车辆维修等关键环节，运用数据筛查、信息比对、关联分析等手段，将获取到的相关信息转化为可量化的指标数据，并计算汇总指标得分，扫描出公车维修费异常、燃油费异常、人均食堂费用畸高、增长异常等风险疑点数据，推送给相关州（市）税务局党委纪检组核实验证，推动全省各级税务机关修订完善公车管理、食堂采购、财务管理相关制度规范，不断提高监督执纪的精准度、穿透力。此类模型的价值在于：风险标准化、减少自由裁量空间，监督全域化、打破部门数据壁垒，处置时效化、确保问题线索及时核查。

二是自定义模型。面对数字化转型中衍生的新型廉政风险（如数据寻租、算法操纵等），自定义模型赋予基层纪检干部“量体裁衣”的能力。其核心在于构建“拖拽式”分析工具，支持非技术人员通过可视化界面配置分析逻辑。例如：国家税务总局江西省税务局建立“指标扫描—线索初筛—人工研判”三级流程，基层纪检组可根据实际需求调整模型权重。如国家税务总局鹰潭市税务局在土地增值税清算监督中，通过自定义模型将“成本分摊合理性”指标权重从15%提升至30%，问题线索成案率提高

22%。此类模型的创新性体现在：技术普惠性，降低数据分析门槛，使基层纪检干部无须编程基础即可构建监督工具。风险前瞻性，针对“影子公司”“代开发票黑链”等新型违纪手段，通过关联图谱分析穿透利益输送路径。

三是智能化模型。依托机器学习与自然语言处理技术，使智能化模型实现从“规则执行”到“认知推理”的跃升。例如，深圳市纪委监委联合华为搭建的“智慧纪检平台”，通过自然语言处理自动解析信访举报文本，分类准确率达 92%。税务系统可借鉴此经验提高监督效能。如通过 NLP 技术，对干部述职报告、信访举报文本进行情感分析与语义挖掘，识别“暗示性利益交换”“异常工作评价”等隐性风险。开发“稽查案件智能分析系统”，通过历史案件数据训练，可自动识别“稽查结论与证据链矛盾”“自由裁量权滥用”等多类风险模式，高效辅助发现执法不公问题。

（二）打造贯穿全程的监督闭环

一是预警前置构建风险防控“数字防线”。预警前置的核心在于通过实时数据监控，将风险拦截在萌芽阶段。例如，云南省昆明市纪委监委依托大数据模型，对公车加油卡数据、资金流向等关键节点进行动态分析，发现“非燃油车油卡消费”“柴汽油混加”等异常行为，精准预警廉政风险线索 158 条，挽回经济损失 24 万余元。税务系统可借鉴此经验，将执法记录、财务报销、人事任免等数据纳入统一平台，开发“‘三公’经费异常波动”“自由裁量权滥用”等监督模型，实现风险识别由“经验判断”向“数据驱动”升级。

二是协同处置打通跨部门监督“信息孤岛”。协同处置的关键在于建立跨层级、跨部门的线索移交与联动机制。例如，中山市纪委监委通过“由风查腐”模式，从违规吃喝线索中深挖权钱交易问题，查实公职人员为私营企业承揽项目提供便利的腐败行为。税务系统可构建“纪检 + 业务 + 技术”协同平台，实现线索自动分办、任务智能派发、进度实时跟踪。南城县纪委监委通过整合 28 个部门数据，建立党员干部关联信息库，发现违规领取低保、公车私用等问题线索 814 件，查实率超 60%。此类机制可移植至税务领域，如将税务人员亲属经商信息与执法记录关联，预警利益输送风险。

三是结果反馈推动制度补漏"标本兼治"。结果反馈的目标是通过数据反哺治理，形成"预警—整改—优化"的良性循环。例如，昆明市纪委监委在查处水电费套取案件后，推动完善集体资产管理制度 39 项，实现"查处一案、规范一域"。税务系统需建立智能报告生成系统，自动归纳高频风险点、制度漏洞及整改建议。甘肃省白银市纪委监委通过"以案促改"机制，将腐败案件分析成果转化为内控制度，压缩自由裁量空间。针对虚开发票风险，可推动建立"区块链 + 电子发票"全流程溯源系统，从技术上阻断违规操作可能。

三、智能化升级：为监督插上"科技翅膀"

在数字经济与税收治理深度融合的背景下，伴随着数电发票全面推广、乐企平台深度应用、个人所得税 App 普及，税务数据呈现指数级增长，传统监督模式面临"数据海量但线索隐蔽""风险多发但响应滞后"的双重挑战。在此背景下，通过人工智能、区块链、知识图谱等技术构建智能化监督体系，实现从"人海战术"转向"精准制导"，既是落实全面从严治党要求的必然选择，也是推进税务治理现代化的关键突破口。

（一）动态监测构建行为特征图谱

动态监测是监督穿透力的核心。大数据画像技术的深度应用，标志着税务监督进入"数治"新阶段。这种变革不仅体现在技术工具的升级，更蕴含着监督范式的根本转变：从模糊判断到精确制导，从分散发力到系统施治，从事后惩戒到源头防控。

税务干部的行为特征往往隐含廉政风险，通过构建行为特征图谱，可实时捕捉异常轨迹，实现从"事后追责"到"事中干预"的转变。

一是行为数据建模。基于用户登录频次、业务操作记录、审批权限使用等数据，建立干部行为基线模型。例如，国家税务总局广东省税务局从税收执法中找出权力事项和监督要点，将监控规则转化为计算机语言嵌入RED中，通过实时调用征管数据、监控指标即时校验执法行为的合规性，精准监督和提前阻断税务人员的违规行为。现有各类监控指标1326个，覆盖税收优惠、发票管理等13个重点税收执法领域。国家税务总局武安市税务局通过内控系统标准化业务流程，将执法风险点嵌入系统，自动记录操作痕迹，压缩自由裁量空间，使内控系统成为干部的“护身符”。

二是关联网络分析。分析干部与纳税人、中介机构的关联关系，识别异常利益输送。例如，国家税务总局新余市税务局紧扣重要时间节点、重点岗位人员不定期开展明察暗访，通过调取基层单位重要节假日前后办公场所监控数据，发现失职失责问题线索38条。注重发挥党员干部“近身”监督作用，获取相关问题线索5条。同时，制定“八小时之外”监督责任分工表，全方位筑牢监督防线，2024年全局实现酒驾醉驾“零发生”。

三是实时动态更新。对高风险岗位干部的操作行为实施高频监测，动态调整风险等级。例如，国家税务总局内蒙古自治区税务局推行“入户监督”，实时定位掌握税务人员下户行踪信息，规范下户行为。实施“电话监督”，统一执法服务外呼号码、全程录音，实现税企沟通规范化、可溯化。推动试点单位实现信访举报、纳税人举报、12366投诉数量“三个同比下降”目标。设立“云预警”模块，设置16类81项“三重”指标实时监测。主动筛查疑点问题线索2903条，累计阻断涉税业务163次。

（二）风险预警模型强化预防功能

运用大数据防风险是强化纪律监督的重要手段之一。税务总局《进一步加强税务系统部门职能监督实施办法》提出，运用税收大数据和信息化手段，针对纳税人开展税收风险防控时，及时将发现的税收执法风险和廉政风险信息推送至相关部门，加强内外部风险一体化防控。加强风险预警，做到问题早发现、监管早跟进、风险早处置。

一方面，通过依托大数据建立风险预警、自动提醒、差异处置的“三级响应”机制的建立。系统根据风险等级启动差异化处置：黄色预警触发自动提醒，橙色预警启动专项核查，红色预警直接移交纪检监察部门。在税务注销业务监督中，系统通过分析办理时效、资料完整度等指标，发现某单位注销业务平均用时较标准超出一定比例，自动发出橙色预警。这种分级响应机制，既避免监督资源浪费，又确保重大风险及时处置。例如，国家税务总局内蒙古自治区税务局用活“数据监督”，构建“设置指标—扫描疑点—风险研判—监督检查—纠治整改”“五位一体”监督模型，通过“靶向监督”，智能化分析研判廉政风险突出单位和违纪类型，为有效监控防范“两权”运行高发易发廉政风险事项提供精确监督指向。同时，构建“数据云库”，涵盖 312 家平台协作单位 3.2 亿条数据，实现各方数据高效集成。架设“数据云网”，同纪委、审计等部门建立协作机制，推动数据融合、强化风险预判。

另一方面，通过基于固定模型、自定义模型与智能化模型（如机器学习、自然语言处理），构建多维度风险预警体系。例如，国家税务总局湖南省税务局在智慧监督的模型构建中，充分借鉴吸收税务总局推送相关案例所暴露出来的问题，结合湖南税务系统 500 多个典型案件，构建“涉税中介、风险应对、发票管理和一般纳税人登记管理”等 4 个重点领域 17 类违纪违法“智慧监督”模型，通过“指标扫描 + 疑点数据初筛 + 人工核查研判”的方式追查违纪违法风险。2024 年全省筛选疑点数据 497 条，推送督审（人事）部门 158 条，追究执法过错 24 人；推送风险部门 237 条，追缴税款 400 余万元；对可能存在违纪违法的 102 条疑点数据进行核查，其中转办问题线索 47 件，立案 4 件，监督质效稳步提升。

随着“数字孪生”“机器学习”“知识图谱”等技术的持续进化，税务智慧监督正在构建起“数据采集—智能分析—预警处置—制度完善”的治理闭环。未来，需进一步深化数据治理体系，优化算法模型架构，培养“数智化”监督人才，推动监督体系从“精准识别”向“智慧治理”跃升，为推进党的自我革命贡献税务智慧。这种探索实践，既是落实全面从严治党战略部署的必然要求，更是税收治理现代化进程中监督体系重构的生动写照，彰显着税务系统以科技创新净化政治生态、护航税收改革的坚定决心。

第三节　监督结果的应用：强化结果运用，确保监督实效

纪律监督结果是检验监督效能的核心指标，其科学运用是构建全面从严治党长效机制的关键环节。税务系统作为国家治理体系的重要组成部分，需以高度的政治自觉将纪律监督结果转化为治理效能。

税务总局《关于构建完善税务系统一体化综合监督体系的意见》提出，要完善考核考评机制，将税务系统全面深化纪检监察体制改革、构建完善一体化综合监督体系情况纳入述责述廉、党委书记抓党建述职评议考核、政治生态分析评价、绩效考评等内容，及时发现问题，督促抓好整改，确保取得实效。新时代背景下，税务部门需以更高站位、更严标准、更实举措推进纪律监督结果的深度应用，将“问题整改”“考核运用”“长效建设”三大维度作为关键突破点，构建全链条、闭环式的监督效能提升体系。

一、问题整改：做好后半篇文章，推动监督闭环管理

发现问题只是起点，整改落实才是关键。

要高度重视，在整改落实上较真碰硬，压实整改主体责任，强化日常监督，把抓整改融入日常工作，融入深化改革，融入全面从严治党，融入班子队伍建设。[①] 要持续推动解决问题，继续抓好整改整治、建章立制，

① 中共中央政治局召开会议　中共中央总书记习近平主持会议［EB/OL］.（2020-09-01）［2025-05-26］.http：//jhsjk.people.cn/article/31843864.

让人民群众切实感受到解决问题的实际成效，让人民群众有获得感。① 纪律监督的最终目标在于发现问题、解决问题、预防问题。做好“后半篇文章”，需以整改实效为核心，构建“发现—反馈—整改—评估—预防”的闭环机制。

税务系统应把纪律监督问题整改融入日常工作、融入深化改革、融入全面从严治党、融入班子队伍建设，纳入全面从严治党主体责任清单，明确各级党委（党组）书记为第一责任人，班子成员履行“一岗双责”，形成“党委牵头抓总、纪检部门跟踪督导、职能部门协同落实”的整改格局。

（一）压实整改责任，强化政治担当

各级税务局党委及其纪检机构、组织人事、督察内审等部门加强对问题整改情况的监督检查，通过审核整改报告、督办重点问题等方式，压实主体责任，督促整改落实到位。对不履行或者不正确履行监督职责，以及纠错、整改不力的，依照《中国共产党纪律处分条例》《中国共产党问责条例》等规定处理。各级税务局各职能部门对本级监督中发现的各类问题、上级推送的整改任务认真整改落实，并报告整改情况。上级税务局各职能部门坚持系统抓、抓系统，对下级部门职能监督中发现的普遍性、突出性问题和典型案件，统筹调配力量，在更大范围开展风险排查和专项整治。

一是聚焦问题、逐一整改，既抓好具体人、具体事等点上问题的整改，厘清相关单位和人员的职责，又深入分析问题产生原因、发展过程、影响危害，提出科学、务实、有效的整改措施，做到不漏项、不敷衍、不遮掩。

二是举一反三、全面整改，对照带有普遍性的问题，在本单位、本系

---

① 学习贯彻习近平新时代中国特色社会主义思想主题教育总结会议在京召开［EB/OL］.（2024-02-05）［2025-05-26］.http：//jhsjk.people.cn/article/40173366.

统开展摸排自查，及时对类似问题进行全面整改，并根据工作需要开展专项治理；整改过程中，要适时进行专题分析，推动整改工作深入开展。

三是完善制度、源头整改，深入研究整改中发现的普遍性、倾向性问题，做好制度“废改立”工作，着力解决体制机制方面存在的问题，巩固拓展整改成果。

四是注重实效、认真整改，不避重就轻、避实就虚，不大事化小、小事化了，不得有问题不纠正、搞下不为例，要及时纠正违纪违法问题，严肃追究相关人员责任，坚决防止虚假整改、上推下卸、边改边犯，防止以简单问责下级代替本级整改。

（二）深化以案促改，实现标本兼治

以案促改是一体推进不敢腐、不能腐、不想腐的重要举措。习近平总书记指出，增强以案促改促治实效，推动完善权力配置运行的制约和监督机制，丰富防治新型腐败和隐性腐败有效办法。[①]

税务系统违纪违法问题往往具有行业性、关联性特征，需建立典型案例剖析机制，通过“一案一总结、一案一警示”，深挖问题根源。税务总局《进一步加强税务系统党委全面监督实施办法》要求，对典型案件和带有普遍性的突出问题，上一级税务局党委在本系统范围内组织开展“一案一整改”工作，通过深剖问题根源、深挖制度漏洞、深化警示教育、强化专项整治，推动系统范围内同类部门、同类岗位健全制度、堵塞漏洞、加强监管，全面打通监督、惩处和预防的连接通道，实现惩防并举、标本兼治。

近年来，税务总局党委认真贯彻落实习近平总书记的重要讲话和重要指示批示精神，在驻税务总局纪检监察组的监督支持下，不断健全完善立体式警示教育机制，坚持常态化召开全系统警示教育大会，持续用身边事

① 习近平在二十届中央纪委四次全会上发表重要讲话强调　坚持用改革精神和严的标准管党治党　坚决打好反腐败斗争攻坚战持久战总体战［EB/OL］.（2025-01-07）［2025-05-26］. http：//jhsjk.people.cn/article/40396652.

教育身边人，取得明显成效。各级税务机关应进一步提高政治站位、深化思想认识，准确把握持续加强警示教育工作的重要意义，深刻认识到开展警示教育是深入学习贯彻党的二十大和二十届中央纪委三次全会精神的具体体现，是落实主题教育和干部队伍教育整顿有关部署的重要举措，是厚植严的氛围和强化政治机关建设、打造忠诚干净担当税务铁军的有效抓手。坚决固守绝对忠诚之心，在以案为鉴、举一反三中建强政治机关、走好第一方阵；坚决固守廉洁从税之心，在以案示警、警钟长鸣中持续净化政治生态，营造清风正气；坚决固守履职尽责之心，在以案明责、强化担当中压实政治责任、厚植严的氛围；坚决固守严管厚爱之心，在以案促治、严管所辖中持续擦亮政治底色、锻造税务铁军，为高质量推进中国式现代化税务实践提供坚强保障。

一是用好用活案件资源。将典型案例作为廉洁教育核心资源，建立“一案四维”运用机制。通过全周期管理统筹案件查办与教育转化，针对不同层级、领域特点开发警示教育系列教材，运用案件通报、专题研讨、实景教育等形式强化震慑效果。实施思想溯源工程，通过涉案人员蜕变轨迹分析形成教育素材库。建立分级分类教育机制，按行业特征、岗位风险制作差异化教学产品，运用新媒体矩阵开展“案例解析＋纪法教育”融合传播，实现线上线下教育常态化。

二是举一反三查漏补缺。建立“三查三改”工作体系：以个案剖析查摆制度漏洞、以类案比对发现共性问题、以系统研判识别潜在风险。针对重点领域突出问题实施专项整治，建立整改任务清单和进度管控台账。创“分类施策”整改模式，对简单问题立行立改、复杂问题专项攻坚、系统问题制度重构。健全督导评估机制，通过过程跟踪、效果验证、责任倒查等方式确保整改闭环。

三是巩固放大震慑效果。查办案件不是目的，推动治理才是根本。要建立作风问题与腐败问题同查同治机制，通过案件回溯分析识别制度薄弱环节。在重点领域实施“靶向治疗”工程，开展发票管理、出口退税、土地增值税清算、稽查、信息化建设、违规风险应对、与不良涉税中介勾连勾兑等行业性、系统性专项整治，对违反规定乱检查乱作为、涉嫌违纪违法的税务干部，严肃追究责任，深入推进全面从严治党和全面从严治税有机贯通。推行“负面清单＋正向引导”双轨机制，在惩治腐败的同时加强勤廉典型培树，推动形成激浊扬清的良好生态。通过系统构建教育转化、整改提升、源头治理三位一体工作格局，有效实现案件查办政治效果、纪法效果、社会效果有机统一。

（三）健全评估机制，确保整改质效

税务总局《进一步加强税务系统党委全面监督实施办法》提出，探索建立整改促进机制、评估机制，做到以巡促改、以巡促建、以巡促治。

税务系统作为垂直管理体系，其纪律监督具有“双重责任结构”特征：既要确保党中央决策部署在税收领域的贯彻执行，又要防范税收执法权、行政管理权异化风险。这种特殊性决定了评估机制建设需要构建政治属性与业务属性相统一的理论框架。基于“事前预防—事中控制—事后治理”的全周期管理理论，税务纪律监督评估机制应包含三个递进层次：风险识别（构建多维评估指标体系）、过程控制（建立动态评估模型）、效能转化（形成整改闭环机制）。这种架构既符合监督工作规律，又能实现监督成果向治理效能的系统转化。

一是风险识别层面，构建多维评估指标体系。从政治建设评估维度来看，应包括：政治执行力指标，重点评估党中央关于税收改革决策部署的落实成效，建立“政策落实偏离度”量化模型，通过大数据比对税收政策执行数据与中央文件要求，计算政策执行准确率；组织建设指标，设置党委理论学习中心组学习达标率、“三重一大”事项决策规范度等核心参数，运用文本分析法评估会议记录、决策文件的制度契合度。从权力运行评估维度来看，应包括：税收执法权评估，建立“自由裁量权偏离指数”，通过比对同类案件处理结果离散度，识别异常裁量行为，引入“税务稽查案件复盘评估”机制，对已结案件进行全要素回溯分析；行政管理权评估，构建“三重一大”事项决策流程合规率、干部选拔任用程序完整度等

指标，运用流程挖掘技术还原权力运行轨迹。从廉洁风险评估维度来看，应包括：岗位风险矩阵，按照“权力集中度 × 资金密集度 × 资源富集度”三维模型，对税收管理、税务稽查等关键岗位进行风险等级划分，建立“红黄蓝”三色预警机制；行为异常监测，整合税务内控平台数据，构建“八小时之外”行为监测模型，通过消费记录、社会关系网络等大数据分析识别潜在风险。

二是过程控制层面，创新设计动态评估模型。一方面，加强多源数据融合分析。建立“五维数据池”，整合税收征管系统、纪检监察业务系统、人事管理系统、财务管理系统和外部监督数据，运用自然语言处理技术对信访举报、巡视巡察报告等非结构化数据进行语义分析，构建监督问题知识图谱。另一方面，加强智能评估算法应用。构建风险预测模型，采用随机森林算法对历史监督数据进行训练，建立税收执法、行政管理等领域的风险预测模型，实现问题线索的智能评级与分类处置。深化整改成效评估，运用 DEA 数据包络分析法，构建投入（整改资源）—产出（问题解决率）效率评估模型，识别低效整改单位并进行重点督导。

三是效能转化层面，打造整改闭环管理机制。一方面，应建立分类施策整改体系。对于即时性问题，建立“1210”快速响应机制（1 天内启动调查、2 天内查清事实、10 天内完成整改），运用督查督办信息化平台进行实时跟踪。对于系统性问题，实施“三单联动”策略（问题清单靶向治理、制度清单源头防控、成效清单量化评估），推动制度重构与流程再造。另一方面，应建立整改成效转化机制。实施政治生态修复工程，建立“一案五评估”制度（案件影响评估、制度漏洞评估、文化缺陷评估、思想认识评估、整改成效评估），制定差异化修复方案。打造监督成果共享平台，构建税务系统纪律监督案例库，按照“问题类型—整改措施—制度成果”三维分类体系，实现最佳实践的快速复制推广。

健全纪律监督问题评估机制是推进税务系统治理能力现代化的重要抓手。通过构建科学评估体系、创新动态监测模型、完善整改转化机制，能够实现纪律监督从“被动应对”向“主动治理”的质效跃升。未来更需要持续深化评估结果运用，推动形成“评估—预警—整改—提升”的良性循环，为打造忠诚干净担当的税务铁军提供制度保障。

二、考核运用：树立鲜明导向，激发监督内生动力

考核是纪律监督结果运用的“指挥棒”，需通过科学设计考核体系，将监督实效转化为税收治理效能和对干部履职的硬约束与硬激励，推动形成“监督—考核—治理”的良性循环。

（一）构建多维考核体系

一是突出政治引领与专业导向相结合。考核指标体系需贯彻“税务机关首先是政治机关”的根本属性，将政治建设成效作为首要考核维度。依据《中共中央关于加强党的政治建设的意见》及税务总局党委《关于构建税务系统一体化综合监督体系的意见》，设立“政治机关建设”“监督执纪”等核心指标。同时紧扣税收业务特性，设置“优化营商环境”“政务公开”等专业指标，实现政治监督与业务监督有机统一。

从理论层面来看，政治性指标的构建逻辑，需围绕党中央决策部署在税务系统的落实展开，重点考察“两个维护”的实践成效。例如，税务总局实施组织绩效和个人绩效相结合，政治性指标突出“学习贯彻习近平新时代中国特色社会主义思想”“政治机关建设”“监督执纪”等重要内容，通过“政治任务完成度”“党建与业务融合度”等量化指标，进一步落实落细政治监督具体化、精准化、常态化要求。专业性指标的创新设计，需针对税收执法、服务、管理等核心职能，引入“执法合规率”“纳税人满意度偏离度”等动态监测指标。例如，在增值税留抵退税政策执行中，设置“政策精准推送率”“风险拦截准确率”等专项指标，确保监督考核与业务场景深度融合。

二是突出过程控制与结果评价相贯通。建立“3+X”动态考核模型：“3”即教育预防、过程监督、整改提升三大基础模块，设置“重点风险覆

盖率”“核查准确率”“问题整改销号率”等量化指标；“X”为动态调整项，根据年度监督重点设置专项指标，如针对组织税费收入及政策落实，设置“落实结构性减税降费”“违规招商引资涉税问题治理”等指标，确保考核与重点工作同频共振。同时，可建立“问题整改五步法”（立项—交办—督办—验收—销号），设置“整改时效系数”“举一反三指数”等评价维度，例如，某省税务局通过整改标准化管理，同类问题复发率从 2019 年的 28% 降至 2023 年的 7%。

三是突出组织绩效与个人绩效相衔接。习近平总书记强调，推进党的自我革命，要坚持组织推动和个人主动相统一。① 这一重要论述，深刻揭示了党的自我革命的内在要求和科学方法。“组织推动”体现的是组织对个人的指挥、协调、教育、监督、激励等因素，对干部严格要求、严格教育、严格管理、严格监督，不护短，不怕亮丑，最大限度激发干部干事创业的动力与活力。“个人主动”体现的是个人要把组织推动当成一次自我净化、自我完善、自我革新、自我提高的契机，积极对标组织要求，主动融入、检视自我，在知行合一中积极担当作为。通过对重点问题整改情况设置组织绩效和个人绩效考核指标，对执行不力的单位和个人进行绩效扣分，既打造“责任共同体”又构筑“命运共同体”，实现以考促改、以考促行。

（二）强化考核结果应用

坚持“奖优罚劣”原则，对监督成效突出的单位与个人予以表彰，对整改不力、屡查屡犯的严肃问责。例如，通过“双谈话双报告”制度，将考核结果作为领导班子民主生活会剖析重点，倒逼责任落实。探索“红黄蓝”预警机制，对风险领域实施动态分级管理，提升考核精准性。

一是考核结果与干部管理相挂钩。严格执行《税务系统领导干部能上

---

① 习近平：牢记初心使命，推进自我革命［EB/OL］.（2019-07-31）［2025-05-26］.https：//www.12371.cn/2019/07/31/ARTI1564557205724455.shtml.

能下实施办法》，将考核结果作为干部选拔任用的“硬杠杠”。建立“三单联动”机制，监督问题清单直通考核评价单，考核评价单关联干部管理清单。制定《税务干部任职资格负面行为清单》，明确“一票否决”情形，例如，近三年内受到党纪处分的干部不得担任“一把手”，执法过错率连续两年超标的不得晋升领导职务。将单位考核结果按 30% 权重计入个人绩效，个人纪律表现反向按 20% 权重影响所在单位评优。某省税务局 2023 年数据显示，实施双向挂钩后，部门负责人主动约谈提醒频次增加 2.3 倍。

二是考核结果与组织建设的双向反馈。创新实施“双螺旋”提升工程，纵向将考核结果纳入基层党组织标准化建设评价体系，横向与文明单位创建、绩效考评挂钩。建立“问题整改贡献值”评价模型，对主动发现问题并推动制度完善的单位给予考核加分。某省税务局 2021—2023 年数据显示，考核优秀单位制度创新贡献率较平均水平高出 42%，示范效应显著。“党建 + 监督”融合评价体系，某直辖市税务局将“支部纪律教育达标率”“党员先锋指数”纳入星级党支部评定标准。2023 年评定结果显示，五星级党支部的执法投诉量仅为普通支部的 1/5。“以考促建”的基层创新，某省税务局推行“监督效能转化指数”，将考核结果转化为党建经费拨付、培训资源倾斜等政策支持。2022 年以来，考核优秀单位获得创新项目资金支持同比增长 58%。

三是考核结果与改革攻坚的协同推进。将纪律监督考核嵌入征管改革全过程，建立“改革风险系数”动态评估制度。在发票电子化改革、税务稽查体制改革等重大任务中，设置“改革纪律护航指数”，对保障改革顺利推进的单位加大考核权重。征管改革的“纪律护航”机制，在全面数字化电子发票试点中，设置“数据安全合规率”“系统操作留痕度”等考核指标。某市税务局通过该机制，实现试点期间零廉政问题、零数据泄露。稽查体制改革的“双向评估”，建立“稽查案件质量回溯评估”与“纪律执行反向评价”联动机制。2023 年某省税务稽查案件复查结果显示，考核优秀单位的案件撤案率下降至 0.3%，较全国均值低 1.2 个百分点。

（三）完善容错纠错机制

一是压实工作责任，构建协同联动格局。加大对“各级税务局党委是主体，相关问责追责由部门负责具体组织实施，相关职能部门根据工作需要配合实施”工作机制运转的指导督促。通过定期请示报告、纳入领导班子年度述职内容等方式进一步压实党委主体责任，让各级党委和领导干部真正“敢容”“会容”“容好”。依托党建工作领导小组，进一步建立健全相关职能部门定期联席会商机制，实行“一事一议”，加强会商研判。对复杂性问题和专业技术问题，邀请法律顾问、公职律师、第三方评估机构等进行综合评估，并听取纳税人缴费人意见，提高其透明度与权威性。加强对容错纠错工作的日常监督，发现问题及时予以纠正，严肃查处在容错纠错工作中徇私舞弊以及假借容错纠错之名故意放纵、搞纪法松绑等违纪违法行为。

二是明确内容程序，实行全程精准管理。对目前制度规定中的不予容错情形作适当扩充说明，同时借鉴财政、商务、科技等部门做法，研究制定税务部门容错细化清单，进一步明晰容错工作开展的重点领域、重点事项，确保细化清单具有针对性、可参照性和周延性。完善容错程序，明确有关环节的时限要求、实施主体、调查范围等内容，统一标准口径。建立问责调查和容错纠错评估同步启动制度，在问责调查一开始就同步考虑是否符合容错情形，建议在问责调查报告中增加容错研判分析内容，推动“当容则容、应容尽容”。聚焦动机态度、客观条件、决策过程、错误性质、后果影响、纠错态度等维度，组织专业骨干力量编写税务系统容错纠错典型案例库，详细描述案例的来龙去脉、容错纠错适用情形和操作过程，在定性基础上更多探索运用量化判定标准，为基层税务部门开展容错纠错提供标准尺度和实践指导。

三是加强统筹衔接，营造良好工作氛围。依托党委理论学习中心组学习、专家讲座、各类培训、“三会一课”等，把习近平总书记关于“三个区分开来”和激励干部担当作为的重要论述作为重要学习内容，推动干部熟悉相关政策。进一步加大对容错纠错制度和典型案例的宣传力度，为各单位开展容错纠错提供具体操作指引和实践指导，最大限度发挥“容错一个、激励一片”的正向效应。更好统筹容错和纠错，以纠错通知、纪检建议书等形式，针对性提出纠错要求，重点督促“犯错者”扛起责任，及时汲取教训、改正错误、挽回损失、减少影响，并推动相关部门或全系统举一反三、抓好整改，叠加放大“容、纠、治”的综合效果。同时，把主动纠错情况作为是否容错的重要考量，实现容错初衷和实际效果的有机统一。强化与干部选拔任用制度、数字人事制度等的相互衔接，在结果运用上按照不同情形逐一进行明确。跟进做好回访教育、澄清正名、谈心谈话等工作，打好激励干部担当作为“组合拳”，让担当实干、能闯敢干、干净能干蔚然成风。

三、长效建设：实现标本兼治，筑牢监督制度根基

监督的最终目标是推动制度完善和文化养成。习近平总书记指出，必须保持常抓的韧劲、长抓的耐心，在坚持中见常态，向制度建设要长效。[①]这一重要论述指出了推进纪律监督常态化长效化的方法论。

制度是刚性的篱笆，科技是智能的锁链，文化是无声的春雨。从实践来看，纪律监督的长效性依赖于制度体系的完善与执行力的提升，需从“制度设计”“技术赋能”“文化浸润”三方面发力。

（一）完善制度体系，扎紧权力笼子

以《中国共产党纪律处分条例》为纲，结合税务实际细化配套制度。例如，完善税务系统公务接待正面清单、税务系统整治违反中央八项规定精神问题负面清单，明确“可为与不可为”边界，压缩权力寻租空间。同

① 中共中央文献研究室．习近平关于全面从严治党论述摘编［M］．北京：中央文献出版社，2016.

时，强化制度执行力，如通过“月报告”“零报告”“双签字背书”等机制，确保制度刚性落地。

此外，税务总局《进一步加强税务系统党委全面监督实施办法》提出，各级税务局党委建立健全监督工作问题整改长效机制。各级税务局党委建立健全监督工作问题整改长效机制，推动以案促改、以案促治。对于上级监督发现的问题，认真抓好整改，及时反馈情况；对于需要上级研究解决的问题，及时向上一级党委报告；对于典型案件和带有普遍性的突出问题，上一级税务局党委在本系统范围内组织开展“一案一整改”工作，通过深剖问题根源、深挖制度漏洞、深化警示教育、强化专项整治，推动系统范围内同类部门、同类岗位健全制度、堵塞漏洞、加强监管，全面打通监督、惩处和预防的连接通道，实现惩防并举、标本兼治。

（二）深化数据赋能，提升监督效能

大数据技术的深度应用，为税务系统纪律监督提供了全新范式。通过多维数据融合、动态行为监测、智能预警模型的协同发力，税务部门不仅能够精准识别风险、实时干预异常，更能从制度层面推动权力运行透明化、监督治理长效化。

一是实现监督资源一体集成。汇聚党委全面监督、纪检机构专责监督、接受地方党政机关监督、部门职能监督、党的基层组织日常监督、党员和群众民主监督、接受社会监督等七类监督信息，打破“数据壁垒”，联通“信息孤岛”，使各类监督资源在数据比对、关联分析、多维画像中发挥叠加聚合效能。例如，国家税务总局宁夏回族自治区税务局建立党委主导、纪检专责、部门协同的三级联动机制，并注重加强同地方纪委监委的沟通协作，在联合审查调查、协调开通央地信息协查系统查询权限等方面争取支持。2025 年，国家税务总局银川市税务局与当地监委联合查办了某县税务局工作人员梁某某勾连不法房产中介贪污侵占二手房交易税款的严重违法案件。国家税务总局深圳市税务局依托大数据检视出口退税各环节廉政风险，推动构建数据互通、指标共建、管查互动、问题共治的监督网络。

二是推动监督事项自动运行。打造“综合监督”“统计分析”“纪法智库”“系统管理”四大板块，靶向开发分析模型，科学设置预警指标，将上述七类监督工作要求指标化、信息化、流程化，实现数据自动提取、风险自动扫描、疑点自动生成、任务自动流转。比如，国家税务总局四川省税务局坚持数字赋能基层“智慧监督”，创建嵌入式监督机制，在“党委全面监督”“纪检专责监督”“职能部门监督”三大模块嵌入30条重点监督指标，实现关键主体、重要事项、重要时点全覆盖。创建倒逼式监督机制，风险数据直接推送给党委书记、纪检组组长、班子成员和派出机构纪检员，倒逼职能部门及时核查处理并反馈情况。

三是助力监督重点精准锁定。依托大数据技术构建“智慧监督”平台，实现风险预警、线索筛查、整改跟踪的智能化。聚焦“二手房”“二手车”交易、代开发票、涉税中介、平台公司、“两高”人群、公车管理等监管薄弱环节和违纪违法行为多发频发领域设计风险指标模型，精准发现疑点数据和问题线索。例如，国家税务总局山东省税务局党委纪检组针对瞿文学案中暴露出的频繁变更登记、发票增版增量异常和离线开具发票等风险，结合数电票风险防控要求，在“智慧监督”指标库中增设相关指标，多次过筛疑点数据，发现并查处一起税务干部收受纳税人礼金违规调增数电票额度的案件。又如，国家税务总局吴忠市税务局党委纪检组通过宁夏税务局智慧监督系统内嵌的“个体工商户定额管理监督模型”，比对金税三期系统数据，发现120余户纳税人存在违规调整定额的情况，并据此深挖存在的失职失责问题，对4名税务干部分别给予谈话提醒、批评教育、诫勉等组织处理，并将2人调离执法岗位。

未来，以数据赋能纪律监督还需进一步优化数据共享机制、强化算法伦理治理、培养复合型人才，以“心中有数”的智慧监督，护航税收治理现代化新征程。

（三）培育廉洁文化，厚植纪律土壤

文化具有时代性，任何文化的产生和发展都是特定社会历史条件的

产物。习近平总书记在二十届中央纪委三次全会上强调：“要加强新时代廉洁文化建设。深入开展党性党风党纪教育，传承党的光荣传统和优良作风，激发共产党员崇高理想追求，把以权谋私、贪污腐败看成是极大的耻辱。”近年来，全国税务系统认真贯彻落实《关于加强新时代廉洁文化建设的意见》，通过加强日常教育管理，打造廉洁文化特色品牌，强化纪律监督约束，不断丰富税务系统廉洁文化资源，全面营造“不想腐”的氛围。

一是学廉知廉，清风常吹入脑入心。学“廉”提站位，推动开展中心组学习、“三会一课”、青年理论学习小组学习，运用廉政云课堂、畅言云论坛、红色云寻访、线上云竞赛等方式组织专题研学。观“廉”敲警钟，广泛开展案例警示和关键节点教育，编发廉政提醒短信，编印《警钟长鸣》案例汇编，组织观看专题片《零容忍》。如国家税务总局高州市税务局创作廉政提醒微信表情包，将廉洁过节、文明过节的纪律要求融入卡通动图或图片中，在每个节假日通过工作群发送“严守八项纪律”“酒后不开车，开车不喝酒”等一系列表情包，使日常廉政提醒更加喜闻乐见。说“廉”树清风，开展勤政廉洁大讨论和青“廉”说线上分享，围绕落实留抵退税、参加防疫志愿服务等主题畅谈体会。

二是创廉倡廉，文化品牌厚植生根。通过将廉洁文化建设与税务系统精神文明建设紧密结合，将纪律教育融入税务文化血脉，充分发挥各地资源优势，从红色革命文化、社会主义先进文化和优秀传统文化中挖掘廉洁文化元素，打造特色品牌，增强税务系统廉洁文化集聚效应，增强广大干部“不想腐”的政治自觉、思想自觉、行动自觉。如国家税务总局上海市税务局结合地方文化，开展廉洁书画摄影剪纸等云展示活动，培育“红穗林”“颂廉鑫风”等具有上海税务特色的廉洁文化品牌。

三是践廉守廉，新风正气不断充盈。以开展“便民办税春风行动”为契机，积极搭建廉政平台，开展税企座谈会、派发“廉政监督卡”，发挥社会监督资源优势，着力打造亲清税企关系，推动廉洁文化建设实起来、强起来。既“请进来”又“走出去”，通过组织税务人员到法院现场旁听案件审判、邀请社会各界代表担任特约监督员、组建青年宣讲团深入一线宣讲等形式，推动廉洁文化建设向基层延伸，广泛营造风清气正、干事创业的良好政治生态。如国家税务总局泰安市税务局通过寄送廉洁家书、开设“新青年”研学课堂，引导年轻干部扣好“第一粒扣子”；发挥典型示范作用，通过“最美税务人”“纪律标兵”评选，营造崇廉尚洁氛围。

中国税务监督体系以“党内监督为主导、科技赋能为特色、群众参与为基础”，相较于美国侧重法律威慑、欧盟依赖行业自律的模式，更凸显“制度优势＋技术优势＋人民优势”的三重融合。

强化纪律监督结果运用，既是税务系统深化全面从严治党的必然要求，也是推进税收治理现代化的关键路径。通过问题整改的闭环管理、考核运用的导向牵引、长效建设的制度保障，税务部门可有效破解“监督虚化”“整改软化”“问责泛化”等难题，为新时代税收事业高质量发展提供坚强纪律保障。

新时代税务干部当以“日日精进”的自觉，以“监督为镜”正衣冠，以“科技为翼”强效能，以“结果为导向”见真章，让纪律真正成为带电的高压线、护航的金钟罩、发展的推进器。

结语　以纪律为笔　书写担当华章

"畏法度者最快乐，守规矩者最自由。"

"欲知平直，则必准绳；欲知方圆，则必规矩。"纪律是组织的生命线，担当是时代的通行证。在波澜壮阔的民族复兴征程中，对肩负"为国聚财、为民收税"神圣使命的税务干部而言，"以纪律为笔，书写担华章"不仅是政治要求，更是行动纲领。

"以纪律为笔，书写担当华章"，其核心在于将严明的纪律内化为精神品格、外化为行动自觉，在遵规守纪的框架下，最大程度地激发锐意进取、攻坚克难的担当精神，创造出无愧于时代和人民的卓越业绩。

党的各项纪律规定（政治纪律、组织纪律、廉洁纪律、群众纪律、工作纪律、生活纪律）、《中华人民共和国税收征收管理法》等法律法规、税务系统各项规章制度，共同构成了这支"笔"的具体形态。它清晰划定了税务干部行为的"边界线"与"安全区"。正如古人云："矩不正，不可为方；规不正，不可为圆。"

税收执法权、管理权、服务权是公器，不容私用。纪律这支"笔"，为权力的行使铺设了不可逾越的轨道，确保"权为民所用、情为民所系、利为民所谋"。它也时刻警醒："畏法度者最快乐，守规矩者最自由。"

担当是使命与价值的彰显。"担当"体现在面对组织收入压力时迎难而上，确保应收尽收；体现在落实减税降费政策时精准高效，让红利直达快享；体现在优化税收营商环境时勇于创新，提升纳税人缴费人满意度；体现在应对急难险重任务时挺身而出，不负重托。"为官避事平生耻"，担当是税务干部的天职。

担当的“华章”，是税收服务国家发展战略的生动实践。在支持科技创新、区域协调、绿色发展、乡村振兴等国家重大部署中，税务干部需立足本职，发挥税收职能作用，展现服务大局的担当。“苟利国家生死以，岂因祸福避趋之。”这份赤诚是担当最厚重的底色。

纪律是担当的“压舱石”与“护航舰”。没有纪律约束的“担当”，如同脱缰野马，极易滑向独断专行、权力滥用甚至违纪违法的深渊。严明的纪律为担当者划定了安全的航道，使其心有所畏、言有所戒、行有所止，确保担当的方向正确、方法合规、结果经得起检验。“木受绳则直，金就砺则利。”纪律的磨砺使担当更显锋芒与韧性。

担当是纪律的“试金石”与“升华剂”。纪律的生命力在于执行，其价值在履职担当的实践中得以彰显。真正的担当者，必然是纪律的模范遵守者和坚定维护者。他们在攻坚克难中展现的忠诚、干净、担当，正是把纪律要求内化于心、外化于行的最高境界。同时，担当的实践不断检验纪律的完备性与适用性，推动纪律体系的完善与发展。“疾风知劲草，板荡识诚臣。”关键时刻的担当作为，是对纪律意识最有力的诠释。

“令严方可肃兵威，命重始于整纲纪。”

税务系统风险点多面广，税务干部身处执法、管理、服务一线，直接面对巨额税费资金、复杂征纳关系、多样化的市场主体诱惑。执法自由裁量权、政策解释权、税费减免权等，都是廉政风险的高发点。“舟必漏而后入水，土必湿而后生苔。”风险无处不在，纪律防线一旦失守，极易造成国家税款流失、政策执行扭曲、营商环境破坏。

纪律是抵御侵蚀的“防火墙”，唯有以铁的纪律构筑思想“堤坝”和行为“屏障”，才能有效防范执法寻租、以税谋私、失职渎职等风险，确保国家财政资金颗粒归仓、安全运行，守护好经济发展的血脉根基。“堤溃蚁穴，气泄针芒。”纪律教育必须常抓不懈。

新时代税收改革发展任务艰巨繁重，迫切需要一支政治过硬、本领高强、作风优良的税务铁军。“打铁必须自身硬。”纪律严明是“铁军”最鲜明的标识和战斗力的根本保证。

纪律是淬炼品格的“熔炉”。通过严格的纪律约束和教育引导，才能锤炼税务干部忠诚干净担当的政治品格，涵养恪尽职守、精益求精的职业操守，培育清正廉洁、务实高效的优良作风，从而全面提升依法征税、科学管理、优化服务的能力与效能。“令严方可肃兵威，命重始于整纲纪。”

“为国聚财、为民收税”的本质要求。税务工作一头连着国家，一头系着百姓。公平公正执法、优质高效服务，直接关系人民群众的获得感、幸福感、安全感和对党和政府的信任度。“民之所忧，我必念之；民之所盼，我必行之。”

纪律是践行宗旨的“指南针”。以纪律为尺，才能确保在组织收入中坚持依法依规、应收尽收，杜绝收“过头税费”；在落实优惠政策时做到不折不扣、应享尽享，防止“中梗阻”；在纳税服务中做到热情规范、便捷高效，力戒“庸懒散拖”。以遵规守纪、担当作为的实际行动，诠释以人民为中心的发展思想，巩固党的执政根基。

纪律与担当是优化营商环境的“助推器”。纪律严明保障执法公平、政策透明、服务规范，营造稳定、公平、透明、可预期的税收营商环境；勇于担当则体现在主动服务市场主体、及时响应企业诉求、助力解决发展难题上。以“纪律之笔”书写的担当“华章”，必将成为推动经济高质量发展、服务中国式现代化建设的强大正能量。“风清则气正，气正则心齐，心齐则事成。”

“本根不摇，则枝叶茂荣。”

握紧“思想之笔”，筑牢遵规守纪的信仰根基。要持续深入学习党的创新理论，深刻领会关于全面从严治党、加强纪律建设的重要论述精神，不断提高政治判断力、政治领悟力、政治执行力。要严守政治纪律和政治规矩，深刻领悟“两个确立”的决定性意义，坚决做到“两个维护”，确保税收工作始终沿着正确政治方向前进。“本根不摇，则枝叶茂荣。”政治上的坚定是最大的纪律。

精研党纪国法，明晰行为边界之尺。要系统学习《中国共产党章程》《中国共产党纪律处分条例》等党内法规，以及《中华人民共和国公职人员政务处分法》《中华人民共和国税收征收管理法》及其实施细则等相关法律法规，以及税务系统各项禁令和规章制度，做到熟知精通、内化于心，真正明白哪些可为、哪些不可为，使纪律规矩成为脑中带电的“高压线”。

汲取正反养分，涵养清正廉洁之气。要积极参与廉政警示教育，以系统内外违纪违法典型案例为镜鉴，深刻剖析根源，汲取惨痛教训，做到“见不贤而内自省”。同时，要积极学习税务系统先进模范人物的感人事迹和高尚情操，见贤思齐，弘扬正气，不断筑牢拒腐防变的思想道德防线。“以人为镜，可以明得失。”

运好“实践之笔”，将纪律要求融入担当作为。要在依法组织收入中显担当，恪守“聚财为国”的纪律底线，要严守组织收入纪律，坚持依法征税，应收尽收，坚决防止和制止收“过头税费”、虚收空转、混库挤占等行为。“法立，有犯而必施；令出，唯行而不返。”

不折不扣执行税费政策，精准落实优惠政策。要确保政策红利精准、及时、充分惠及市场主体。杜绝打折扣、搞变通、设置隐性门槛，确保政策执行“最后一公里”畅通无阻。这是对工作纪律和群众纪律的严格检验。

强化税收风险管理，运用大数据等现代技术手段，精准识别和防控税收流失风险，既维护国家税收安全，又营造公平竞争环境。在风险应对中，严格遵守执法程序，规范自由裁量权。

规范文明执法，在税务稽查、纳税评估、行政处罚等环节，坚持事实清楚、证据确凿、定性准确、处理恰当、程序合法。杜绝选择性执法、人情执法、粗暴执法。“执法如山，守身如玉。”

围绕“高效办成一件事”，继续推进“便民办税春风行动”，进一步优化新电子税务局功能。压缩办税时间，降低办税成本。力戒形式主义、官僚主义，真心实意为纳税人缴费人解难题、办实事。“些小吾曹州县吏，一枝一叶总关情。”

明晰交往界限，既要积极作为、靠前服务，又要清白纯洁、守住底线。严禁利用职权或影响力在涉税事项中谋取私利，坚决抵制“吃拿卡要报”等不正之风。“官无大小，凡事只是一个公字。”

常怀敬畏之心，敬畏党纪国法，敬畏手中权力，敬畏人民赋予的职责。时刻自重自省自警自励，慎独慎微慎始慎终。“凡善怕者，必身有所正，言有所规，行有所止，偶有逾矩，亦不出大格。”

注重小事小节，深刻理解“小节不守，大节难保”的道理。自觉净化社交圈、生活圈、朋友圈，管好“八小时之外”，培养健康情趣，崇尚简朴生活。坚决抵制各种诱惑和“围猎”。“不矜细行，终累大德。”

纪律如笔，锋藏千钧之力；担当若墨，饱蘸为民深情。新时代的税务干部，当以纪律为笔，饱蘸忠诚之墨、法治之彩、廉洁之韵，在服务国家发展大局、增进人民福祉的壮阔画卷上，奋力书写无愧于时代、无愧于使命、无愧于人民的担当华章！唯有如此，才能锻造一支让党放心、让人民满意的税务铁军，为强国建设、民族复兴伟业贡献磅礴的税务力量。